# 地方
# メディアの
# 挑戦

これから地方紙、地方出版・書店、
地方図書館はどう変わるのか

松本恭幸
Matsumoto Yasuyuki

風媒社

# 地方メディアの挑戦

## これから地方紙、地方出版・書店、地方図書館はどう変わるのか

目次

# まえがき――地方メディアをめぐる今日の状況

今日、人口減少と経済の縮小が進む地方では、ローカルジャーナリズムの担い手である地方紙は部数を減らし、特に地域紙はこの数年で廃刊になったところも少なくない。そして出版不況の中で地方出版社の多くが出版活動を縮小させ、かなりの数のタウン情報誌やフリーペーパーが（ウェブへの移行も含めて）休刊し、出版流通の担い手である地方書店は、急速にその数を減らしている。さらに自治体の財政難から、多くの地方図書館が年間予算額を減らして、新刊書の購入が充分に出来ないといった問題を抱える。

ただ地域の市民が必要とするパブリックな情報を伝えるだけでなく、ローカルジャーナリズムの機能を持った地方紙・地域紙がなくなると、そうした役割を果たすメディアが他にほぼ存在しない（放送メディアでは充分に代替出来ない）ため、その地域で暮らす市民の生活環境、さらには自治体行政に対して大きな影響を及ぼすことになる。

またタウン情報誌・フリーペーパーが存続しないと、（生活情報に関してはウェブで代替出来ても）その地方の文化を伝える上で重要な役割を持つメディアが失われることになる。そして地方書店がなくなると、その地域で暮らす人々が本を買って読む習慣を失い、中長期的に若年層の教育や読書習慣の維持に深刻な影響を与える。

さらに地方図書館が地域の情報拠点として必要な機能を担うことが出来ないと、地方と大都市圏の文化環境の格差は拡がり、これから地方が交流人口・関係人口を拡大する上で重要な意味を持つ、地域で暮らす人々の情報発信とシビックプライドの醸成を支えることが出来なくなる。

この本では、これまで日本全国ほとんどの地方に存在した地方紙、タウン情報誌・フリーペーパー、地方書店、地方図書館等が、地方の衰退によって苦境を迎える中、新たに自らの生き残りと地方で暮らす市民の情報発信の強化やシビックプライドの醸成を通して、関係人口の創出拡大、さらには移住・定住者の確保に向けて地域を盛り上げる役割を担っていく上で、解決が必要な課題と将来に向けての戦略について、全国各地の先駆的な取り組みをもとに見ていく。

第Ⅰ部

# 今、地方紙で何が起きているか

―紙媒体の終焉とデジタル化に向けて―

# 第１章　存続に向けた地方紙の模索

## 地域のデジタルプラットフォームへの移行を目指して

高齢化と人口減少が進む地方で新聞を発行する地方紙は、2000（ゼロ）年代後半以降のネット環境とモバイル端末の普及によるウェブメディアとの競合の影響等で、若い世代を中心に新聞離れが進み、購読者の急激な減少に直面している。そうした中で多くの地方紙では、購読者の情報収集手段の紙媒体からネットへの移行が今後とも不可逆なことからデジタル対応を進めてきたが、個々の地方紙の抱える条件は大きく異なり、電子版の有料化の進捗状況も異なっている。今後、紙媒体の発行部数がこれ以上減少すると、単にニュース記事の課金ビジネスだけで乗り切ることは出来ないだろう。

第1章では、様々な地方紙の存続に向けた先進的な取り組みの事例をもとに、地方紙がこれからもローカルジャーナリズムの担い手としての役割を維持していくために不可欠なデジタル化に向けた対応として、電子版の創刊とネットのニュース配信以外に、紙媒体の発行エリア外の読者も対象に動画配信も含めた様々な課金コンテンツや課金サービスの提供によるデジタル事業のマネタイズ化と、将来のデータベースマーケティングに向けた会員組織の立ち上げについて考察したい。

また地域の読者に寄り添う対応として、ＮＩＥとＮＩＢ関連の事業強化による若い世代の読者の取り込み、合理化が求められる紙面づくりへの市民参加の追求、ファクトチェックやオンデマンド調査報道等の新たなローカルジャーナリズムの取り組みによる読者との関係構築についても考察したい。

そして最後に新たな事業展開に向けた対応として、既存の宅配網維持のための販売店の多角化支援、データベースマーケティングと会員組織による宅配網を活用した新規事業のビジネスモデル構築、夕刊紙のリニューアル、地方紙のブランドとリソースを活かした多様な収益をともなう新規事業開発について考察したい。

## １．地方紙の現状

日本の新聞は１９６０年代の高度経済成長期以降、核家族化が進み世帯数が増加する中、新聞販売店による宅配制度のもとで発行部数を伸ばして来た。

日本新聞協会の調査によると、日刊紙の発行部数（朝夕刊セット紙を1部として計算）がピークだった１９９７年は、新聞の総発行部数は５３７７万部[1]に達したが、その後は世帯数の増加にも関わらず徐々に部数を減らしてきた。特に２００８年以降は急激な減少傾向に向かい、２０２２年にはその６割弱の３０８５万部[2]にまで減少している。この間、世帯数は４５５０万世帯から５８２３万世帯に増加しているため、１世帯あたりの部数は１・18部から０・53部まで減少し、新聞を購読しない世帯が大幅に増えたことがうかがえる。日本新聞協会加盟社の総売上高も、２００５年度の２兆４１８８億円から２０２１年度には1兆４６９０億円と、この16年間で4割近く減らしており、発行部数減にともなう販売収入の減少以上に、広告収入の減少が大きいことがわかる。また電通の調査によると、新聞の広告費は１９９７年の1兆２６３６億円から、２０２２年には３６９７億円にまで減少している。[3]

この背景にはバブル崩壊後の日本経済の長期低迷に加え、２０００年以降のネット環境の常時接続定額制による家庭への普及と、それに続く２０１０年以降のスマートフォンを始めとするモバイル端末の個人への普及によって、新たな情報収集媒体としてネットが活用されるようになり、若い世代を中心に新聞離れが起きたことがある。こうした状況は不動産等の関連事業を含めてある程度の経営体力を持った全国紙以上に、高齢化と人口減少が進む地方で新聞を発行する地方紙に、より深刻な影響をもたらしている。

もともと地方紙は、日刊紙の発行部数がピークに達する１９９７年以前においても、全国紙の地方展開による拡販競争の影響で、県紙よりも体力の劣った都道府県の一部を発行エリアとする小規模の地域紙を中心に、経営が悪化して休・廃刊するケースも少なからずあった。それが新聞の発行部数や広告売上がマイナス成長に転じてからは、都道府県を発行エリアとする県紙も含め、毎年、各地で経営悪化による休・廃刊が続いている。

地方では新聞離れが進む若年・子育て世帯の比率が大都市圏と比べて少ないこともあって、今のと

## 主要地方紙の発行部数の推移

| | 発行部数 | | | エリア内人口 | | エリア内世帯数 | |
|---|---|---|---|---|---|---|---|
| | 2008年 | 2022年 | 減少率 | 2008年 | 2022年 | 2008年 | 2022年 |
| 北海道新聞（北海道） | 1,185,754 | 851,426 | 28% | 5,571,770 | 5,183,687 | 2,618,005 | 2,796,536 |
| 十勝毎日新聞（十勝地域） | 89,318 | 73,815 | 17% | 361,111 | 331,894 | 141,000 | 170,829 |
| 河北新報（宮城県） | 489,066 | 382,449 | 22% | 2,334,874 | 2,268,355 | 891,573 | 1,023,972 |
| 新潟日報（新潟県） | 492,404 | 379,963 | 23% | 2,413,103 | 2,188,469 | 837,457 | 910,832 |
| 信濃毎日新聞（長野県） | 486,576 | 413,654 | 15% | 2,176,806 | 2,056,970 | 804,784 | 884,246 |
| 静岡新聞（静岡県） | 717,703 | 532,968 | 26% | 3,775,400 | 3,658,375 | 1,413,428 | 1,619,334 |
| 山陽新聞（岡山県） | 466,794 | 294,209 | 37% | 1,948,250 | 1,879,280 | 766,961 | 861,452 |
| 中国新聞（広島県） | 717,545 | 518,908 | 28% | 2,864,167 | 2,788,687 | 1,209,084 | 1,328,418 |
| 愛媛新聞（愛媛県） | 313,042 | 183,588 | 41% | 1,471,510 | 1,341,539 | 622,441 | 655,708 |
| 西日本新聞（九州地方のブロック紙） | 849,841 | 429,962 | 49% | − | − | − | − |
| 佐賀新聞（佐賀県） | 142,019 | 120,893 | 15% | 864,738 | 812,193 | 305,260 | 340,660 |
| 沖縄タイムス（沖縄県） | 202,436 | 146,606 | 28% | 1,391,215 | 1,485,670 | 541,444 | 684,209 |
| 琉球新報（沖縄県） | 205,130 | 129,712 | 37% | 1,391,215 | 1,485,670 | 541,444 | 684,209 |

＊発行部数は2008年4月、2022年4月の日本ABC協会の発表した朝刊のABC部数で、夕刊紙の十勝毎日新聞のみ夕刊のABC部数。ただし2022年4月の沖縄タイムス、琉球新報の部数は、自社公称部数。

＊エリア内人口、エリア内世帯数は、2008年3月末、2022年1月1日の住民基本台帳人口・世帯数にもとづく。なお地域紙の十勝毎日新聞のエリアは十勝管内とした。西日本新聞は販売エリアが変更になっているため、空欄にしている。

ころ主要地方紙の発行部数減少は全国紙に比べて緩やかだが、ただ今後の地方での過疎化による人口減少を考えると、現在、地方紙は生き残りに向けて深刻な状況にある。

そうした中、この章ではネットというメディアの登場によって新聞の購読者離れや新聞広告の低迷に直面した地方紙が、生き残りに向けてこれまでデジタル化を含めてどのような対応をしてきたのか、また今後、新たにどのような取り組みが必要なのか見ていく。ちなみにただ紙媒体の新聞をそのままデジタル化するだけでは、これまでのようにローカルジャーナリズムの担い手としてニュースを伝える新聞の仕組みを維持するのに必要な販売・広告収入を確保することは難しい。併せて既存の紙媒体の新聞の流通網を維持するための仕組みをどうするのか、さらに今後予想される販売・広告収入の減少をどのようにカバーしていくのか等について、他社に先行して具体的な取り組みを展開している地方紙の事例をもとに整理する必要がある。

なおこの章で取り上げる主要な地方紙の2008年と2022年の発行部数は、前頁の表のとおりである。

こうした地方紙の多くは今日、それぞれの地方で4～5割台のシェアを占めており、地元では全国紙5紙の世帯普及率の合計を上回って最も読まれている新聞である（全国紙と競合しない沖縄県では、地方紙2紙がシェアを分け合っている）。けれども表にあるように、2008年から2022年までの14年間で地方紙は、2～3割余り部数を減らした。ただこの間、地方紙は地元でシェアを減らしたわけではなく、全国紙の方が地方での発行部数をより大きく減らしており、全国紙に比べて地方紙の減少率は少ない方である。すなわち地方紙の発行部数の減少は、全国紙との競合によるものではなく、新聞自体が多くの人に読まれなくなってきたことによる。

なお表に挙げた中では、山陽新聞、愛媛新聞、西日本新聞、琉球新報が大幅に部数を減らしているが、この内、山陽新聞は、2011年11月に香川県での発行を、直島町を除く地域で廃止した影響があり、また同様に西日本新聞も、2009年3月に山口県での発行、2018年3月に宮崎県、鹿児島県での発行を、それぞれ廃止した影響がある。

ちなみに表に挙げた中では、沖縄県を除く各地方で人口減少が進んでいるが、世帯数はどの地方でも増加（世帯人員が減少）しており、世帯普及率の深刻な低下とともに、購読世帯で回し読みする人の数が限られるため、日常的に新聞をまったく目にしない人がかなりの数に及ぶと考えられる。さらに一部の世帯では複数購読しているため、新聞無購読世帯は5割以上となり、その購読者（主に世帯主）の平均年齢も高齢化している。そして世帯主の高齢者が新聞を読めなくなって購読を中止するケースも近年増加しており、新聞離れは若い世代に限らず、全ての世代で起きている。

またこの間、多くの地方紙が夕刊を廃止しており、表にある地方紙の中で現在も通常の夕刊を発行しているのは河北新報、信濃毎日新聞、西日本新聞のみである。

## 2．デジタル化に向けた課題

### 2－1 地方紙のデジタル化の歴史

この章では2000（ゼロ）年代以降の購読者の新聞離れの要因がネットメディアの普及によるもので、そして多くの人にとって情報収集手段の紙媒体からネットへの移行は不可逆なことを前提に、紙媒体からデジタル化によるビジネスモデルの転換に向けた過渡期の移行を地方紙はどのように乗り切るのかという視点で論じていきたい。また地方紙が単に生き残るのではなく、ローカルジャーナリズムの担い手としてニュースを伝える役割を維持することも重要な前提として考えたい。

それで最初にまずこれまでの地方紙のデジタル化の歴史について見ていきたい。

新聞のデジタル化の先駆けとなったのは、80年代後半から90年代前半にかけて誕生した全国紙を中心とする新聞社系列のパソコン通信ネットで、これによって紙面の情報を読者のコミュニティに提供する取り組みがスタートした。北海道新聞が会員制の「道新オーロラネット」を立ち上げたのは1990年で、パソコン通信のコミュニティ内での話題や会員からの情報を紙面に掲載する等、紙面との連携が模索された[4]。

だがその後、ネットが登場すると、多くの新聞社ではパソコン通信のコミュニティを継承するのではなく、自ら持つニュースを広告とともにウェブ上で配信する方向へシフトしていく。全国紙が自社サイトを開設したのは1995年からで、主要な地方紙もその翌年以降、続々とサイトを開設した。

ただこの頃の地方紙のサイトは、日々のニュースを一定数、速報性も考えて翌日の新聞に掲載するものも含めて配信していた。

１９９９年にＮＴＴドコモがi-modeのサービスを立ち上げたのにともない、その後、多くの地方紙が携帯電話向けニュース記事配信を開始した。これ以降、ユーザー課金（キャリア課金）、あるいは外部サイトや各種データベースに有料でニュース記事を提供するビジネスが拡がっていく。

２００４年に熊本県八代市で国内初の地域ＳＮＳ「ごろっとやっちろ」がスタートし、地域で暮らす人と地域コミュニティをつないで共感や集合知を形成する機能が話題となって、地域ＳＮＳブームが起きる。そうした中、２０００（ゼロ）年代後半から一部の地方紙でもデジタル事業の一環として、かつてのパソコン通信以来となる地域ＳＮＳのような紙面に連動したコミュニティ機能を新たに立ち上げ、読者との関係づくりを目指そうとする動きが生まれた。

２００５年に神奈川新聞は、ブログコミュニティ型のニュースサイト「カナロコ」を立ち上げ、ニュース記事をニュースブログの形で配信し、読者がコメントやトラックバッグを寄せることの出来る仕組みを提供した。さらに２００９年にはこれに地域ＳＮＳ「カナココ」を付け加えた。

２００６年に佐賀新聞は、地方紙としては初の地域ＳＮＳ「ひびのコミュニティ」を立ち上げた。「ひびのコミュニティ」の立ち上げに携わったコアメンバーが、いずれも記者出身でなかったこともあり、「ひびのコミュニティ」はローカルジャーナリズムを志向するのではなく、昼間自宅にいて地域社会でのコミュニケーション・ニーズのある主婦を中心とした女性層を主なユーザーとして想定し、生活関連情報について語り合える場を目指した。そして佐賀県から子育て中の保護者が登録店で特典が得られる「子育て応援の店事業」を受託して、「ひびのコミュニティ」の会員となることでそのサービスが受けられるようにしたところ、会員数が1年半後には1万２０００人余りに増え、全国の地域ＳＮＳの中で最大規模のものとなった。[5]

この「ひびのコミュニティ」に触発されて、その後、新潟日報の「アメカゴ.net」等、いくつかの地方紙が地域ＳＮＳのサービスをスタートさせた。その中である意味で「ひびのコミュニティ」とは対照的に、市民参加型のローカルジャーナリズムを志向したのが、河北新報が２００７年に立ち上げた地域ＳＮＳ「ふらっと」である。

河北新報では１９９７年から「コルネット」というニュースサイトを運営していたが、紙の新聞と同じニュースを配信しているだけでは、ネットの双方向性を活かして読者とつながり、新聞社の情報発信事業の仕組み自体を変えていくことは難しいため、「ふらっと」を立ち上げた。そこで地域のブロガーとの関係づくりを目指し、「ブログ交差点」というコーナーを設けて彼らのブログを紹介するとともに、「ふらっと」内の日記で書かれたニュース価値の高い情報を多くの市民と共有出来るよう、希望者は「まちかどブロガー」としてブログの形で公開出来る機能を設けた。この「ふらっと」のコミュニティを通して、「コルネット」の記事が伝える地域の様々な問題について多くの市民が議論し、その解決につなげていく市民参加型のローカルジャーナリズムを目指した。[6]

「ふらっと」の仕組みが最も有効に機能したのが東日本大震災の時で、震災直後、社内にあった

河北新報社のデジタル事業の歴史について語った佐藤和文元メディア局長（現在、メディアプロジェクト仙台代表）

「コルネット」のサーバの回線が切断され、代わりに社外にサーバのあった「ふらっと」を通して河北新報に集まった震災関連ニュースを流すとともに、多くの記者が「記者ブログ」を通して自ら取材した情報を伝えた。また被災地でネット利用可能な会員の多くも、自ら得た地元の情報を「ふらっと」で公開した。

こうして東日本大震災の時に大きな役割を担った「ふらっと」だが、２０１４年に「河北新報オンラインコミュニティー」にリニューアルした際、震災後、被災地に来てＮＰＯ／ＮＧＯ等で復興に取り組んでいた情報発信ニーズのある人達、あるいは地域社会でのコミュニケーション・ニーズのある女性層を主なターゲットに想定し、クローズドな仲間内のみが利用する機能を外した。ただちょうどこの時期を境に、被災地の復興に取り組んでいた人達の多くが被災地を離れ、また想定していた女性層の新たなユーザーがほとんど増えず、一方でクローズドな仲間内のコミュニケーションに親しんでいた古くからのコアユーザーが「ふらっと」を離れるという事態を招いた。そして震災直後のピーク時と比べてページビューが大きく減り、またFacebook、LINE等の新たなＳＮＳの普及にともない、地方紙系を含む全国各地の地域ＳＮＳが下火になる中、河北新報では経営的な判断もあって2017年に「河北新報オンラインコミュニティー」を終了した。[7]

今日、河北新報以外にも佐賀新聞の「ひびのコミュニティ」を始め、神奈川新聞、新潟日報、静岡新聞等、多くの地方紙が、Facebook、LINE等の新たなSNSが普及する中で、自社のコミュニティ機能を閉鎖している。だが地方紙による読者との関係づくりが否定されたのではなく、後述するように今日の地方紙のデジタル化に向けた対応の中では、かつての地域SNSとは別の仕組みで、地元の市民を巻き込んだ様々な取り組みが新たに展開されている。

## 2-2 電子版発行の取り組み

近年の発行部数の減少にともなう販売・広告収入の減少に対し、多くの地方紙が新たに取り組んでいるのが、紙媒体の新聞をそのままデジタル化して紙面ビューアー等を通して読むことの出来る電子版の発行である。新聞購読者の減少の背景として、若い世代を中心にニュースの情報源が紙媒体としての新聞からネットに移行したことがあり、今後、新聞もデジタル化してネットの領域で新たなビジネスモデルを構築することが不可欠になろう。

1990年代後半から2000（ゼロ）年代にかけて、新聞社がネットで提供するニュースの多くは、主に行政や企業や大学等の法人を対象にした記事データベースと課金が容易なモバイル版を除いて、ほとんど無料だった。2010年3月に日本経済新聞が有料の「日経電子版」を創刊し、翌

2011年5月には朝日新聞も有料の「朝日新聞デジタル」を創刊したことで、有料化に向かう潮流が生まれる。「日経電子版」は、サービス開始から7年後の2017年には有料会員数が50万人を超え、2022年12月時点で82万3868人となっており、課金ビジネスモデルとして最も成功したケースとなった。

これに追随して各地方紙は電子版の発行に踏み切ることになるが、今日、各紙の電子版への取り組みは様々である。河北新報のように紙媒体の付加価値を高めるため月決め購読者に無料サービスで提供するケース、北海道新聞のように紙媒体の月決め購読者に無料サービスで、宅配エリア外の居住者には単独の有料サービスで提供するケース、山陽新聞のように紙媒体の月決め購読者も追加料金が必要で、宅配エリア外の居住者には単独の有料サービスで提供するケース、愛媛新聞のように紙媒体の月決め購読者に無料サービスで、宅配エリアかどうか問わずに単独の有料サービスとしても提供するケース、新潟日報のように紙媒体の月決め購読者も追加料金が必要で、宅配エリアかどうか問わずに単独の有料サービスとしても提供するケースと、それぞれ異なる条件を抱える地方紙にとって対応がまちまちである。

ようするに電子版を紙媒体の月決め購読者に無料で提供するか追加料金をとるか、電子版単独の有料サービスを行うかどうか、そして電子版単独の有料サービスを宅配エリア以外の居住者に限定するかどうか、各地方紙は紙媒体から電子版に切り替える購読者が生じることについて販売店への配慮等あって、電子版の課金ビジネスを進めるための対応が難しい状態である。十勝毎日新聞のように販売店の財産である購読者データを全て共有している地方紙では、紙媒体と追加料金が必要な電子版をセット購読している世帯に対し、販売店がまとめて購読料を徴収することも可能だが、こうした購読者データを共有しているケースは他にほとんど例がない。

十勝毎日新聞は、日本経済新聞と同じ２０１０年という早い時期に有料の電子版を創刊し、８年後の２０１８年には電子版の有料購読者数が紙媒体の部数の１割近くに達した。ちなみに全国紙では日本経済新聞に次いで有料購読者数が多いと言われる朝日新聞でも、電子版購読者[8]は現時点で紙媒体の部数の１割に程遠い中、地方紙として電子版の有料会員の比率の高さは特筆に値する。十勝毎日新聞が電子版の拡販に力を入れることの出来る理由は、購読者データを全て販売店と共有しているためで、販売店との良好な関係の中、紙媒体と電子版をセットで購読している世帯（電子版購読者の大半）から、販売店がまとめて購読料を徴収している。ただ電子版の課金ビジネスにおいて最も成功している十勝毎日新聞でさえも、デジタル関連の経費全てを賄うのは大変な状況である。

地方紙の電子版の購読者は現在、追加料金が必要な多くの地方紙で紙媒体の購読者の数パーセントにとどまり、また宅配エリア外での有料の電子版の購読者も、基地問題等の特殊事情を抱えた沖縄の沖縄タイムス、琉球新報を除くとごく少数で、近年の紙媒体の購読者減少にともなう売上の減少を相殺するに至っていない。地方紙の電子版の購読者数は、紙媒体の新聞購読者が無料で購読出来る北海道新聞でさえ電子版会員は購読者の２割に満たず、追加料金が必要な多くの地方紙では、購読者の比率がさらに一桁少なくなる。また北海道は他の地域と比べて地域ブランドのネームバリューも高いが、北海道新聞の電子版会員の大半が道内居住者で、北海道に関心のある道外の人も、北海道新聞のニュース記事の一部は「Yahoo!ニュース」、「LINE NEWS」等でも読むことが出来るため、あえて有料の電子版を購読するケースは少ない。いずれにせよ各地方紙とも電子版の売上は、紙媒体の購読者減少に伴う売上の減少を、まだ相殺するに至っていないのが現状である。

こうした状況が紙媒体の付加価値を高めるため中国新聞のように宅配エリアで購読者にサービスで無料提供するか、山陽新聞のように追加料金で紙媒体とセット販売するか、隣県同士でも地方紙によって対応が異なる背景となる。ちなみに新潟日報は、県外のみで電子版を提供しながら他社の動向を見極め、後に県内でも購読者に有料で提供する判断をした。また他紙が販売店の扱う紙媒体との競合を避けるため、宅配エリア内では電子版のみの提供を避けている中、あえて電子版のみの提供に踏み切った。ただし当初は県内での電子版のみの料金を、紙媒体の新聞と電子版をセットで購読する際の料金と同じ額にして、販売店への影響が極力ないようにしている。

個々の地方紙の電子版の拡販に向けた取り組みについて具体的に見ていくと、北海道新聞では2014年6月に「どうしん電子版」をスタートし、それに合わせて自社サイトを二層化して、誰もが読める一般記事と電子版会員限定記事とに分けた。電子版のサービスは紙媒体と一体のものとして新聞購読の付加価値を高めてその動機付けとなるよう、新聞購読者は追加料金なしで電子版会員になれる。また道外居住者限定で、電子版単独での購読プランも用意した。さらに電子版会員になると、札幌市内で発行される朝夕刊全道面、朝刊地域面、日曜版等の別刷り面を、紙面ビューアーを通して実際の紙面と同じレイアウトで読むことが出来る他、メールによるニュース速報の配信や北海道関連のスポーツ情報が掲載された有料の「メガスポ」のサイトを、無料で閲覧することが出来るようにした。このように電子版会員向けに様々な特典を用意したものの、２０２０年４月の時点では電子版会員のほとんどが紙媒体の購読者で、購読者の15％程しか電子版会員になっていない。

新潟日報は、２０１３年６月に自社サイトを新聞購読者の会員制サイト「新潟日報モア」にリニューアルし[9]、二層化して一般記事と会員限定記事とに分けた。そして２０１７年10月に、県外居住者を対象に紙面ビューアーを通して読むことの出来る「新潟日報電子版」を発行し、２０２０年１月から県内の新聞購読者も追加料金を払って購読出来るようになり、さらに同年２月からは県内での電子版のみの購読も出来るようになった。新潟日報では北海道新聞と異なり、新聞購読者が紙面ビューアーを通して電子版を読むのに追加料金が必要になるが、ただサイトの有料記事も無料で読むことが出来る。また県内での電子版単独での購読プランを設けている点が、北海道新聞と異なる。

山陽新聞は、北海道新聞と同じ２０１４年６月に「山陽新聞デジタル（さんデジ）」をスタートし、自社サイトを二層化して、誰もが読める一般記事と電子版会員限定記事とに分けた。新聞購読者は追加料金を払って「さんデジ」会員になることが出来、会員になると、紙面ビューアーを通して電子版を読んだり、またメールによるニュース速報の配信が受けられたりする。ただ北海道新聞のように電子版を単独で契約出来るのは、宅配エリア外となる。

このように各地方紙では、電子版拡販のため紙媒体にない特典を提供しているが、ただその普及は思うように進んでおらず、宅配エリアかどうかを問わずに全面的な有料化への移行には、まだ時間がかかる見通しである。

## 2－3 自社サイトのポータル化の取り組み

今日、電子版の発行以外に多くの地方紙が取り組んでいるのが、自社のニュースサイトを二層化し、登録者へ会員限定記事が読めるサブスクリプション方式のサービスの提供で、特に電子版の購読者を対象に、こうしたサービスを行っているところが多い。そして電子版購読者以外にも、無料会員向けに限定記事が一定数読めるサービスを提供しているところ、無料会員とは別に有料会員向けにより多くの限定記事が読めるサービスを提供しているところ、有料会員向けのサービスのみ提供しているところがある。中には会員サービスの形をとらずにモバイル版を除いて未だ無料で自社サイトに記事を配信している地方紙もあるが、その理由として会員サービスの導入や有料化によるアクセス数の減少と広告収入に及ぼす影響が、新たに得られる課金収入に見合わないといった判断ある。

地方紙が自社のニュースサイトで購読者に限らない無料の会員組織を導入することは、ユニークユーザーの囲い込みやメールアンケート等で地域の人達の声を拾う以外に、将来的にこれをデータベースマーケティングにつなげていくことを可能にする。愛媛新聞では、無料の会員組織を立ち上げ、会員向けのオンラインコンテンツの提供以外に加盟店での優待や割引等を活用して、会員数の拡大に取り組んできた。

愛媛新聞では２００５年に販売部主導で愛媛新聞の会員組織のアクリートクラブが誕生し、会員になるとアクリートクラブ加盟店の優待や割引が受けられるようにした。ただ当初は申込書に記載すれば誰でも会員カードが発行されたため、最終的に登録者は24万人に達した。だが会員の重複や、会員登録時にメールアドレスを持っている人に手書きで記載してもらったものの、書き間違いやその後のアドレス変更で、メールで情報を送っても届かない会員も多く、会員データベースとしてあまり機能していなかった。

愛媛新聞はこのアクリートクラブの組織化と併行してサイトの二層化を行い、無料で誰もが見ることの出来るエリアとアクリートクラブの会員のみがログインして見ることの出来るエリアに分けた。なおその際に見出しのみ一層目に配置し、記事の中身をログインして二層目で読む形にしたことで、会員以外のユーザーには一時的にサイトの情報が減った印象を与えることになった。

２０１４年に愛媛新聞の電子版が創刊され、スマートフォン向けの「愛媛新聞ONLINEアプリ」も提供された。愛媛新聞では電子版を始める際に、従来のアクリートクラブの会員組織の見直しに着手し、それまでの「一般会員」とは別に、ウェブ上で新たにＩＤ登録した人を「Ｗｅｂ会員」として、６０００店余りの加盟店のサービス以外にサイトの会員向けコンテンツが閲覧出来るようにし、「一般会員」には「Ｗｅｂ会員」としての再登録を呼びかけた。さらに愛媛新聞の購読者は、「読者会員」として登録すれば電子版を無料で読めるようにした。なお県外では「読者会員」に登録して、新聞の購読費と同額で電子版のみ購読する形とした。また別料金となるが、「Ｗｅｂ会員」、「読者会員」とも愛媛新聞のデータベースで過去記事の検索・閲覧サービスが利用出来る。

そして愛媛新聞では今後のデジタル事業展開のため、アクリートクラブ会員について2023年3月に「一般会員」を廃止し、「Web会員」と併せてメールアドレスを会員IDとする「愛媛新聞ID会員」への統合を完了した。

こうした会員組織をベースに、地方紙がそのブランドを活かして地域のローカルコンテンツ・アグリゲーターとして、ニュースと併せて地域の人々の生活に密着した多様なコンテンツやサービスを自らのサイトで提供し、個々の会員にその属性をもとにレコメンドすることで、ある意味で大手プラットフォームのような形の地域ポータルサイトとして、宅配という流通手段と絡めてデジタル事業を展開するのは、将来の有力なマネタイズの手段となる可能性を秘めている。

新聞のデジタル化による課金ビジネスは、あくまで紙媒体である新聞のニュース記事をネットで配信して課金するものだが、もう一つの有力なデジタル事業の選択肢となるのが、ニュース記事以外に様々なコンテンツやサービスを配信し、ニュースと併せてマネタイズする方向がある。今日、地方紙の多くは、紙媒体としては宅配という流通手段を持つことで、地元で独占的な地位を確保しているものの、そのサイトは単に地域ポータルサイトの1つに過ぎない。だが若い世代を中心に紙媒体の新聞を読まなくなった人達の多くが、大手ポータルサイトの「Yahoo!ニュース」や「LINE NEWS」で配信される新聞のニュース記事を読んでおり、同様の形で地方紙が持つ独自のローカルコンテンツ・アグリゲーターとしての優位性を活かし、ニュースと併せて地域に密着した多様なコンテンツやサービスを自社サイトで提供することで、地元でナンバーワンの地域ポータルサイトとしてデジタル事業を展開するのは、有力なマネタイズの手段となりえる。その場合、アクセス数を集めるため、「Yahoo!ニュース」や「LINE NEWS」同様、一定のニュース記事は無料で配信するという選択肢も生じる。

ただこれまで地方紙の無料会員組織の多くは、歴史的に地域の潜在的に読者となる可能性を秘めた人達をターゲットに販売局主導で立ち上げられたもので、将来のデータベースマーケティングに向けた方向性をこれまで明確に打ち出しているのは、静岡新聞の会員組織の「@S〔アットエス〕パスポート」等、一部にとどまっている。

地方紙で最も早い段階で、ニュース記事以外の様々なコンテンツを提供する地域ポータルサイトを構想したのが静岡新聞で、２０００年にリクルートが当時運営していた生活情報サイト「ISIZE」を参考に、自社のニュースサイトとは別に「アットエス」という静岡の様々な生活情報を提供するサイトを立ち上げた。この「アットエス」が立ち上がる少し前、静岡新聞は新聞の求人広告と連動した「しごとのかんづめ」というサイトも立ち上げており、こちらにアクセスを誘導する役割も「アットエス」に期待された。その後、２００4年に同じグループの静岡新聞と静岡放送（ＳＢＳ）が合同で総合メディア局を設け、両者のデジタル事業を一括して行うことになり、２０１1年にニュースサイトは「アットエス」に統合され、「アットエス」が静岡で最大の地域ポータルサイトとなった。

今後、静岡新聞が目指しているのは、大手ポータルサイトが行っているようなデータベースマーケティングを通して、個々のユーザーにコンテンツやサービスをレコメンドする仕組みを構築することである。静岡新聞では自社の専売店を抱えておらず、全て他社の販売店に委託して宅配を行っており、購読者データを持っていないため、「アットエス」のユーザーに特典を付与する形で、「@Sパスポート」という会員制度を構築して会員を集めた。今後、会員数の拡大とともに、会員向けに様々な有料、無料のコンテンツやサービスを提供するビジネスを拡大していくことになろう。

静岡新聞同様にデジタル事業の方向に早くから舵を切り、地方紙の中でも先駆的な取り組みをしてきたのが、福岡県を中心とした九州地方のブロック紙の西日本新聞である。西日本新聞では、2014年にデジタル事業のマネタイズ化を検討していた社長室デジタルプロジェクトのメンバーを、グループ会社のメディアプラネット（2015年に西日本新聞メディアラボに社名変更）に出向させ、そこに本社のデジタル事業を業務委託する形で社内のしがらみをなくし、新規のデジタル事業に迅速に取り組めるようにした。新聞社がこうした形でグループ会社にデジタル事業を委ねるのは、全国紙の産経新聞と産経デジタルに次いで2番目のケースである。

西日本新聞メディアラボでは、西日本新聞のニュースサイトの運営、西日本新聞パスポート会員向けの電子版を含めた有料コンテンツの提供以外に、2014年に「九州お仕事モール」という九州地方の市民を対象にウェブライティングを中心とした仕事をマッチングするクラウドソーシング事業を、業界最大手のランサーズと提携して立ち上げ、また2015年には九州特化型キュレーションメディア「piQ」や九州特化型クラウドファンディングサイト「LiNKSTART」を立ち上げている。地方紙の役割を、ニュース配信にとどまらず広く地域社会への貢献と捉えることで、東京と地方を繋いで東京に集中している仕事を地方に分配して新たな雇用を創出したり、キュレーションメディアを通して地域の魅力を全国に発信したり、クラウドファンディングを通して地元が必要とするプロジェクトを実現するサポートしたりすることを、地方紙のブランドを活用したデジタル事業として、他社に先行して取り組んだ。

こうした静岡新聞、西日本新聞によるニュース以外に地域の人々の生活に関連したコンテンツやサービスを提供し、トータルに事業採算化しようとする取り組みは、近年、多くの地方紙が構想している。

## 2-4 課金ビジネスに向けた取り組み

多くの地方紙が電子版の創刊に先駆けて行った課金ビジネスは、携帯電話向けにニュースを有料配信するモバイルサービスである。その後、自社のニュースサイトの二層化に際しては、愛媛新聞ではかつて一部の「読者会員」(新聞購読者) 限定記事以外の大半の記事を無料で読める等の特典による読者の囲い込みを行い、ＩＤ登録による無料の会員組織の拡大を行った。そして２０２３年3月から「愛媛新聞ＩＤ会員」向けの本格的な有料サービスに切り替えるため、愛媛新聞ONLINEデジタルプランを導入した。

一方、琉球新報や沖縄タイムスは、お試しプランは別にして無料の会員組織を立ち上げていない。琉球新報では２０１１年に県外向け、翌２０１２年に県内向けに電子版をスタートし、２０１６年にはニュースサイトとは別に、主に若者や女性をターゲットに様々なライフスタイル関連の情報を提供する「琉球新報Style」というウェブマガジンを創刊した。琉球新報ではニュースサイトも「琉球新報Style」も無料記事と有料記事に分かれ、有料記事を読むためには有料会員になる必要がある。

琉球新報や沖縄タイムスが無料の会員組織を導入せず、早くから有料会員向けサービスを行い、新聞購読者からも追加料金を取って電子版を提供している背景として、沖縄のニュースに対する県外の読者のニーズが大きいことが指摘されよう。

沖縄タイムスでは、有料会員サービスに登録して有料記事や電子版を購読する人の多くが県外在住で、基地問題や台風関係のニュースが良く読まれていて、ウェブ独自の有料記事はかなり県外の読者を意識して書かれている。ただこれは基地問題から観光まで多くの本土の人が関心を持つ沖縄の特殊事情によるもので、大半の地方紙では県外から有料記事や電子版の購読を希望する人の数は少なく、そのため最初は限られた県内の読者を対象に有料会員に限定するより、無料会員の仕組みも設けて将来に向けた読者の囲い込みを優先した。

北海道新聞では、電子版会員がサービスを利用するのに無料の北海道新聞パスポートという個人認証・課金決済サービスへの登録が必要だが、北海道新聞パスポート自体は電子版会員でなくても登録することが出来る。登録すると電子版会員限定記事を月10本まで読めるようになり、またメールによるニュース速報の配信も受けられる。これは北海道新聞パスポートに電子版会員に限らずより多くの登録者を集めて、データベースマーケティングに活かしていくことを考えてのものである。ただ電子版会員を除く北海道新聞パスポート登録者は、電子版会員の半数程で、道外居住者はその内の3割ほどである。

新潟日報では、デジタルサービスを利用するために、無料の新潟日報パスポートという個人認証・課金決済サービスへの登録が必要で、これは新潟日報が運営する子育て世代向けに様々な暮らしの情報を無料で提供する「にいがたびより」というサイトの「びよりメンバー」会員も対象にしている。「にいがたびより」は将来的にはサブスクリプション方式を目指して２０１６年３月にスタートしたが、現在はまだ広告ベースで運営しており、現在数千人の会員登録があるが、その半分弱が新潟日報の購読者ではなく、かなり属性が異なっている。新潟日報では、新聞購読者層とは異なる「にいがたびより」のユーザーを会員として囲い込むため、会員向けに様々なイベントやプレゼントキャンペーン等を行っている。

なお将来的に地域のデジタルプラットフォームとして、全国規模でYahoo!やLINEが行っているようなデータベースマーケティングを通して、ユーザーにコンテンツやサービスをレコメンドする仕組みを構築してマネタイズするために、こうした会員データベース構築に向けた取り組みは重要だが、現時点で課金が比較的容易なものとして、ビジネス、スポーツを始めとしたエンターテイメント関連の領域といった特定の分野でのコアなユーザー層を対象にした有料のバーティカルメディアの立ち上げがある。現在、多くの地方紙では有料会員向けに限定記事が読めるサービスの利用者は少なく、今後、電子版の拡大と併せて、特定の分野に特化して有料のバーティカルメディアを新たに数多く立ち上げ、利用者を拡大していくことが大きな課題となっている。単に特定の分野に特化するだけなら競合するサイトは多数あるが、そこに地方紙の特性を活かして地域に密着した情報を中心に据えることで、その分野に関心のある地域のユーザーを囲い込むことも可能ではないだろうか。

あと地方紙のデジタル事業で現在、電子版や自社サイトの広告以外で一定の収益につながっているのは、他メディアへのニュース記事配信である。かつては自社系列のローカル局、あるいは地元のFM局やCATV局、電光ニュース等への提供が中心だったが、2015年以降、各社とも「Yahoo!ニュース」、「LINE NEWS」、「スマートニュース」、「グノシー」等の主にスマホアプリによるモバイル端末向けのプラットフォーム、あるいは共同通信と全国の主要地方紙が中心となって立ち上げた「47NEWS」のようなウェブメディアへ、直接、あるいは共同通信の子会社の共同通信デジタルとYahoo!の合弁会社ノアドットのコンテンツ共有プラットフォーム「Nordot」を通してニュース記事を提供している。特に「Yahoo!ニュース」は、トピックスに掲載されれば配信料とは別に自社サイトに多くのアクセスを呼び込むことが出来るというメリットがある。またこうしたプラットフォームにニュース記事が露出することで、新聞を読む習慣のない若い世代に少しでも自社の存在を認知してもらうことにもつながる。

ただ近年、若い世代の多くはこうしたウェブメディアで流れる無料の記事をスマートフォンのアプリで読むだけで満足し、地方紙のサイトにアクセスして他の記事を読むことや、電子版を含む新聞の購読になかなかつながっていかないという問題が生じている。またスマートフォンでニュースに接する人達は、それ以外のＳＮＳやブログや様々なアプリを通しても情報を得ており、その中でどれだけニュースサイトやニュースアプリを常用してもらえるかが重要である。

## ２－５ 新たなコンテンツ配信に向けた取り組み

地方紙がネットで記事を配信するということは、宅配エリア内に限らず、全国の読者を対象に発信出来、また紙面の量に制限のある紙媒体と異なり、より細かい情報をウェブ上に掲載することが可能になる。

愛媛新聞では、２０１７年秋に開催された「愛顔つなぐえひめ国体・えひめ大会」による愛媛県内でのスポーツ熱の高まりを背景に、２０１８年２月、若い世代をターゲットに愛媛に特化したスポーツマガジン『E-dge』（隔月刊）を創刊し、同年４月に愛媛県、愛媛ＣＡＴＶと共同で「スポーツ立県えひめ」情報発信プロジェクトをスタートして、「笑顔スポーツ応援アプリ」によるコンテンツ配信を開始した。

この「笑顔スポーツ応援アプリ」では、県内で開催される様々なスポーツ大会や試合の模様を伝える「ＬＩＶＥリポート」や、選手やチームにエールを送る「応援メッセージ」を、ユーザーがテキストや写真や映像で、アプリ内や愛媛新聞のサイトに（チェックを経た後に）投稿することが出来る。また各スポーツ・チームや団体が、「チーム紹介」、「試合・イベント予定」を投稿することも出来る。そして「笑顔スポーツ応援アプリ」には歩測計の機能も組み込まれており、持ち歩く端末のセンサーで計測して一定の歩数に達するとポイントが獲得出来、ポイントが貯まると提携する店舗で使えるクーポン等と交換することが出来る。愛媛新聞では、将来的にスポーツに限らず文化イベントの情報も発信出来るようにして、地元の人が発信した情報を共有出来るプラットフォームを目指している。

一方、県外から自社サイトの閲覧、電子版を購読する読者を多く抱えた沖縄タイムス、琉球新報は、デジタル化が進む中、ウェブ上で基地問題を始めとする沖縄の様々な情報を全国紙とは異なる地元沖縄の視点で全国の読者に伝えるという、従来の地方紙にはない新たな役割を担うことになった。

沖縄タイムスでは、「Yahoo!ニュース」は男性の読者が多く、政治的な内容の記事も読まれるが、「LINE NEWS」は女性の読者が多く、観光やグルメや生活関連の記事がよく読まれるため、配信するメディアごとにピックアップする記事の内容を変えており、いずれにせよ新聞で一面に載る編集サイドが最も伝えたい記事が、ウェブ上で最も読者に関心を持って読まれる記事とはならない。

そして自社サイトで記事を配信する際に、新聞記事の多くが1段12文字で70行くらいなので、1000字に満たないものが多いが、ネットでは3000字くらいないと検索の際に上位表示されないため、ウェブ独自の記事はSEO（検索エンジン最適化）対策のため長く書くようにし、あとわかりやすい見出しと写真の枚数を多く使うようにしている。

また沖縄タイムスも琉球新報も、紙面では地元の人が共有する情報や文脈を省略した記事を掲載しているが、ウェブ上で全国の人に伝えようとすると見出しの変更やリンクも含めた補足が必要となり、同じ地域の情報を伝えるのにも新聞とは異なるウェブ独自の伝え方が求められている。特に東京を始めとする本土から見た基地問題に直面する沖縄という語られ方は、その枠を無視すると本土の人に記事を読んでもらえないので、そうした本土の沖縄像を前提に、どう沖縄のことを伝えていくのかが課題となる。

このように沖縄の地方紙は、電子版やウェブ独自の有料記事の購読者の多くが県外在住者のため、基地問題を始めとする沖縄に根差したニュースを伝えるための様々な工夫をしている。これはローカルニュースをローカルに伝えるという従来のローカルジャーナリズムの範囲を超えた役割を、地方紙が担うことでもある。他の地方紙も今後、ネットで全国展開を目指す場合、ストレートニュース以外ではこうした情報発信を意識する必要があろう。ただそのためには地方紙が自社でウェブによる全国発信の取り組みを全て担うのではなく、社外の様々な機関と連携した新たなコンテンツ制作や情報発信も必要になる。

沖縄タイムスでは、２０１４年にＧＩＳ沖縄研究室（渡邊康志主宰）と共同で沖縄戦の激戦地の具志頭村（現八重瀬町）出身者が戦没するまでの足跡を辿るデジタルマップ[10]を制作して自社サイトで公開し、翌２０１５年にはＧＩＳ沖縄研究室、首都大学東京渡邉英徳研究室と共同で「沖縄戦デジタルアーカイブ」[11]を制作した。また琉球新報も２０１７年にYahoo!と共同で、沖縄戦とその後の基地問題に関する動画コンテンツを制作[12]し、沖縄の戦中・戦後についてまとめた映像「３分で知る沖縄戦」、「５分で知る沖縄　戦後の基地拡大」とその解説記事、米軍に土地を接収された人々の証言等を映像で公開している。

沖縄の地方紙が自社で取材した記事や映像をニュースとして配信するだけでは、短期間で消費されて終わってしまうが、こうした大学や大手ポータルサイト等と連携し、その技術を活用して地図素材等と組み合わせてアーカイブ化することで、より幅広い全国の人に読み継がれるコンテンツとなった。

このように地方紙がデジタル化を進めるためには、従来の紙媒体の新聞にない付加価値をつけることが必要で、今日、各地方紙ともウェブの特性を活かして、速報性が求められるストレートニュースを紙媒体よりも早く配信したり、紙媒体では主に紙面のスペースの関係で難しいニュースの深堀をしたり、地域のイベント等については取材報告以外に事前告知に力を入れるといった工夫をしている。

そして今後、大きな可能性を秘めているものの1つが映像の活用で、各地方紙ともネットの特性を活かして、映像による情報発信に力を入れることは重要である。近年、一部の地方紙では記者が必要な時にビデオカメラを持って撮影する等、動画ニュースの配信に力を入れている。琉球新報はYahoo!と動画共同制作プロジェクトを立ち上げて、沖縄戦や基地問題に関する映像コンテンツを配信し、また沖縄タイムスの「沖縄戦デジタルアーカイブ」でも証言映像が使われている。ただ一般に地方紙の制作する映像は、生配信を別にすると撮影・編集に時間がかかる割にあまり収益性が高くなく、なかなか手軽に取り組めない。だが今後、ユーチューバーのライブ配信を観ている若い世代を中心とした層を新聞社のサイトに囲い込んでいくためには、記者が取材したことをもとに映像を交えて語りながら配信するような取り組みも必要になろう。

愛媛新聞では、グループ関連企業の愛媛ＣＡＴＶの番組にニュースを提供したり記者を出演させるだけでなく、愛媛ＣＡＴＶの番組と自社のウェブコンテンツの連携にも力を入れている。２０１８年4月から「スポーツ立県えひめ」情報発信プロジェクトがスタートし、愛媛新聞ではサイトの「笑顔スポーツ」のコーナーで、県内の主要なスポーツ施設を紹介したが、その際に愛媛ＣＡＴＶと一緒に施設の取材を行い、ＣＡＴＶが制作した施設を紹介する番組の映像を提供してもらい、記者が書いた記事や撮影した３６０度カメラの写真と一緒に配信している。また「笑顔スポーツ」では、地元の様々な競技の選手へのインタビュー記事の中でも、愛媛ＣＡＴＶが撮った選手のインタビュー映像を視聴することが出来、スポーツ分野でのＣＡＴＶとのコラボが進んでいる。

またもう1つ大きな可能性を秘めているのがＡＩによるニュース記事の音声配信で、山陽新聞では２０１９年2月にＡＩアナウンサーがニュースを読むコーナーを立ち上げた。もともと山陽新聞ではグループ会社のコミュニティＦＭ局に新聞記事よりも短めのニュース原稿を提供しており、主にこれを利用した。将来的には「Amazon Echo」のようなスマートスピーカーを通して、家庭にニュースを始めとした生活に必要な情報を配信するビジネスモデルの構築も考えられよう。

## 3．読者対応に向けた課題

### 3－1 NIEの取り組み

これまで見て来たように多くの地方紙が将来のデジタル化に向けて様々な取り組みを行っているが、今日、紙媒体としての新聞だけでなく、ニュースサイトやニュースアプリにアクセスして記事に目を通すことにあまり関心のない（ブログやSNSからの情報だけで満足する）若者も増えており、そんな中、若い世代を中心とした読者に寄り添ってニュース離れを防ぐことも、地方紙にとって重要である。

もともと各地方紙とも新聞離れが進む前の90年代から、NIE（Newspaper in Education）という学校教育の現場で新聞を教材として活用することへの支援を行っており、出前授業や新聞コンクール、そして主に小・中・高校生に取材や記事の書き方を教え、オリジナルの新聞づくりだけでなく、彼らの取材記事を地方紙の紙面やサイトに掲載する取り組み等を進めてきた。[13] 特に「こども記者」の育成は全国紙も含めて多くの新聞が取り組んでおり、2017年から全国各地の「こども記者」が参加する「こども新聞サミット」が開催されている。[14]

また印刷工場に併設した見学施設を設け、学校関係者の受け入れを積極的に行っているところもある。NIEはもともと新聞購読者減少への対応を意識して始まったものではないが、近年では若年層の新聞離れを防ぐため、どの地方紙も力を入れて取り組んでいる。

個々の地方紙のNIEの取り組みについて具体的に見ていくと、愛媛新聞では地域読者局の中に販売部と読者部があり、この読者部の方でNIE関連の取り組みを行っていて、日本新聞協会のNIE推進事業の拠点となる愛媛県NIE推進協議会の事務局も読者部の中にある。こうした他紙と共同でのNEI推進事業とは別に、愛媛新聞では独自に「もっと！新聞」キャンペーンという新しい読者を育てる取り組みも行っており、その中核となるのが学校等への出前講座である。コロナ前には小中高校、大学、公民館等で、年間200近い講座を行っていた。

高校生には通常の「新聞づくり体験学習講座」以外に、「スポーツ立県えひめ」情報発信プロジェクトの一環で、愛媛新聞のサイトの「笑顔スポーツ」のコーナーの中の「発信！高校生記者」のページに記事を書く高校生記者の育成を行っており、定年後に再雇用された元記者が講師として参加希望のあった県内の高校を訪れ、取材、写真撮影、記事の書き方等を教えている。高校の放送部からの応募も多く、記事だけでなく映像取材したいという希望があれば、県内の9つのCATV局が参加する愛媛県CATV協議会の協力を得て、CATVのスタッフに教えてもらい、番組制作も行っている。

また小中学生には通常の「新聞づくり体験学習講座」以外に、小学生を対象とした「えひめこども新聞グランプリ」に応募する生徒向けのレイアウト講座や、各中学校で中学生新聞をつくるための講座を行っている。そしてこうした講座に参加する子供達の様子は、愛媛新聞のサイトで紹介され、子供やその親に新聞に関心を持ってもらうきっかけとなっている。

新潟日報では1994年に新潟県NIE推進協議会が設立された後、社内に事務局を置いて全国紙

5紙の支局と共同・時事の両通信社が参加し、教育関係者と協力して、毎年12の県内の実践指定校で新聞を教材として活用する取り組みを行ってきた。新潟日報ではその内容を年に6回、紙面で取材して紹介している。新潟県NIE推進協議会では、設立25周年記念事業として2019年に子供達に新聞に親しんでもらうため、『学力を高める新聞遊び』という新聞を活用した遊びを紹介する冊子を発行し、県内の小・中・高校に無料配布した。

こうした新潟県NIE推進協議会での活動以外にも、新潟日報では独自に県内の小・中・高校への出前授業の講師として記者を派遣したり、朝刊に「まいにちふむふむ」という子供向けのコーナーを設け、「ふむっ子記者」という子供記者を募集して、子供達に取材体験させたりしている。

山陽新聞では1999年に岡山県NIE推進協議会が設立された後、社内に事務局を置いてNIEの普及に取り組んでおり、山陽新聞も県内の小・中・高校への出前授業の講師として記者を派遣したり、タブロイド判で20頁もある子供新聞『さん太タイムズ』を週刊で発行して、子供記者を募集して取材体験させたりしている。そして2011年から小・中・高校生を対象におかやま新聞コンクールを開催しており、新聞を読んでの感想文とオリジナルの新聞制作に、併せて2万件以上の応募がある。

このようなNIEの取り組みについて山陽新聞では、文部科学省が行っている全国学力・学習調査で、新聞閲読習慣と学力との間に相関関係があることが分かり、新学習指導要領にも教材としての新聞活用が盛り込まれ、そうした点でNIEを推進することの意味は大きいが、ただ新聞社のNIEの

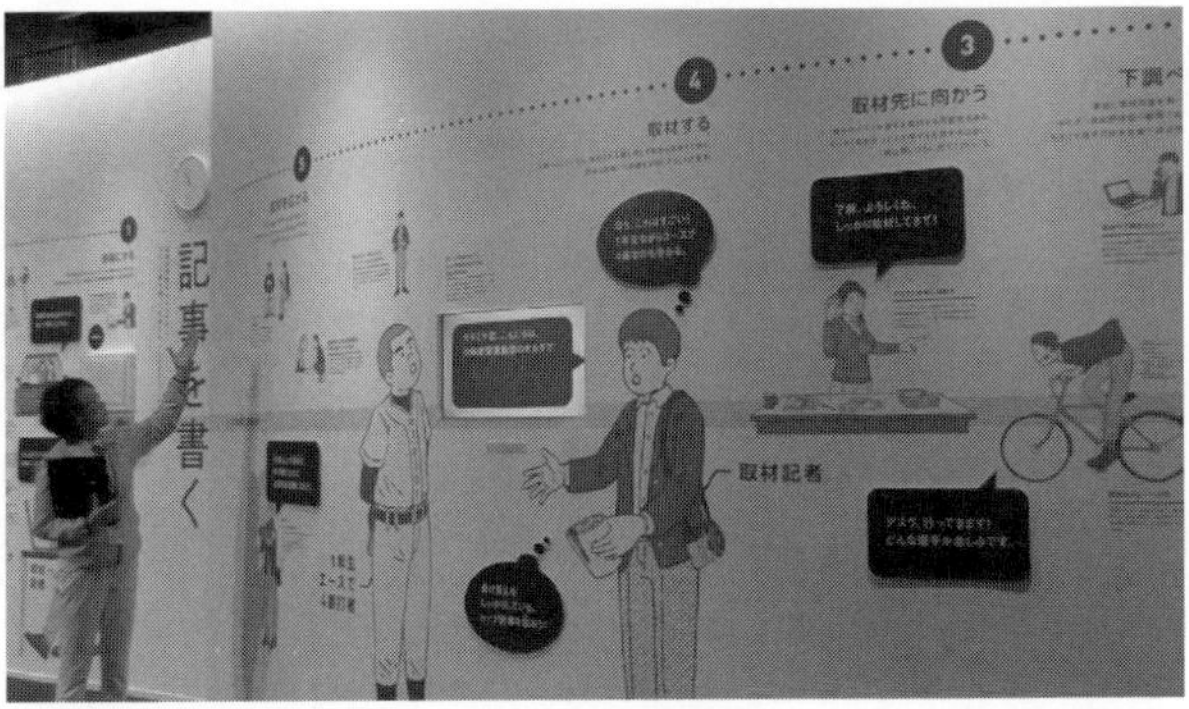


山陽新聞社でNIE活動の拠点として新聞制作について学ぶことの出来るさん太しんぶん館

取り組みがどれだけ若者の新聞閲読習慣につながっているのか、追跡調査による効果測定がされていないため正確なところが分からず、ただＮＩＥに力を入れないとさらに新聞が読まれなくなるという想定のもとに取り組んでいる。

現在、ＮＩＥの取り組みが各地でスタートしてから四半世紀程経ち、その初期に小学生でＮＩＥを経験した世代が30代で、こうしたＮＩＥ経験者がファミリー層になってどれだけ新聞購読者になるかはこれから徐々に明らかになる。ただ彼らを新聞購読者として取り込むためには、従来、ＮＩＥがあまり対象として来なかった大学生への対応、あるいはＮＩＢ（Newspaper in Business）が今後重要になろう。

実際、より効果が明らかな大学生を対象にしたＮＩＥや、ＮＩＢに力を入れている地方紙もある。山陽新聞では、倉敷市にある川崎医療福祉大学と提携して、学内のカフェスペースに新聞を置いて学生が自由に読めるようにするとともに、記者が講師として新聞制作のワークショップを行う等、大学でのＮＩＥ活動に力を入れている。

そして地方紙独自のＮＩＥの取り組みとして注目を集めたのが、琉球新報が２０１８年の沖縄県知事選の際に地元の沖縄キリスト教学院大学と共同で行ったワークショップ「VOTE! #みんなごと 若者たちが考える知事選」である。最初に琉球新報の記者が政治とは何かについて学生達にレクチャーし、それを踏まえて学生達は沖縄がどんな歴史を経てどんな課題を抱えているのか議論し、その後、立候補予定候補者討論会でのそれぞれの政策をチェックして、両陣営の選挙事務所に取材に行くとともに、県知事選に向けた若者発の政策提言するための公開ワークショップを行った。

これは大学が単独で企画しても実現するものではなく、地方紙が間に入って学生達と両候補者の陣営を繋ぐことで実現した企画で、県知事選の後に学生達は、フェイクニュースのファクトチェックのメディアリテラシー・ワークショップも行った。そしてこの取り組みの途中経過は、琉球新報に特集記事で掲載された。地方紙が持つネットワークを活かした地域の若者と社会を繋ぐワークショップは、コンテンツとしても話題性があり、今後、NIEの新たな取り組みとして他の地方紙にも広がる可能性がある。

またNIBの取り組みとしては、企業の新人研修に社員を派遣して、社会人として仕事する上で必要な新聞の読み方についてレクチャーする出前講座を行う地方紙が増えている。新潟日報では、毎年4月に県内の多くの企業で主に新入社員向けの出前講座を開催し、社会人として仕事する上で必要な新聞の読み方についての研修を行っている。

さらにこうした従来のNIEの主な対象である小・中・高校生以外の幅広い層にも新聞に親しんでもらうため、新潟日報では印刷センターに併設する見学施設として、おもしろ新聞館を2014年9

月に開館した。山陽新聞でも同様の施設として、さん太しんぶん館を２０１８年6月に開館した。さん太しんぶん館では、開館して最初の10カ月間の見学者数が１万人を超え、その約半数は学校関係者以外の一般の見学者で占めている。

## ３－２　読者との関係強化の取り組み

今日、各地方紙には読者対応部門があり、山陽新聞のように編集局、販売局、営業局等と並ぶ読者局として独立した部門になっているところも少なくないが、各地方紙において購読者の減少が顕著になったここ10年余りの間、読者対応部門は強化されてきた。

たとえば山陽新聞では、２０１０年にそれまで他部門に散らばっていた読者センター、ＮＩＥ推進部、さん太クラブ事務局等の組織を統合して、読者局が誕生した。読者局ではこれまで紹介した「さん太クラブ」の運営、さん太しんぶん館の運営を含むＮＩＥ推進以外に、読者センターで年間１万件余りの読者からの電話対応を始め、ＦＡＸ、メール対応、読者投稿欄への投稿の編集と紙面掲載等を行っている。

また「さん太クラブ」の10万人余りの会員の内、3万人以上が会員向けのメールマガジンに登録して配信を受けており、この機能を活用して年に１００人の紙面モニターを募集し、モニターとは月2回程、メールでアンケートをとって、紙面に対する読者の声を確認している。

そして一部の地方紙が、デジタル化に向けた取り組みの中で地域ＳＮＳによる紙面に連動した読者のコミュニティ機能を立ち上げようとした歴史とはまた別の文脈で、新たに読者対応の一環として取り組もうとしているのが、紙面づくりへの市民参加である。これはＮＩＥの「こども記者」と比べると取り組んでいる例は少ないが、かつて廃刊の危機にあった新潟県上越市の地域紙の上越タイムスが、１９９９年に紙面の一部を地元のＮＰＯ法人くびき野ＮＰＯサポートセンターという中間支援組織に委ね、ＮＰＯが責任編集する形で地域に密着した紙面づくりをしたところ、地元市民の支持を得て発行部数を大きく伸ばしたケースもあり、今後、購読者減少にともないこれまでの紙面づくりの見直しを迫られる地方紙にとって、市民記者の活用は1つの有力な選択肢となる可能性がある。既に地方紙（県紙）の中でも、信濃毎日新聞が発行するフリーペーパーのＭＧプレスの「ゆめサポママ」のコーナーを地元の主婦が担当したり、中国新聞が市民記者によるタウンリポーター制度を導入したりといった形で、市民記者を活用した紙面づくりをしているところがある。

中でもユニークなのが、埼玉新聞のタウン記者制度だろう。埼玉新聞では、80年代から90年代前半にかけて、「ミニコミ広場」という主婦層を中心とした市民の通信員が毎週1頁の記事を書いて掲載するコーナーがあり、当時はそれを真似て千葉日報も同様のコーナーを立ち上げたりした。この「ミニコミ広場」はその後、メンバーの固定化により記事の量が徐々に減って自然消滅したが、２００７年からＮＰＯ法人埼玉情報センターの企画する市民記者養成講座に協力することになり、２００９年にかつての、「ミニコミ広場」の経験を踏まえ、市民記者養成講座修了者の中から一定の力量のある人に声をかけ、市民目線で地域情報を取材して記事を書くタウン記者として活躍してもらうという仕組みを立ち上げた。[15]

埼玉新聞がタウン記者制度を導入した背景には、購読減により経営環境が厳しくなって記者の数を減らしたことで、個々の記者が発表ものの取材に追われて街ネタ取材に充分手が回らなくなる中、主婦層、シニア層を中心としたタウン記者が、そうした街ネタ取材をカバーすることで、より地域に密着した紙面づくりを目指すという狙いがあった。現在、市民記者養成講座修了者だけでなく大手マスコミを退職した元記者だった経験者も含めて地元在住の数十名のタウン記者が活躍しており、タウン記者には掲載された記事の量に応じた報酬が支払われる。

埼玉新聞では自社の記者が書く記事に署名を入れており、タウン記者の場合、署名の前にタウン記者の肩書がつく。毎週1回、紙面にタウン記者が編集会議で企画して書くコーナーがあるが、タウン記者専属のデスクがいるわけではなく社員記者と同じデスクがチェックし、それ以外の場所にもタウン記者の書いた記事が（内容次第では1面も含めて）随時掲載される。これはある意味でプロのスタッフライターと市民記者の書いた記事が混在して掲載された、かつてのインターネット新聞に近い。[16]

こうした埼玉新聞における市民記者を活用した紙面づくりは、他の地方紙では組合の関係等もあって簡単に実現するのは難しいかもしれないが、今後、発行部数の減少で支局や通信員を減らす合理化へと向かうことになる多くの地方紙にとって、検討に値しよう。

なお紙面づくりへの市民参加は、誰もが簡単になれるわけでない市民記者以外に、読者からの情報提供をもとに記者がその要望に応えるオンデマンド調査報道がある。これは従来の読者の新聞離れが進む中、地方紙でないと担うのが困難なローカルジャーナリズムの機能を通して、読者との新たな関係を構築しようとするものである。

　西日本新聞では2018年に「あなたの特命取材班」をスタートさせ、それに追随したメディアが全国で共通する課題の解決を目指す目的で翌2019年に結成した「JOD（ジャーナリズム・オン・デマンド）パートナーシップ」には、現在、多くの地方紙が参加してオンデマンド調査報道のための連携協定を結び、読者から届いた自社のエリア外の情報に関しては他社に提供したり、相互に記事の交換をしたりしている。

　このネットワークに参加している琉球新報は、これまでの事件や出来事についての発表報道中心のローカルジャーナリズムのあり方を見直し、記者と読者が問題意識を共有して、読者の疑問に応えて調査報道を行っていくため、「りゅうちゃんねる～あなたの疑問に応えます～」というコーナーを設けた。そして読者からの疑問や情報提供を、新聞社への電話やFAXに限らず、LINE公式アカウントや記者個人のツイッターに届くメッセージも含めて対応し、その中で取材して記事に取り上げた方がよいテーマを選んで取材している。

　同様に地方紙がローカルジャーナリズムの機能を通して読者との関係を強化する取り組みとして、メディアとしての信頼性を高めることにつながるローカルニュースのファクトチェックによるフェイクニュースの検証がある。2018年9月に行われた沖縄県知事選で、琉球新報は地方紙として初めてNPO法人ファクトチェック・イニシアティブ（FIJ）のファクトチェック・プロジェクトに参加し、その後、同年11月に琉球新報ファクトチェック取材班を立ち上げて、フェイクニュースの検証に取り組んだ。また沖縄タイムスも同時期に沖縄県知事選でのフェイクニュースの検証に取り組んでいる。

他に地元の自治体、企業、ＮＰＯ／ＮＧＯ、そして個々の市民と提携し、地域の課題解決を目指すプロジェクトも、読者との関係強化に重要な意味を持つ。新潟日報が２０１９年にスタートさせた「未来のチカラ」プロジェクトは、３年間で新潟県内各エリアを順にまわり、地域の行政や市民と地域の課題について話し合い、それを紙面で紹介するとともに、併せて関連する様々なイベントを開催して、地域づくりを応援しようとする取り組みで、プロジェクトを通して多くの人が地方紙への関心を高めることへとつながった。

## 4. 新たな事業展開に向けた課題

### 4－1 販売店の多角化に向けた取り組み

この章の最初で触れたように、日刊紙の発行部数は２００８年と比べて４割以上減少しているが、これまで見てきた主要な地方紙はそこまで部数を減らしていない。その理由として新聞離れが顕著な若年世帯の比率が、大都市圏と比べて地方では比較的少ないこともあるが、ただ今後は地方で少子高齢化、過疎化による人口減少が急速に進み、新聞購読者がある時期を境に急減することも想定される。埼玉県の県紙で県北部や秩父等の県境エリアでよく読まれている埼玉新聞の場合、購読世帯主の平均年齢が過去20年程の間に10歳以上上昇し、60代となっている。

こうした中、各地方紙が紙媒体からデジタル化によるビジネスモデルの転換に成功するかどうかは、どの地方紙でも紙媒体としての新聞の購読者数を今後とも出来る限り長期に渡って維持し、その間にデジタル事業等の拡大による新たな収益の確保を実現出来るかどうかにかかっている。だが仮にデジタル事業が軌道に乗っても、紙媒体の新聞の購読者の減少が続くと、販売店は販売収入のみならず折込広告収入の減少、さらには労務難で配達スタッフの確保が難しいといった問題を抱える。今後、販売店の経営改善に向けて、統廃合とエリア再編による規模拡大や他系統の販売店との複合店化（合売）による経営改善を進めるにしても、おそらく今のままではどこかの時点で既存の宅配網を維持するのがコスト面で難しくなることが予想される。実際、販売店の先行きが不透明なことによる後継者問題は、各地で起きている。

今日でも一部の中山間地域や離島では、新聞の宅配を郵便が補完的に行っているところがあるが、多くの地方紙が県域単位の宅配網を維持出来なくなった場合、再販制度も含めた既存の新聞のビジネスモデルが崩壊することになる。そのため地方紙は宅配網の維持を前提に、こうした物流拠点を地域に持っていることを活かした将来のデジタル事業のあり方を考えることが必要になろう。

既に多くの地方紙は発行部数が減少する中、エリアサービスの見直しと合理化によって経営効率を高めるだけでなく、地域で購読世帯とつながった販売店の特性を活かした事業の多角化に向けた支援を行っている。特に過疎化の進む地域では、販売店スタッフによるエリア内でのシニア向けのハウスクリーニング等の生活支援サービスや見守りサービス、牛乳等の宅配や様々な商品の販売、独自のフリーペーパーの発行といった事業が行われており、これによって購読者以外にも販売店の認知度を高め、地域の人達と新たな接点を持つことにつなげようとしている。

十勝毎日新聞では２０１６年に、直営販売店の管理・運営や折込広告事業を行っているかちまいサービスを通して、「ぴぴっとお手伝いサービス」という高齢者向け事業をスタートした。これは60歳以上の高齢者を対象に販売店のスタッフ、及び地域サポーター制度に応募した地域の一般の市民が、家の掃除、家具の移動、庭の手入れ、買い物の手伝い等を有料で行うサービスで、多くの高齢者から依頼があった。そして２０１７年から、「かちまいライフサポート」というハウスクリーニング事業もスタートした。

北海道新聞では、販売店が新たな収入源の確保を目指して、森永乳業と提携した牛乳の宅配事業、新電力の販売事業等を行っている。またMIKAWAYA21が全国の新聞販売店を中心とした地域密着企業と提携して各地で展開している「まごころサポート」という有料で様々な雑用を行うシニアの生活支援サービスに参加している販売店や、地域のローカルステーションを目指して独自にフリーペーパーの発行を行っている販売店もある。そして若い世代の新聞販売店の事業主や後継者で組織されている「道新青年会」のような組織でも、販売店の持つ宅配網や購読者データを活用して多角化に向けた検討がなされている。

愛媛新聞では一部の販売店が２０１８年から愛媛綜合警備保障（ＡＬＳＯＫ）と協定を結び、販売エリアの人達にホームセキュリティサービスを紹介して契約の仲介をするとともに、販売員がサービス契約者宅で新聞が取り込まれていないとＡＬＳＯＫに連絡するといった事業をスタートさせた。また愛媛ＣＡＴＶの代理店業務や牛乳の宅配事業に進出している販売店もある。山陽新聞では、一部の販売店が北海道から取り寄せた高級玉ねぎ等、様々な商品の購読者向け販売を行っている。中国新聞では、販売店をエリア事務局にした会員組織「ちゅーピーくらぶ」を通して会員向けに、販売店のスタッフが業務提携先企業の協力も得て空き家見守りやその他のサービスを行っている。

このように販売店の多角化に向けた取り組みは各地方紙に拡がっており、今後、地域に紐づいた販売店の特性を活かして、自治会運営のサポート等、新しい販売店の事業が登場することも予想される。

だが今日、こうした取り組みは必ずしも販売店の収益増に大きく直結しておらず、エリア内での販売店の認知度を高め、地域の人達との新たな接点を持つのにとどまっているケースも少なくない。デジタル化による課金ビジネスに向けた取り組みのところで述べたように、将来的には本社と販売店が全ての購読者データを共有して、データベースマーケティングを通して販売店の宅配網を活用した新規事業による販売店の多角化が、宅配網を維持する上でも望まれる。

地方紙の中には既に、地域の読者、及び潜在的に読者となる可能性を持った地域住民を対象に、会員組織構築による囲い込みに取り組んでいるところもある。ただ現状では購読者の会員組織を活用したデータベースマーケティングと絡めた、販売店の収益につながる新たなビジネスモデルの構築は、多くの地方紙にとってかなり困難な状況にある。

北海道新聞は２００６年７月に、18歳以上の北海道居住者を対象にした無料の会員組織「道新ぶんぶんクラブ」をスタートした。[17]「道新ぶんぶんクラブ」に入会すると、各種イベントへの参加や道内２０００店程の加盟店でのカード提示による割引やプレゼント等の特典があり、現在、50万人程の会員を抱えている。２０２０年２月には、「道新ぶんぶんクラブ」の会員が各種イベントやプレゼントに応募するのに北海道新聞パスポートの取得が必要な形にして、「道新ぶんぶんクラブ」、電子版会員を紐づけた。将来的には直営の販売店が持つ購読者データを本社と共有して活用することも想定されるが、ただ北海道新聞の直営店は道内で10店舗程であり、そこで持っている購読者データは全体のごく一部である。

新潟日報では新聞購読者がデジタルサービスを利用するのに新潟日報パスポートの登録をする際、一度、全ての登録を受け付けた後、個別に販売店に新聞購読者かどうか確認する作業を行い、購読者でなければ抹消するということを手作業で行っている。これは新潟日報が販売店の購読者データに直接アクセス出来ないためだが、子会社の新潟日報サービスネットが運営する直営の販売店は別にして、県内では新潟日報のみ扱う専売店がほとんどなく、他の全国紙との関係もあって、購読者データベースを販売店と共有することは難しい状況にある。

山陽新聞は２００９年４月、18歳以上の岡山県、及び近隣の広島県、香川県居住者を対象にした無料の会員組織「さん太クラブ」をスタートした。[18] 入会すると「道新ぶんぶんクラブ」と同様、各種イベントへの参加や1000店程の加盟店でのカード提示による割引やプレゼント等の特典があり、現在、10万人程の会員を抱えている。2019年に創刊140周年と「さん太クラブ」創設10周年を記念して、山陽新聞を3カ月以上購読している「さん太クラブ」会員を対象に応募者の中から1000人に商品が当たる大規模な「山陽新聞ありがとう懸賞」を実施し、新たに3カ月以上の購読申込をする会員も応募出来るようにして、新規購読者の拡大を図った。会員の属性はほぼ実際の新聞購読者と同じ40代以上が中心で、実際に8割以上が新聞の購読者だが、2対1の比率で女性会員が男性会員より多いのが特徴である。

山陽新聞では、「さん太クラブ」の会員データと新聞購読者のデータを紐づけしようとしているが、新聞購読者についてはあくまで子会社の山陽新聞販売、山陽新聞倉敷販売が運営する直営の販売店が持つ購読者データのみで、それ以外の販売店の持つデータは対象にしていない。

### 4-2新規事業開発に向けた取り組み

これまで述べてきたように、将来的に地方紙が生き残るためには、地域の読者に密着してデータベースマーケティングをもとに既存の宅配網も活用した様々なデジタル事業のマネタイズがおそらく必要になる。ただ近年の地方紙の購読者減少はかなり急ピッチで進んでおり、今後ともローカルジャーナリズムの担い手としての機能を維持するためには、新たなデジタル事業のマネタイズ以前に、販売店の多角化による宅配網を維持するとともに、自社で所有する不動産関連の事業以外でも、新聞社としてのブランドや独自のリソースを活かした経営面での多角化による生き残りが不可欠である。こうした分野で先行する同じローカルメディアのＣＡＴＶの場合、従来から地域の情報を伝えるコミュニティチャンネルの運営と地上波の再送信を含む多チャンネル放送以外に、そのインフラを活用したネットや電話事業、モバイル事業、電力事業等、様々な事業に進出しており、また自治体からイベントの運営を委託されて請け負っている。

まず考えられるのは、自社グループ以外のＳＰ媒体向け広告やイベント事業を幅広く手掛けることである。西日本新聞がデジタル事業のマネタイズ化のためデジタル部門を分社化したように、十勝毎日新聞では２０１３年に広告局を分社化して、ＣＭＣという会社を立ち上げた。新聞広告が減少する中、ＣＭＣではコミュニティＦＭやＣＡＴＶ等を含む十勝毎日新聞グループ全体の広告にとどまらず、グループ外のＳＰ媒体向け広告やイベント事業を幅広く手掛けることで、独立採算化するようにした。埼玉新聞ではコミュニティビジネスを手掛ける地元の企業やＮＰＯ／ＮＧＯと同様に、自治体からの様々な事業や施設の指定管理者の受託に力を入れようとしている。

また地方紙の持つリソースを活用して出来ることとして、自社コンテンツの２次利用がある。もともと多くの地方紙では、調査報道記事の連載の書籍化や新聞記事のデータベース構築を行ってきた。出版不況下で新聞紙面に連載された記事を本にしたものは比較的良く売れ、山陽新聞が２０１８年に出した『特別報道写真集２０１８　西日本豪雨　岡山の記録』は２万部近くが完売している。記事データベースについては多くの地方紙の場合、全国紙と異なり一般の利用はそれ程多くはない。新潟日報ではもともと社内で記者が記事を書くために構築したデータベースを、２００８年に「日経テレコン21」や「G-Search」に提供する形で外部公開した。一般の市民の利用をあまり想定していないため、市民向けのデジタルサービスには組み込まず、企業、大学、図書館向けの事業として行っている。

地域ラボ推進室を立ち上げて新規事業開発に取り組む愛媛新聞社の社屋

愛媛新聞では、２０１８年4月に総務企画局の中に地域ラボ推進室を立ち上げ、愛媛新聞のブランドやリソースを活かして新規事業について考える部署を立ち上げた。こちらで新たに取り組んだことの１つが、２０１８年4月から11月にかけて毎週土曜日の紙面に連載された創作童話「かなしきデブ猫ちゃん」の主人公マルのキャラクターを活用した、様々なイベントやグッズ販売である。この童話は新聞との接点の少ない小学生に、新聞に関心を持ってもらうことを目指して連載がスタートしたが、連載中に地元の子供達の間で好評だったため、連載終了後に作者の講演会、原画展、朗読による読み聞かせ等のイベントを開催し、また絵本の出版や、缶バッチ等のグッズ販売、そして地元の銀行にキャッシュカードのデザインにしてもらうなどした。

あと近年では朝夕刊セット紙を出している地方紙が、経営の合理化に向けて夕刊紙を休刊するケースが増えているが、単に休刊するのではなく、新潟日報のように新しいコンセプトの別媒体の情報紙にリニューアルすることが考えられる。

新潟日報では購読者が減少し、特に読者のライフスタイルの変化によって夕刊が読まれなくなる中、社内で各部局を横断するワーキンググループを立ち上げて1年余り検討を重ね、２０１６年11月に紙面改革に踏み切り、夕刊をリニューアルして、タブロイド判の「おとなプラス」という新しいコンセプトの別媒体の情報紙の発行に踏み切った。

「おとなプラス」では、従来の夕刊の速報性を重視したニュース記事中心の紙面に代えて、特集記事等の読み物中心の紙面にし、そして社員記者以外に社外のフリーのライターやカメラマンを起用して記事を作成している。また共同通信から配信される面白い連載記事があれば、積極的に使うようにしている。さらに年に一度、３０００人くらいの読者にアンケートを行い、よく読まれている分野の記事は拡充し、あまり読まれていない分野の記事は見直すといった形で、たえず紙面の刷新を図った結果、広告出稿については以前の夕刊を上回るようになった。また紙面の速報性に依拠しないため、それまで夕刊を配達していなかった中山間地域にも、新たに翌日の朝刊とセットで配達出来るようになり、部数の減少をある程度食い止めて紙媒体の延命につながった。

他にも新潟日報は、地域の自治体、企業、ＮＰＯ／ＮＧＯ、そして個々の市民と提携し、メディアを活用して地域の課題解決に向けた事業に取り組んでいる。新潟日報では、２０１９年４月に「未来のチカラ」プロジェクトをスタートさせた。これは県内を8つのエリアに分け、3年間で各エリアを順番にまわり、地域の行政や市民と地域の課題について話し合い、それを紙面で紹介するとともに、併せて関連する様々なセミナーやイベントを開催して、地域づくりを応援しようとするものである。収益事業ではないが、地方紙というメディアだからこそ出来る取り組みとして、地域の人達の地方紙への関心を高めることにつながった。また新潟日報が2017年5月にスタートした地元の3つの地方銀行等の協力を得て運営するクラウドファンディング「にいがた、いっぽ」も、ビジネス・インキュベーションを通して地域づくりを応援するこうした取り組みの1つである。

読者との関係性の強化という点では、新聞社が自社の空間をコミュニティスペースとして一般に開放し、そこに様々な情報発信ニーズを持って集まる市民との交流を通してエンゲージメントを高め、それを自社のメディア事業に反映させるという取り組みが考えられる。信濃毎日新聞では2018年4月、松本市の中心市街地に松本本社を中核とした複合施設「信毎メディアガーデン」をオープンし、そのホールやスタジオ等を市民に開放するコミュニティスペースにした。信濃毎日新聞では、このコミュニティスペースが地元の様々なイベントに活用され、そこに多くの市民が参加することで、地方紙と地域社会の結びつきを強化することを強化する場にしていきたいという。

企業が自社の空間を一般に開放する試みとしては、2016年にYahoo!が社外の様々な分野の人材を社内に招いて社員との交流によるコーポレートコワーキングの場を目指し、オープンコラボレーションスペース「LODGE」をオープンして、ここをオープンイノベーションの拠点にしようとした取り組みが有名である。地方紙の場合、Yahoo!のようなオープンイノベーションを目的とすることは簡単ではないが、少なくとも地方紙のスタッフが取材の場以外に、こうしたコミュニティスペースに様々な情報発信ニーズを持って集まる市民とのエンゲージメントを高め、それを自社のメディア事業に反映させることは可能だろう。実際に信濃毎日新聞では、「信毎メディアガーデン」の1階にある「まちなか情報局」という市民の窓口となるコーナーに、報道部と広告部の社員を交代で貼りつけて対応させることで、訪れた市民との会話を通して様々な市民の声を拾っている。信濃毎日新聞では、こうした「信毎メディアガーデン」の取り組みから、何か市民とのコラボによる新規事業を含めた地域の課題解決のための取り組みが生まれることを期待している。[19]

他にもより積極的なオープンイノベーションやビジネス・インキュベーションに向けた取り組みとして、中国新聞では2017年に、広島県が開設したイノベーション創出拠点「イノベーション・ハブ・ひろしま Camps」を主な会場に県と日本政策投資銀行主催で開催されたオープンイノベーションプログラム「広島iHub2017」に協賛し、中国新聞が持つメディア機能や経営資源を活用した新規事業創造の可能性を探るため、地元企業関係者やプロボノ活動に取り組む市民がチームに分かれてワークショップ形式で実現可能な事業を検討する取り組みを行った。そして最終的に各チームから、中国新聞のブランドやネットワークを活かした地域の課題解決のコーディネート、地元企業の人材のマッチングやコンサルティング、記事データベースと位置情報を組み合わせたアプリやウェブサービスの開発の様々なアイディアが出された。

また北海道新聞では、２０１８年2月に新規事業推進チームを立ち上げた。もともと多くの地方紙は、これまでローカル局を始めとする自社グループの新規事業の立ち上げを経験しており、購読者減少で地方紙が危機に直面する中、新たな収益事業の立ち上げは決して困難なことではない。これまで新規事業推進チームでは、デジタルガレージとの共同出資でスタートアップ企業の発掘・育成を行うG2Garageを設立し、アクセラレータープログラム「Open Network Lab HOKKAIDO」（オンラボ北海道）をスタートし、多くの企業に出資している。２０２０年7月には本社内に、道内最大のコワーキング施設「SAPPORO Incubation Hub DRIVE」をオープンし、ビジネス・インキュベーションの拠点にしていく予定である。

こうした地方紙による収益事業を生み出すための取り組みは近年スタートしたばかりで、今後、新たな地方紙の収益モデルの構築が期待される。

## 5．地方紙の生き残りに向けて

過去10数年で購読者離れや広告収入の減少が急激に進む地方紙の課題について、紙媒体からデジタル化によるビジネスモデルの転換に向けた過渡期の対応、若年層に新聞に関心を持ってもらうＮＩＥや読者との新たな関係を構築するローカルジャーナリズムの取り組み、販売網の維持と新たな収益に向けた新聞社のブランドやリソースを活かした新規事業開発の取り組みを中心に見てきた。

多くの地方紙は購読者の減少に対して、地域の読者に寄り添う形で読者対応部門を強化し、若い世代が新聞を読む習慣を身に付けるためNIEやNIBに力を入れ、また宅配網を維持するための販売店の多角化等の支援や、会員組織の構築による囲い込みを図ったりしてきた。ただどの取り組みも現時点で紙媒体の減少を食い止める、あるいはその収益減を補填する特効薬とはなっていない。

いずれにせよ紙媒体からデジタルへの移行は不可逆で、かつての地方紙のビジネスモデルは早ければあと数年で限界を迎えるため、経営体力の残っている内に、生き残りをかけてデジタル化に向けた対応を進めざるをえないが、今日、各地方紙のデジタル化の進捗状況は、個々に抱える条件が異なっていて電子版の有料化についても一律ではない。各地方紙とも電子版を創刊したものの、宅配エリア内での普及、そして自社サイトでのニュース記事の課金は未だ充分に進まず、他メディアへのニュース記事配信や有料のバーティカルメディアの立ち上げと併せても、デジタル事業によるマネタイズは紙媒体の部数減がもたらす収益減を補うに至っていない。今後、ニュース以外の様々なコンテンツやサービスと組み合わせたデジタル事業のマネタイズ化、合理化が求められる紙面づくりへの市民参加の可能性の追求、そして地方紙のブランドやリソースを活かした新規事業開発といったことが、生き残りに向けて課題となろう。

地方紙が新たなビジネスモデルを確立するためには、そのサイトが他のウェブメディアに対抗して各地域のポータルサイトとなるよう、デジタル化の利点を生かして新たなコンテンツを開発し、地元だけでなく全国の読者を対象に課金ビジネスを軌道に乗せること、将来のデータベースマーケティングに必要な会員組織と販売店の宅配網を活用したサービスの提供が重要である。

地方紙が地域のデジタルプラットフォームとしてデータベースマーケティングを通してユーザーに商品やサービスをレコメンドする仕組みを構築するとしたら、そのための会員データベースは必須で、直営以外の販売店とも（専売店以外は他紙との関係で困難が予想されるが）購読者データの共有の仕組みが必要になる。

地方紙が生き残りに向けて必要な対応をするための残された時間は少なく、今後とも購読者の減少が急ピッチで進む中、各地方紙の取り組みが間に合うのかどうかかなり微妙だが、地方紙がこれまで担って来たローカルジャーナリズムの担い手としての役割は、他のメディアによって代替することは困難である。地域の人々に寄り添うローカルジャーナリズムの機能を持つ地方紙の存在は地域にとって貴重で、ぜひ多くの地方紙が経営難に陥る前に、デジタル化による新聞事業のビジネスモデルの転換と収益事業の多様化により、今日の危機を乗り越え、各地域でローカルジャーナリズムが潰えないよう存続に向けた道を見出して欲しい。

注

1　日本新聞協会加盟の朝夕刊セット48紙、朝刊単独58紙、夕刊単独16紙、合計122紙（1997年10月）。
2　日本新聞協会加盟の朝夕刊セット29紙、朝刊単独73紙、夕刊単独11紙、合計113紙（2022年10月）。
3　電通が発表する「2008年日本の広告費」、「2022年日本の広告費」による。
4　北海道新聞が「道新オーロラネット」の運営会社として設立した道新メディックに、企画部長兼営業部長（当時）として出向して事務局を担当した、鈴木隆司へのヒアリングによる。
5　当時、「ひびの」の立ち上げに関わった、現在、ローカルメディアラボ代表取締役の牛島清豪、佐賀新聞メディア局コンテンツ部部長の中野星次、編集局デザイナーの小石克へのヒアリングによる。
6　河北新報のメディア局長として、当初から「ふらっと」の運営に携わってきた佐藤和文（現在、メディアプロジェクト仙台代表）へのヒアリングによる。
7　佐藤和文がメディア局を離れた後の河北新報のデジタル事業については、監査役の八浪英明、編集局長の安倍樹へのヒアリングによる。
8　朝日新聞デジタルの有料会員の内、電子版の購読が可能なプレミアムコースの契約者を指す。
9　2022年4月から「新潟日報デジタルプラス」にリニューアルした。
10　沖縄タイムス、2014、具志頭村「空白の沖縄戦」69年目の夏　戦没者の足取りをたどる（http://app.okinawatimes.co.jp/feature/01/）
11　沖縄タイムス、2015、沖縄戦デジタルアーカイブ　戦世からぬ伝言（http://app.okinawatimes.co.jp/sengo70/index.html）
12　琉球新報、2018、琉球新報　Yahoo!ニュース　動画共同制作プロジェクト（https://ryukyushimpo.jp/special/entry-514065.html）
13　たとえば信濃毎日新聞では、「信毎こども新聞」（小学生対象）、「信毎ヤンジャ」（中・高・大学生対象）、中国新聞では、「ちゅーピーこども新聞」（小中学生対象）、「キャンパスリポート」（大学生対象、一般社団法人教育ネットワーク中国と協力して実施）を行っている。

14　こども記者による新聞制作は、地方紙が独自に企画して行うケース以外に、石巻市で一般社団法人キッズ・メディア・ステーションが石巻日日新聞の協力を得て発行する「石巻日日こども新聞」のように、市民団体が中心となって取り組んでいるケースもある。

15　市民記者養成講座修了者の誰もが埼玉新聞で記事を書くことの出来るタウン記者になれないが、「イーシティさいたま」という地域ポータルサイトの方で記事を書くことが出来、また講座修了者の有志で「埼玉市民記者クラブ」という組織を立ち上げ、独自にウェブマガジンを出している。

16　埼玉新聞がタウン記者制度を導入した際、元朝日新聞編集委員の竹内謙が韓国の「Oh my News」をモデルに立ち上げた日本インターネット新聞社「JanJan」等のインターネット新聞が採用していた市民記者の仕組みも参考にしている。

17　その後、北海道新聞のデジタルサービスを利用する際のＩＤである道新パスポート取得者は、北海道外居住者でも18歳未満でも、会員規約に同意すれば入会出来るようになった。

18　山陽新聞では別途、子育てママ、及びパパを対象にした「LaLa Okayama」という無料の会員組織も運営しており、こちらに入会すると「さん太クラブ」にも同時に入会する形となるが、「LaLa Okayama」のサイトの全ての情報が閲覧出来るようになり、また会員限定イベントへの参加やプレゼントへの応募といった特典がある。

19　「信毎メディアガーデン」がオープンした翌月の２０１8年5月に行った、信濃毎日新聞社専務取締役松本本社代表の石田和彦へのインタビューによる。

# 第2章 地方紙による市民との関係づくり

## 新たなローカルジャーナリズムの可能性

熊本県八代市で２００４年12月に国内初の地域ＳＮＳと言われる「ごろっとやっちろ」が誕生して以降、全国各地に多くの地域ＳＮＳが生まれた。そしていくつかの地方紙では、新聞社のデジタル事業の一環として自らそうした地域ＳＮＳを立ち上げ、地域に密着して読者（地元の市民）との新たな関係づくりを目指した。

だが２０１０年を境にTwitter、Facebook、LINE等の大手ＳＮＳが普及する中、地域ＳＮＳは縮小に転じる。地方紙が立ち上げた地域ＳＮＳの中でも、第1章で触れたように、宮城県を中心とした東北地方のブロック紙の河北新報社では、市民参加型のローカルジャーナリズムを構想して２００７年４月に「ふらっと」（２０１４年４月から「河北新報オンラインコミュニティー」に名称変更）を立ち上げた。その背景として、２０００（ゼロ）年代にプロの編集者が市民記者によるニュース記事を編集して紹介する、「JanJan」、「オーマイニュース」等のインターネット新聞が登場して、話題となったことがある。けれどもそうしたインターネット新聞は、個人が立ち上げたブログが台頭する中でビジネスモデルが描けず、2010年頃までにほぼ活動を終了した。そして「河北新報オンラインコミュニティー」も、2017年3月で終了することとなる。

第2章では第1章で触れた地方紙による地元の市民とのデジタル事業を通した関係づくりがどのように推移したのかについて、まず2006年11月に地方紙として初めて地域SNS「ひびのコミュニティ」を立ち上げた、佐賀新聞の取り組みについて見ていく。佐賀新聞では地域SNSをローカルジャーナリズムと切り離して、地域コミュニティとの関係づくりのためのプラットフォームを目指すとともに、事業面での収益確保を追求したこともあり、河北新報よりも長く2020年9月まで地域SNSの事業を継続することが出来た。

その後、地方紙による地域SNSの取り組みが収縮する中、西日本新聞社のデジタル事業を担う子会社の西日本新聞メディアラボが、2014年から地元の市民を巻き込んでクラウドソーシング等の事業を手掛けており、続けてその取り組みについて見ていく。

このようにプロのジャーナリストとしての記者を抱えた地方紙で、市民参加型のローカルジャーナリズムを追求する取り組みは、第1章で紹介した一部のケースを除いて拡がっていないが、一方で新たに登場したのが、オンデマンド調査報道である。福岡県を拠点にした九州地方のブロック紙である西日本新聞が2018年1月にスタートした「あなたの特命取材班」の取り組みは、その後、急速に多くの地方紙に拡がっている。次にこの「あなたの特命取材班」を始めとした西日本新聞の新たな取り組みについて見ていく。

なお市民参加型のローカルジャーナリズムの取り組みは、地方紙が自ら直接取り組む形ではなく、地方紙の出身者、関係者が編集に関わる形の市民メディアとして、近年、いくつか誕生している。最後にそうした市民参加型ウェブメディアについて見ていく。

## 1. デジタル事業による市民との関係構築

### 1－1 地方紙初の地域ＳＮＳ

佐賀新聞は地元の佐賀県で世帯普及率４割台のシェアを誇る地方紙である。その佐賀新聞ではデジタル事業の一環として、２００６年に地域ＳＮＳ「ひびのコミュニティ」を立ち上げた。

「ひびのコミュニティ」の立ち上げに携わった編集局メディア局コンテンツ部部長の中野星次、編集局デザイナーの小石克によると、「ひびのコミュニティ」を立ち上げたのは、ＳＮＳのmixiの普及が急速に進んだ２００５年当時、デジタル戦略チームにいた牛島清豪（現在、ローカルメディアラボ代表取締役）とともに、自治体ではなく地方紙がこうしたＳＮＳを佐賀県のような規模の生活圏で立ち上げて運営する可能性について話し合い、社内で企画提案して採用されたことによる。地域ＳＮＳを立ち上げを考えたコアメンバーが記者出身でなかったこともあり、河北新報の「ふらっと」のような市民参加型ジャーナリズムを目指したものではなく、衣食住等の生活関連情報について市民が語り合えるような場を目指し、ニュースサイト、生活情報サイト、市民のコミュニティの3本柱でサイトを構築した。

そして「ひびのコミュニティ」の立ち上げに際し、当初は昼間自宅にいて多少なりとも時間に余裕があり、また学生と違って地域社会でのコミュニケーション・ニーズのある子育て中の主婦層を主なターゲットに想定し、佐賀県が2006年からスタートした「子育て応援の店事業」（子育て中の保護者が「子育て応援の店」登録店で特典が得られる事業）を受託して、「ひびのコミュニティ」の会員になることでそのサービスが受けられるようにした。そうしたところ「ひびのコミュニティ」がスタートして最初の半年間で、県内全域から子育て中の主婦層を中心に4000人以上の会員が集まった。さらに女性が集まって活発にコミュニケーションしているところには、遅れて男性も自然と集まり、1年半後には会員数1万2000人余りに達した。

佐賀新聞社で「ひびのコミュニティ」の立ち上げに携わった中野星次編集局メディア局コンテンツ部部長（左）と小石克編集局デザイナー（右）

「会員数が1万人だった頃、アクティブ・ユーザーが1000人くらい、ヘビーユーザーが400人ほどおり、スタートから2年くらいまでの間が一番盛り上がっていた」（中野）

だが2008年以降、立ち上げに関わった中野を始めとする初期のメンバーが異動したことでコミュニティ内でのイベントが減り、また「ひびのコミュニティ」への会員登録が「子育て応援の店」の特典を得るための条件でなくなったり、Twitterを始めとする新たなSNSが登場したりして、会員数が頭打ちとなった。そして「ひびのコミュニティ」は、徐々に衰退していくことになる。

また初期のメンバーが移動した後を継いだスタッフが、地域SNSについてよく理解しておらず、Twitterに対抗するためつぶやき機能を新たに追加したり、利用度の低かった友達のグループ分け機能を外したりしたが、これが裏目に出た。つぶやき機能を追加したことで「ひびのコミュニティ」の画面がわかりづらくなり、またグループ分け機能を外したことで、この機能を利用していたヘビーユーザーが地域のしがらみによって投稿しづらくなるといったことが起きた。

そして最も大きな問題は、「ひびのコミュニティ」が盛り上がっていた当時、佐賀新聞の紙面との連携がほとんど出来ていなかったことがある。中野は「地域SNSに投稿する市民の多くは、より広く多くの人に伝えたいという希望を持っており、そのため投稿されたものの中から良い内容のものを新聞の紙面に掲載する仕組みをつくりたかったが、当時、それが了解を得られずに出来なかった」という。こうした連携が可能になったのは、中野が2012年に営業局広告部から編集局メディアコンテンツ部に異動になり、情報面デスクを担当するようになってからである。

「多くの読者にとって、自分の生活とつながった、あるいは家族や周囲の知り合いや職場の同僚と共有出来る地域の情報が最も関心が高く、そのため佐賀新聞では『Fit ECRU（フィットエクリュ）』のようなタブロイド判のフリーペーパーを別刷りで出してそのニーズに対応してきたが、将来的に地域ＳＮＳのコミュニティや自社のTwitter、Facebookと連動して、情報を発信していくことが重要になる」と中野は考えた。

また小石も同様に、「全国紙と違って地方紙は、その地域で暮らす個々人にとって必要な情報を伝えることが重要だが、そのために新聞の紙面と地域ＳＮＳが連携してやれることが多くあるはずで、また地方紙にとって読者とつながる地域ＳＮＳは、読者の情報ニーズを可視化することが出来る」と考えた。

そのため他の地方紙の地域ＳＮＳが終了する中、「ひびのコミュニティ」は２０１６年11月に10周年を迎えてリニューアルを行い、中高生を含む若い世代を新たなターゲットに、メッセージ機能等を加えて再スタートをきった。だが地方紙の紙面と連携した「ひびのコミュニティ」の新たな取り組みは、大手ＳＮＳが普及する中での地域ＳＮＳ衰退の流れに抗えず、２０２０年９月に終了することになる。

## １－２　地域ＳＮＳに代わる地域ポータルサイト

地域ＳＮＳブームが２０１０年代に入って終息に向かう中、新たに地方紙のデジタル事業が目指したのが、地域ポータルサイトである。

福岡県を中心に沖縄県を除く九州７県のブロック紙である西日本新聞は、２０１４年３月に社長室デジタルプロジェクトを発足し、西日本新聞のリソースを活用してビジネスに特化したマネタイズ可能なデジタル事業案について検討した。その結果、同年6月に西日本新聞のサイト制作を行っていたグループ会社のメディアプラネットにプロジェクトのメンバーが出向し、そこにデジタル事業を業務委託の形で移管することになった。そして2015年4月に西日本新聞メディアラボに社名変更し、同年8月に本社との間でコンテンツ利用契約を締結し、西日本新聞の持つコンテンツを独占的に利用してデジタル事業を行い、そこで得た収益から利用料を払うことになった。

新聞社がこうした利用計画をグループ会社と締結するのは、産経新聞と産経デジタルに次いで全国で2番目である。具体的には西日本新聞が、どの記事をネットに公開するかどうかの編成やネット向けオリジナル記事の作成等のコンテンツの編集責任を負い、西日本新聞メディアラボでは、どの記事をサイトでトップに持ってくるのか、また他に外部から調達するコンテンツの選択や記事のまとめ等、サイト運営に関する責任を負う形となる。

西日本新聞がグループ会社を通してデジタル事業を進めようとした背景には、紙媒体の購読者の高齢化が進んで平均年齢が60歳に達し、将来的に急激に減少することが予想される中、新たに収益面で新聞社を支えるより若い世代を読者に取り込んだデジタル事業の確立が求められたことがある。そのため西日本新聞メディアラボではデジタル事業が移管されてから、ニュースサイトの運営を通した九州以外の全国各地の読者の獲得、西日本パスポート会員への有料コンテンツ販売、企業への記事データベースの提供等の事業を展開し、収益を生む仕組みの構築に取り組んだ。

また西日本新聞のコンテンツを利用した事業以外に、2014年8月に「九州お仕事モール」を立ち上げ、地元の九州の市民を対象にWebライティングを中心としたクラウドソーシング事業を、業界大手のランサーズと提携してスタートし、数十万人の登録者を抱える仕事マッチングサイトに成長した。また2015年4月に九州特化型キュレーションメディア「piQ」を立ち上げてキュレーションメディア事業を、2015年6月には九州特化型クラウドファンディングサイト「LiNKSTART」を立ち上げてクラウドファンディング事業をそれぞれスタートした。

こうした取り組みについて当時の代表取締役社長だった吉村康祐（現在、西日本新聞社執行役員ビジネス開発局長）は、「地方紙の役割を地域社会への貢献と考えるなら、単に自ら収集したニュースを地域社会に提供するだけでなく、東京と地方を繋いで東京に集中している仕事を地方に分配して新たな雇用を創出したり、キュレーションメディアを通して地域の魅力を全国に向けて発信したり、クラウドファンディングを通して地元が必要とするプロジェクトを実現させるお手伝いをするといったことは重要で、従来の紙媒体では難しかったが、それを西日本新聞メディアラボでは西日本新聞のブランドも活用してデジタル事業で取り組んだ」と語る。

それまで多くの地方紙が社内でこうした取り組みを行おうとしたものの、様々な制約があって上手く機能しないケースが多々あったが、西日本新聞ではデジタル事業を本社外に出すことで、従来の地方紙の役割を超えた新規事業の迅速な立ち上げと（金額的には本体と比べると僅かだが）マネタイズに成功した。

このように西日本新聞では、地域ＳＮＳに代わる新たな地方紙の市民を巻き込んだデジタル事業のビジネスモデルを他に先駆けて確立し、これがある意味でモデルケースとなって、同様の取り組みを他の地方紙も追随することとなる。

## 2．ローカルジャーナリズムの新たな取り組み

### 2－1 オンデマンド調査報道を目指して

西日本新聞では、市民参加型ジャーナリズムとは異なる方向でデジタル事業を展開したが、一方でローカルジャーナリズムの新たな取り組みとして手掛けたのが、オンデマンド調査報道である。

西日本新聞編集局社会部では、社会部遊軍キャップ兼デスクだった坂本信博が、かつてあった「社会部１１０番」という読者からの疑問や相談を電話で受けて記者が取材して記事にするコーナーの復活を考え、社会部の同僚と話し合い、年次企画として２０１８年1月に「あなたの特命取材班」という企画コーナーをスタートした。これは読者からの疑問や地域での困り事、そして企業や行政の不正告発等の様々な調査依頼に対し、記者が取材して判明した事実を伝え、社会の課題解決を目指すものである。読者からの取材依頼や情報提供は、主にLINEや投稿フォーム等によって行われる。

西日本新聞編集局クロスメディア報道部デスク兼記者の福間慎一は、「あなたの特命取材班」が誕生した当初はデジタル編集部でその運営に関わり、現在は事務局の置かれたクロスメディア報道部で

関わっている。福岡によると、「あなたの特命取材班」のLINEに登録して繋がった「あな特通信員」と呼ばれる読者は2万人余りだが、「あな特通信員」向けに西日本新聞から送られるアンケートがブロックされて届かない読者もいて、「あな特通信員」の数は実体としては1万数千人程で、「新聞の購読者層の平均よりも若い世代が中心となっており、中には20代の学生もいる」という。西日本新聞ではこうしたLINEで繋がった「あな特通信員」向けに、随時、その属性（性別・年齢・居住地等）に応じてアンケートを行い、読者の意見を聞く仕組みとしても利用している。

たとえば集中豪雨が想定される際には、想定地域の居住者を対象に（あくまで無理して写真を撮りに行ったりせずに自らの安全を確保した上で可能な範囲で）状況をうかがったりしているが、それに対して「あな特通信員」から、写真や状況報告が少なからず寄せられる。また集中豪雨の後には、どのような備えをしたのかアンケートを通してうかがい、そこから地域の防災に役立つ取り組みを探るといったことをしている。「ただ緊急事態が発生した際は、新聞社よりも消防等に連絡が行くため、本当に逼迫した連絡が新聞社に届くことはほとんどなく、むしろ読者の心配する声が届いて、それに対して安全の確保に注意するよう返信することが

「あなたの特命取材班」を立ち上げてオンデマンド調査報道に取り組む西日本新聞社の社屋

大半」（福間）という。

現在、「あな特通信員」は実体として1万数千人程だが、これは九州の人口を考えると1000人に1人は「あな特通信員」ということになる。こうした「あな特通信員」の読者から1日数十件もの取材依頼や情報提供があるが、これまで取材して記事にしたのはその内の一部の数百件余りである。「基本的に民間の争いには依頼があっても新聞が介入することはなかなか難しく、主に行政の取り組みに関することが記事の中心になっている」（福間）という。

2018年1月にスタートした「あなたの特命取材班」は、投稿をきっかけにした取材記事が紙面や西日本新聞のニュースサイトに載ると大きな話題となり、特にネットでその存在を知った九州の外の人からの取材依頼も届くようになった。それに対応するため西日本新聞では、他の地域の地方紙、地方局に声をかけて2018年6月に第1回JOD（ジャーナリズム・オン・デマンド）研究会を開催し、同年9月に規約を定めてJODパートナーシップというオンデマンド調査報道に取り組む地方紙、地方局が緩やかに繋がるネットワークが発足した。JODパートナーシップに参加した各社は、オンデマンド調査報道のノウハウ、JOD企画の記事や取材テーマの共有を行う。「もともと地方紙同士、記事の交換が様々な枠組みで行われていたこともあり、JODパートナーシップには多くの地方紙が賛同して加盟した」（福間）という。

2023年4月時点でJODパートナーシップには31社の地方紙が参加しており[1]、その繋がりはオンデマンド調査報道の分野に限られるが、ただ共同通信をハブにしたネットワークを除いてこれだけの数の地方紙や地方局が独自に繋がるネットワークはなく、地方紙や地方局同士の協働の取り組みが、たとえばファクトチェック等、他の分野にまで拡がることも期待される。

### 2-2「やさしい日本語」での情報発信

西日本新聞では、「あなたの特命取材班」がスタートした2018年の11月に福間が担当して、同社のニュースサイトで「やさしい日本語」でのニュース記事の発信をスタートした。この企画がスタートしたきっかけは、西日本新聞で2016年末から2017年にかけて「新 移民時代」という在日外国人との共生をテーマにした特集記事の連載をしており、その経験をもとに地方紙として何が出来ることはないかという時に、地元のニュースを「やさしい日本語」で在日外国人に伝えることが、共生社会の実現に向けた取り組みとして重要ではないかということでスタートしたという。そして既に国際放送で「やさしい日本語」の番組を放送していたNHKに視察に行ったり、福岡在住の外国人にどんな地元のニュース記事を「やさしい日本語」で読みたいか調査したりして準備を進めた。

「やさしい日本語」でのニュース記事は、自社サイトで配信する以外、九州北部を放送エリアに多言語放送を行うFM局「LOVE FM」で、平日の昼の時間に放送するとともに、福岡市の中心市街地の天神の街頭ビジョンで動画にして配信している。在日外国人にとって一番望ましいのは、それぞれの母語による多言語でのニュース配信だが、地方紙ではそうした対応が難しいのと、あと行政の調査では福岡県在住の外国人で日本語がまったく出来ない人はほとんどおらず、また英語を母語にしてない人が多いことから、英語ではなく「やさしい日本語」でのニュース配信を選択した。

福岡在住の外国人への事前調査では、「やさしい日本語」で読みたい情報として、求人・求職者情報を別にすると、主に防災関係、自治体の様々な制度、住んでいる地域で起きていること、日本人との交流に関するもので、それを踏まえてサイトで公開しているニュース記事の中から選び、福間の方で「やさしい日本語」にリライトして、それを元記者で日本語教師をしている人が監修して公開している。「どれだけの数の地元の外国人に役立っているかわからないが、ただこうしたニュース記事がFM放送や街頭ビジョンで流れることで、多くの日本人が在日外国人との共生について意識することになれば社会的意義があると考えて取り組んでいる」（福間）という。また「やさしい日本語」のニュース記事の配信は、在日外国人だけでなく、子供や高齢者や障害を持つ人にとっても役立つものである。

以上、オンデマンド調査報道と「やさしい日本語」での情報発信という西日本新聞の取り組みについて見てきた。近年、新聞離れが進む中、多くの地方紙ではデジタル化によるサブスクリプションサービス、あるいは不動産等の新聞外事業で生き残りを図ろうとしているが、報道の分野においても出来ることとして、新たな読者のニーズを満たすこうした取り組みは重要である。

## 3．市民記者による地域からの情報発信

## 3-1 元新聞記者が立ち上げた市民参加型ニュースサイト

今日、多くの地方紙では、市民参加型ジャーナリズムよりも自社の記者によるオンデマンド調査報道を通して市民のニーズを汲み取ろうとしているが、一方で市民記者によるローカルジャーナリズムの取り組みは、地方紙独自にではなく、地方紙の出身者や関係者が協力する形で各地に誕生している。

2016年2月に宮城県仙台市で誕生した「TOHOKU360」は、東北地方を中心に各地に住む通信員が記事を書き、安藤歩美編集長を始めとした主に新聞記者出身の編集者が編集してウェブに掲載する地域メディアである。安藤は2015年に産経新聞の記者を辞めた後、大学院の先輩だった中野宏一と「Yahoo!ニュース」のオリジナル媒体の「THE PAGE」に記事を執筆するユニット「THE EAST TIMES」を立ち上げた。そしてこちらで360度カメラを使って自分達が独自に発信するVR動画専門のニュースサイトとして立ち上げたのが、「TOHOKU360」である。そしてその直後の2016年3月に法人化して合同会社イーストタイムズを設立し、中野とともに共同代表に就任した。その後、イーストタイムズでは、「TOHOKU360」の運営とともにVR動画制作を通したPR業務の受注を手掛けたが、PR業務が会社の主要な収益事業となる中で安藤の目指す方向性とズレが生じ、2018年に安藤は「TOHOKU360」の運営を引き取る形で独立し、個人事業主として運営していくこととなった。

「TOHOKU360」は当初、エッジを効かせて話題性を確保するためVR動画専門のニュースサイトとしてスタートしたが、安藤はもともと市民参加型のニュースサイトに発展させていく構想を抱いていた。それは安藤自身、かつて新聞記者として仙台市を拠点に東北地方の取材をする中で、新聞が発行部数減少の影響で取材拠点や記者の数を減らすことによって自社で充分にカバー出来ない地域のニュースを、地元の市民が取材して記事にする仕組みが必要になるのではないかと考えていたことによる。そのため安藤は、「TOHOKU360」立ち上げの後に、元河北新報メディア局長の佐藤和文、元河北新報写真記者の佐藤雅行、ＮＰＯ法人メディアージの漆田義孝等に、編集者としてサポートしてもらうよう協力依頼した。そして市民に最低限の取材の仕方や記事の書き方を教えるニューススクールをネットで呼びかけて開講し、そこに集まった市民の中から継続して記事を書きたい人を、「TOHOKU360」の通信員として起用して、彼らの書いた記事をプロとしての経験のある編集者が必要なチェックをした上で公開する仕組みを構築しようとした。

これまでニューススクールは仙台市以外にも青森県、岩手県、秋田県で開催され、高校生から年配の市民まで多くの人が参加し、受講してネットで公開可能なレベルの記事を１本書くと、希望すれば通信員になれる。現在、60名程の通信員が、自分のオピニオンではなく、取材して事実を伝えるニュース記事を書くことを条件に、記事を投稿している。個々の通信員が記事を執筆する本数は様々だが、おおよそ週に数本の記事がアップされる。毎月１回、通信員会議が開催され、そこでは情報交換と併せて前月の記事について相互に評価してＭＶＰを決定し、その記事を書いた通信員にはささやかな額の賞金が出る。

編集部ではこうした通信員からの投稿記事を掲載する以外にも、毎年年末には読者から募った東北の流行語の中から選定する「東北流行語大賞」の企画、3月には読者からの3・11の写真投稿等の震災関連企画を行っている。他にも仙台市市民活動サポートセンターと協働で、社会課題の解決に取り組んでいる市民団体の関係者をゲストに招いてトークする「いづいっちゃんねる」というYouTube番組の配信を行ったりしている。

「TOHOKU360」では、東北地方の様々なニュースを全国に向けて発信するとともに、地域の抱える課題について地域の人に伝えることで、それが何らかの形で課題解決に向けたアクションや市民同士の連携に繋がることを目指しており、「いづいっちゃんねる」もそうした発想から生まれた。またもともとマスメディアが充分にカバー出来ない地域のニュースを補完する役割を市民メディアが担うという発想で市民参加型のニュースサイトを構想したため、こうしたメディア同士の連携を重視し、仙台メディアフェスティバル、東北メディアフェスティバルのようなメディア関係者がリアル、あるいはオンラインで集まって相互に繋がるイベントを、これまで企画して開催した。

「TOHOKU360」の月間のページビューは10万程だが、「配信先のスマートニュース、あるいはGoogleニュースで注目されると15万くらいに増える」（安藤）という。2020年度の「Google Analytics」のアクセス解析によると、「TOHOKU360」の読者は男女半々で、ボリュームゾーンは20代後半から40代前半で、仙台市内からのアクセスが最も多いが、それに次ぐのが首都圏となっている。「スマートニュース等で話題となった記事がTwitterでシェアされ、リツイートされることで、地元以外に首都圏を始めとする各地の人の目に触れているのではないか」（安藤）という。

こうした「TOHOKU360」の運営だが、現在、編集者としてサポートするメンバーはいるものの、ウェブ制作も含めた大半の作業を安藤が1人でこなしており、サーバー代等の必要な費用を賄うための広告の獲得も、営業する人間がいないため、問い合わせがあった場合のみ対応している状態である。安藤は「TOHOKU360」の編集長をすることが、個人で請け負う仕事に絡む部分もあり、ある意味でライフワークと考えてこれまで行ってきたが、「将来的にはNPO等の法人による市民メディアとしてマネタイズ可能な自立した運営に切り替えることを検討中」という。

### 3-2 自治体、地方紙等が立ち上げた市民参加型ニュースサイト

「TOHOKU360」は元市民記者が立ち上げた市民参加型ニュースサイトだが、自治体や地方紙等が協力して立ち上げた市民参加型ニュースサイトとして、茨城県小美玉市でタウンレポーターが地元の様々なニュースを伝える「タウンジャーナル小美玉」がある。

小美玉市は茨城県の県央地域に位置する人口4万7000人余りの自治体で、2016年3月に地方創生総合戦略「ダイヤモンドシティ・プロジェクト」を策定し、2018年の「第1回全国ヨーグルトサミットin小美玉」を始めとする様々な地方創生事業に取り組んで来た。この小美玉市で2016年に電通チーフ・マーケティング・プランナーだった加形哲也（現在、電通デジタル サービスデザインマネジャー兼コンサルティングディレクター）を講師に招いて「小美玉マーケティングスクー

ル」を開催したことをきっかけに、翌2017年度から加形は内閣府の地方創生人材支援制度による小美玉市の非常勤職員となった（現在、小美玉市シビックDXディレクター）。

そして加形は小美玉市の地方創生やシティプロモーションに関わる中、2019年頃から地元にコミュニティFM局や地域情報誌等の地域メディアがない小美玉市で、市民による地域活性化に向けた様々な活動を、市民自らが情報発信する仕組みを構築する必要を感じ、当時、企画財政部企画調整課にいた中本正樹（現在、文化スポーツ振興部生活文化課課長補佐）と話し合った。そして翌2020年度に新型コロナウイルス感染症対応地方創生臨時交付金制度が出来た際、それを活用して同年9月に補正予算を確保し、「タウンジャーナル小美玉」の立ち上げと運営の実証実験を行うことになった。

「タウンジャーナル小美玉」の実証実験に参加したのは、小美玉市と加形の出向元の電通デジタル、茨城新聞、小美玉市のシティプロモーションのパートナーでソーシャルデザインやコミュニティマネージメント等の事業を手掛けるカゼグミ、そして「第1回全国ヨーグルトサミットin小美玉」をきっかけに地元で誕生した小美玉市のシティプロモーションを始めとする様々な活動に関わる市民団体「Omitama Shigoto」である。たまたま茨城新聞では小美玉市出身の笹目悟が東京支社長兼営業部長をしており、笹目経由で本社に話を繋いで、学校や地域でNIEの出前講座を行っている地域連携室の室長の細谷あけみがタウンレポーターの研修を担当することになった。そして電通デジタルがサイトを構築し、カゼグミが事務局の業務を担当し、「Omitama Shigoto」からはコアとなるタウンレポーターを出す形で役割分担した。

この5者で実行委員会を立ち上げ、２０２０年11月に市のサイトと広報誌でタウンレポーターを募集して養成講座を開催した。そして集まった30代、40代が中心の21名の市民が、養成講座を受講してタウンレポーターとなった。養成講座が終了した12月に「タウンジャーナル小美玉」のサイトがオープンし、それから翌２０２１年3月まで実証実験の形で運営されたが、この間、毎月の実行委員会の会議では、実証実験終了後にどのようにマネタイズして自立させるかについての議論がなされた。そして同年4月以降、サーバの維持とサイトの運営にかかる最低限の費用は、当面、小美玉市の様々な取り組みについて紹介する記事広告を出稿することで賄い、将来的には「タウンジャーナル小美玉」の方で独自に営業していくこととなった。

また運営についてタウンレポーターで話し合い、合併前の旧自治体のエリアである小川、美野里、玉里の各地区を代表するエリアコーディネーターを選び、このエリアコーディネーターによる編集部が立ち上がった。こちらの編集部で個々のタウンレポーターと取材前の企画段階から打ち合わせを行い、上がってきた記事をチェックして必要に応じて小美玉市の方に相談し、サイトにアップするまで行う。当初は茨城新聞の方でタウンレポーターの書いた記事の校閲の手伝いをしていたが、こちらは２０２１年度で終了した。そしてタウンレポーターも当初のメンバーに加えて、新たに小美玉市の方でシティプロモーションを目的に、茨城県内の茨城大学、茨城キリスト教大学、常磐大学の3大学に声をかけ、希望する学生を学生レポーターとして起用する仕組みをつくった。そして学生レポーターは、市の職員のアテンドで取材して記事を書いている。

タウンレポーターの書く記事の内容は様々だが、中本の後任で企画財政部企画調整課係長の清水弘司によると、「様々な市民活動に関わる人の取り組みを紹介するものが比較的多いのではないか」という。また「Omitama Shigoto」のメンバーでタウンレポーターになった田村美穂子によると、まだ「タウンジャーナル小美玉」の存在が全ての市民に知られているわけではなく、「取材に行くと市の広報誌の取材と勘違いされることもある」という。実際、各記事のページビュー数は1000程度で、今後、より多くの市民に認知してもらうことが必要となろう。あと現在、サイトにアップされる記事が週に1本程度で、当初のタウンレポーターで記事を書かなくなった人もおり、新たに今度は市民の手で独自にタウンレポーターを募集して養成講座を開催することも課題となっている。

「タウンジャーナル小美玉」の立ち上げに携わった小美玉市役所の中本正樹氏（左）、「Omitama Shigoto」の田村美穂子氏（中）、小美玉市役所の清水弘司氏（右）

なおこの「タウンジャーナル小美玉」の立ち上げに関わった茨城新聞の笹目は、「今日、新聞離れが進んで地方紙の経営が厳しい状況にある中、地方紙が充分にカバー出来ない地域のニュースを地元の市民が最初に発掘し、その中から重要なものは地方紙の方でさらに掘り下げて記事にするようなことが出来ればということや、地方紙として地域の課題解決のお手伝いをすることを通して、地域に寄り添う地方紙自らのブランディングということを考えて参加した」という。ただ「小美玉市の場合、自治体を核に市民が様々な地域活性化の取り組みに協働で取り組む土壌があり、今回の経験を活かして他の茨城県内の自治体でも同様の取り組みが実現するのどうか定かでない」（笹目）とも語る。「タウンジャーナル小美玉」のような市民参加型ニュースサイトと地方紙との連携については、次の段階での課題となろう。

## ４．ローカルジャーナリズムの機能を地域に残すために

地域ＳＮＳが全国各地に誕生した２０００（ゼロ）年代、市民参加型のローカルジャーナリズムを目指した河北新報の地域ＳＮＳ「ふらっと」の取り組みは、地方紙の中では例外的な存在で、デジタル事業の一環で地域ＳＮＳを立ち上げたその他の地方紙は、佐賀新聞の「ひびのコミュニティ」のように、地域との関係づくりのためのプラットフォームを目指し、さらに可能なら収益事業化することを期待した。ただTwitter、Facebook、LINE等の新たなＳＮＳの台頭によって地域のプラットフォームとしても収益事業としても上手くいかず、地方紙による地域ＳＮＳの取り組みは終息することになる。

２０１０年代に入って各地方紙では、地域ポータルサイトの立ち上げがデジタル事業の中心となる。そうした中で紙媒体の新聞の減少を想定して早くからデジタル事業の収益事業化を目指した西日

本新聞は、他社に先行して地域ポータルサイトを立ち上げてマネタイズに成功した。

ただ今後、地方紙が存続する上で多くの市民が期待するのは、地方紙が本来担ってきたローカルジャーナリズムの機能を維持し、いわゆる「ニュース砂漠」を生み出さないことである。そして西日本新聞では、市民の期待に応えるため、「あなたの特命取材班」というオンデマンド調査報道の取り組みをスタートさせた。この取り組みは現在、JODパートナーシップというオンデマンド調査報道に携わる地方紙・地方局のネットワークを通して、全国に広がっている。また西日本新聞は、「やさしい日本語」を立ちあげて地域で暮らす在日外国人のようなマイノリティのコミュニティ向けのニュース配信もスタートさせた。

こうした地方紙による市民に寄り添ったローカルジャーナリズムの取り組みは、地方紙の生き残りにとって重要なものだが、地方紙独自の取り組み以外に、地方紙出身者や関係者による市民参加型のローカルジャーナリズムの取り組みも、今日、各地で生まれて注目を集めている。この章では、「TOHOKU360」と「タウンジャーナル小美玉」の例を紹介したが、他にも茨城県つくば市の「NEWSつくば」、東京都西東京市の「ひばりタイムス」、鹿児島県屋久島町の「屋久島ポスト」等、市民による多くのローカルジャーナリズムの取り組みがある。

今後、紙媒体の減少による収益減にともない、人員削減や取材網の縮小を迫られる地方紙は、地域にローカルジャーナリズムの機能を残すためにも、ぜひ市民参加型ニュースサイトとの連携についても考えて欲しい。

注

1　ＪＯＤパートナーシップには、他に3社の放送局が加盟している。またＪＯＤに非加盟の地方紙の中にも、「あなたの特命取材班」と同様の調査報道を独自に実施しているところは多い。

# 第3章　廃刊が続く地域紙とフリーペーパーの苦境

## 生き残りに必要なビジネスモデル構築

日本の新聞（専門紙を除く一般紙）は、全国紙以外に複数の都県を発行エリアとするブロック紙（北海道新聞はこちらに含まれる）、単一の府県を発行エリアとする地方紙（県紙）、そして都道府県の一部を発行エリアとする地域紙がある。この内、地方紙（県紙）と比べて発行部数が少なく経営体力に乏しい地域紙について見ると、高齢化と人口減少に加えて若い世代を中心とした新聞離れが進む近年では、発行部数が減少する中で、毎年、少なからぬ数の地域紙が廃刊している。

第3章ではまずそうした状況下で比較的発行部数を維持して健闘している長野県松本市の市民タイムス、デジタル対応に向けて先進的な取り組みをしている和歌山県田辺市の紀伊民報の2つの地域紙について見て行きたい。

また2000（ゼロ）年代に全国各地で数多く発行されていたフリーペーパーは、電通の「日本の広告費」の調査によると、2007年に市場規模が3684億円とピークを迎えたが、近年は同様に無料で様々な地域の情報が得られるウェブメディアやスマホを始めとしたモバイル端末が普及する中で市場規模を縮小し、２０２１年には１４４２億円とかつての４割以下にまで減少している。業界団体の日本生活情報紙協会も２０１８年で解散となり、全国各地で数多くのフリーペーパーが休刊している。

そうした中で現在も残って発行を続けているフリーペーパーは、ビジネスモデルの再構築に迫られている。第3章では、近年のフリーペーパーをめぐる状況についても、個々の事例をもとに見ていきたい。

## 1．生き残りに向けた地域紙の取り組み

### 1－1 地域に密着した地域紙の紙面づくり

１９７１年に創刊された市民タイムスは現在、松本市・塩尻市・安曇野市・大町市・東筑摩郡全域・木曽郡全域・北安曇郡の一部（池田町・松川村）といった長野県の中信地域の17市町村で発行されているタブロイド判で24頁の日刊の地域紙である。松本市の本社以外に、安曇野市と塩尻市に支社、木曽町とあと（主に県庁関係の取材をするため）長野市に支局がある。２０２１年4月時点の発行部数は6万３０１６部で、松本版、安曇野版、東筑・北安版、塩尻版、木曽版が発行されている。

市民タイムスは創刊30年の節目となる２００１年10月に日本新聞協会に加盟しており、その翌年4

月時点で公表した発行部数は6万6407部で、それから19年間で部数を5％余り減らしている。ちなみに同時期に長野県の地方紙（県紙）の信濃毎日新聞は、発行部数を47万4980部から42万3470部まで1割余り減らしている。市民タイムスの執行役員兼編集局長の高橋輪太郎によると、「長野県内の全国紙は3割近く部数を減らしていて、それに比べて地域で暮らす人々の生活圏に密着した記事を提供する市民タイムスは健闘しており、購読者の高齢化が進む中、全国のニュースはテレビで知ることが出来るため、全国紙の併読をやめても市民タイムスの購読は継続される方が多い」という。

47都道府県の中で4番目に広い長野県は、県内の地形が山によっていくつかの主要な地域に区分され、そこで暮らす人々の生活圏はそうした県内の各地域であり、全国や県全体のニュースをカバーするメディアは他に数多くあっても、地域のニュースをカバーするのは地方紙（県紙）以上に地域に密着した地域紙が最も重要なメディアとなる。そのため人口49万人弱、世帯数21万弱の中信地域で、市民タイムスは地方紙（県紙）の信濃毎日新聞とともに最もよく読まれる新聞となっている。

ただ中信地域では市民タイムスと地方紙（県紙）の信濃毎日新聞が拮抗しており、エリア内で全国紙が大きく部数を減らした後も市民タイムスはなんとか部数を維持しているが、県内でも地域紙の力が弱い地域では、地方紙（県紙）との競合にさらされて大きく部数を減らした地域紙もある。

市民タイムスが、信濃毎日新聞という強力な競合相手が存在する中で部数を維持している理由として、徹底して地域密着にこだわってきたことがある。1971年に松本市で創刊してから発行エリアを拡大する中、１９８８年に安曇版（今の安曇野版）、１９９１年に東筑北部版（今の東筑・北安版）、１９９３年に塩尻版、２００５年に木曽版といった形で、地域で暮らす人々の生活圏に合わせた版を発行し、各版で第一面に地元ページを置く紙面制作を行うことで、全国紙や地方紙（県紙）と差別化している。

市民タイムスは通信社に加盟・契約しておらず、通信社からの配信はなく、全国ニュースで必要なものについては提携している読売新聞から記事や写真の提供を受けているが、大半の記事は自社で取材したものである。原則として事件・事故以外の記事は記者が署名入りで書いており、地域に密着して取材する個々の記者は、取材を受けた地域の人にとって顔の見える存在となっている。

市民タイムスは戦後四半世紀以上経ってから創刊された長野県内で後発の地域紙ということもあり、自社系列の販売店を持っておらず、他社系列の販売店で配達されているが、取引のある販売店と系列を超えてタイムス会という組織を立ち上げ、販売店同士が情報交換する場を設け、販売店との関係強化に努めている。

また事業面では、スポーツを始めとする様々な地域のイベントを主催し、そのイベント関連のニュースを紙面で紹介することで、地域密着を図っている。そして長野県ＮＩＥ推進協議会には加盟していないが、独自のＮＩＥの取り組みとして、中学校の職場体験学習の受け入れを行っており、地元の大学や様々な社会教育の場における講師としての記者の派遣についても、依頼があれば積極的に対応している。

このように市民タイムスは、地方紙（県紙）以上に地域に密着することで近年の読者の新聞離れの影響を最小限に抑えてきた。ただ地域紙として限られたマンパワーの中、デジタル化に向けた対応については、社内に専門部署がないこともあり、多くの地方紙と比べると後追いになっている。

多くの地方紙が90年代後半に自社サイトを開設する中、市民タイムスが自社サイトを開設したのは2003年で、また電子版の発行は電子新聞専門販売サイト「新聞オンライン.COM」を利用する形で行っている。「地域に密着した紙面づくりに力を注いできたため、これまでデジタル対応には積極的に取り組む余力がなかった」（高橋）という。

## 1－2 デジタル対応に向けた地域紙の取り組み

今日、多くの地域紙は市民タイムス同様に、若い世代を中心とした新聞離れが進む中で購読者獲得をめぐる地方紙との競争も以前より激化し、限られたリソースを地域に密着した紙面づくりに注ぐことで、デジタル対応があまり進んでいないが、そうした中でいち早く様々なデジタル対応の取り組みをしたのが、和歌山県の紀伊民報である。

戦前の1911年に創刊された紀伊民報（創刊時は紀伊新報）は、戦時中の新聞の統廃合令によって一時廃刊になったものの、戦後復刊して現在、田辺市・白浜町・上富田町・みなべ町、すさみ町、印南町、古座川町、串本町といった和歌山県の県南地域の8市町で発行されているブランケット版で10～16頁の日刊（日曜日は休刊）の地域紙（夕刊）である。田辺市の本社以外に、和歌山市と串本市に支局、そして東京に支社がある。２０２２年４月時点の発行部数は３万３２９部である。

紀伊民報の２００２年４月時点での発行部数は３万８３４１部だったため、それから20年間で部数を２割余り減らしていることになる。そうしたこともあって紀伊民報が他の地方紙・地域紙以上に力を入れているのが、デジタル対応である。

大手全国紙が自社サイトを開設したのは１９９５年からだが、紀伊民報は翌１９９６年にニュースサイト「AGARA」を開設した。そして２００３年にニュースサイトとは別に生活情報サイト「KiiLife」を開設し、さらに２００８年に新聞社が立ち上げた地域ＳＮＳとして、佐賀新聞の「ひびのコミュニティ」、河北新報の「ふらっと」、新潟日報の「アメカゴ.net」に次いで全国で４番目となる「みかん」を開設した。

地域紙で他社に先駆けてデジタル対応に取り組んだ紀伊民報の上仲輝幸マルチメディア事業部係長

「みかん」の開設を担当した紀伊民報マルチメディア事業部係長の上仲輝幸によると、「ニュースサイトと生活情報サイトがある中、ユーザーのコミュニケーションとマッチングの場をそれに加えるため、OpenPNEというオープンソースのツールを使って、ニュースサイトや生活情報サイトと連携する地域ＳＮＳのコミュニティを構築した」という。その後、Facebookを始めとする新たなSNSの登場により、他の地域SNS同様、「みかん」もユーザー離れが進んで2020年にサービスを終了したが、ピーク時は月間60万ページビューのアクセスがあった。

一方で生活情報サイト「KiiLife」は、地域の様々な店舗が初期登録費1万6500円、月額運営費3300円と安価に自らのページを持って、そこで自由に商品やサービスに関する情報を更新することの出来る生活情報サイトとして、今日では200店以上が参加し、月間30万ページビューに達している。そして紀伊民報では2009年にフリーペーパー「キーライフ・プラス」を創刊し、両者を連動したマネタイズの仕組みを構築している。

またニュースサイト「AGARA」は、紀伊民報は共同通信の加盟社ではなく契約社のため、以前は使えるニュースに制限があったが、2015年にコンテンツホルダーとキュレーターをつなぐコンテンツ共有プラットフォーム「Nordot」が誕生したことで、「Nordot」を活用して自社ニュースだけでは足りない全国のニュースを補うことで、地域のプラットフォーマーとなり、こちらも広告収入によるマネタイズを目指している。

そしてその後、紀伊民報では2019年8月に電子版を発行し、同年11月に有料化した。紀伊民報では電子版の有料化に際し、紙媒体（月額1800円）の定期購読者には追加料金500円、また電子版単独での定期購読は2300円の料金設定とした。「紙媒体の購読者から追加料金をとるようにしたのは、電子版のマネタイズを実現するためで、また電子版単独の料金を紙媒体と同額にしなかったのは、販売店に配慮して紙媒体から電子版に切り替える購読者が出ないようにするため」（上仲）という。

以上、高齢化と人口減少と若い世代を中心とした新聞離れが進む地域で、徹底して地域に密着した紙面づくりに取り組むことで部数の減少に歯止めをかけている市民タイムス、他社に先駆けて自社独自でデジタル対応に取り組んでいる紀伊民報の２つの地方紙について見てきた。

ただ今後、新聞離れは若い世代に限らず加速化することが予想される中、地域に密着した紙面づくりだけでは購読者の確保に限界があり、市民タイムスを始めとする多くの地域紙は、余力のあるうちに早急にデジタル対応によるマネタイズの仕組みを構築することが必要である。その際に先行する紀伊民報の地域のプラットフォーマーを目指そうとする取り組みは、参考になるのではないか。

## ２．地域の広告媒体としてのフリーペーパー

１９７１年に産経新聞によるフジサンケイ・リビングニュース（現在、サンケイリビング新聞社のリビング新聞）、東京新聞による東京新聞ショッパー（現在、地域新聞社のショッパー）の創刊をきっかけに、フリーペーパーが全国各地で創刊され、また１９８７年にぱどの登場によって、フリーマガジンと呼ばれるマガジンタイプのフリーペーパーも注目されるようになり、２０００年にはリクルートがホットペッパーを創刊してこの業界に参入した。

そうした中、群馬県で比較的後発の月刊のフリーペーパーとして、２００３年７月に情報倶楽部と

いう情報誌の出版社から Moteco が創刊された。そして2007年8月に独立して、モテコ出版から発行されるようになる。そして Moteco は、若い世代（特に女性層）を中心に地域情報を伝えるフリーペーパーとして、2010年には群馬・栃木・埼玉・長野の4県で、テイクワンラック（ラック置き）と街頭でのハンディング（手渡し）中心に配布されるようになった。

だが2010年代に入ってスマホの普及は、従来の紙媒体として地域の情報を伝えて来たフリーペーパーに大きな影響を及ぼし、多くの地域で広告費の減少によるフリーペーパーの休刊をもたらすことになる。そうした中、モテコ出版では、2009年にスタートした飲食店検索サイト「モテコ.net」と Moteco を連動させることで、事業の収益を確保してきた。

モテコ出版の松本明徳代表取締役によると、「モテコ出版はフリーペーパーからスタートしたが、出版社ではなく広告会社という立ち位置で、フリーペーパーという媒体を通してクライアントの情報を発信しており、当然、ネットやスマホが普及した後は、クライアントのニーズを踏まえて新たな媒体向けの情報発信に取り組んで来た」という。

モテコ出版では、Moteco のようなフリーペーパーは、紙媒体としての一覧性を活かして消費者に、まず自分の欲しい店の情報を発見するために活用してもらうことを考え、そして自分の欲しい店の情報を見つけた消費者が、その情報についてより深く調べるため、「モテコ.net」のような検索サイトが必要と考えている。「最初からネットで検索するよりも紙媒体の方が、地域内で自分の探している店の情報を発見するのに適しているが、ただ紙媒体は紙面のスペースが限られるため、どうしてもコストをかけない限り掲載可能な情報が限られるものの、ネットはコストをかけずにより多くの情報を盛り込むことが出来、紙媒体からネットに誘導してユーザーの消費行動の後押しをすることが出来る」（松本）という。

こうしたフリーペーパー単独ではなくネットとの連動もあって、Motecoは２０１０年代に入ってからもクライアントからの掲載や発行部数をあまり減らすことなく、4県で90万部程の部数を配布してきた。最初にラック設置型フリーペーパーとして事業をスタートした群馬県では、ラックでの配布が9割以上で、残りはオフィスデリバリー（職域配布）だが、後発で競合他紙の多い埼玉県では、ポスティング（宅配）が8割を占めている。

広告会社という立ち位置でフリーペーパー事業に取り組むモテコ出版の社屋

ラックは駅や商業施設等の人が集まる場所以外、活字に関心のある人が集まる書店にも設置している。設置場所ごとに必要な冊数を振り分け、早くなくなる場所では発行してしばらくは毎日補充しているケースもある。またオフィスデリバリーは、Motecoの主要な読者である女性が5名以上勤務している事業所から申し込みがあれば、登録して毎月郵送している。

なおMotecoのような地域のフリーペーパーと、ホットペッパーのような全国規模のフリーペーパーの違いとして、ホットペッパーがテレビCM等も活用して少ない部数で効率的に収益をあげるため、地域の拠点都市を中心としたエリアでのラックとあとはオフィスデリバリーが中心となるのに対し、Motecoは多少効率が悪くても地域の拠点都市の周辺にまで営業エリアを増やし、より広範囲なエリアの店舗情報を掲載して、ラック設置エリアも拡大する（配布部数を増やす）戦略をとって差別化している。

モテコ出版では、店を経営する企業や個人事業主をまわる営業スタッフが、単に契約を受注して広告枠を販売するだけでなく、クライアントと打ち合わせしてより効果的な広告に向けて企画提案し、（制作は制作スタッフに任せるものの）撮影や原稿の校正まで行う。近年、多くの店舗では商品の開発や接客やバイトのシフト管理をするだけでなく、販促に必要な情報発信をSNS等の様々なメディアを通して行うことが重要になったものの、なかなかそこまで充分に手がまわらないという事情がある。そのためモテコ出版はスタッフも各営業所単位で極力地元採用にこだわり、「地域で生活しているスタッフが、その地域で信頼関係を築いて地域の情報を伝える広告の担い手として活躍し、地域に貢献することを目指している」（松本）という。

またユーザーに対しては、Motecoの読者アンケートに力を入れており、回答は実際の読者の平均よりも年齢が高めの層を中心に届くが、その結果は紙面の編集等に反映させている。「個々の事業者が自由に発信するのと異なり、フリーペーパーは編集が入るので、地域のユーザーが本当に欲しい有益な情報を伝えることに、注力したい」（松本）とのことだ。

ただ今後、フリーペーパーに限らずネットの広告収入の伸びしろが少なくなる中、モテコ出版では他の新たな事業の開拓に力を入れており、現在、Motecoと「モテコ.net」の広告関連の売上以外の比率が伸びている。

モテコ出版では、２０１７年に「モテコ通販」という特産品等をネットで販売する通販サイトを立ち上げたが、これは「ネット通販での購買がアマゾンや楽天といった大手通販サイトに集中する中、期待した程には収益性の高い大きな事業に成長していない」（松本）という。

他に食べログセールスパートナー、LINE公式アカウント店舗向けパートナーとして食べログやLINEの代理店をやっており、自社媒体に限らず、利用可能な他社媒体も活用して、トータルにクライアントの販促支援に取り組んでおり、クライアントのサイトや動画を始めとする各種広告ツールの制作まで広告会社として行っている。また地元で開催される様々な企業のイベントにもタイアップして、企画やブースの出店等で積極的に参加する等、フリーペーパーとして地元で築いたブランド力を活かして、様々な事業への進出を試みている。

今日、フリーペーパーに限らず多くのローカルメディアで広告収入が伸び悩む中、いかに本来の中核事業以外の関連する事業を拡大して収益をあげていくかが、ローカルメディアとして生き残る上で大きな課題となっており、そうした意味で急激な市場の縮小に直面しているフリーペーパー業界でのモテコ出版の事業領域拡大に向けた取り組みは重要である。

## 3．フリーペーパーのこれからの方向

### 3－1クライアントの課題解決に向けた取り組み

神奈川県平塚市にある湘南ジャーナル社が発行する湘南ジャーナルは、1973年に4色のカラー印刷で湘南ホームジャーナルとして創刊された。いわゆる冊子型のフリーマガジンや新聞社が独自に発行するものを別にすると、独立した新聞型（タブロイド版）のフリーペーパーとしては、現存する中で最も歴史がある。この地域では、リビング新聞もぱども発行を終了しており、湘南ジャーナルとタウンニュースが地域の主要なフリーペーパーとなっている。

代表取締役の定成幸代によると、朝日新聞社に勤めていた彼女の祖父が退職して平塚市に移り住んだが、地元の情報を伝えるメディアがなかったため、自ら地域の様々な情報を取材して伝える家族経営のフリーペーパーとしてスタートしたという。そして2010年に湘南ホームジャーナルから湘南ジャーナルに媒体名を変更し、デジタル事業をスタートさせた。2017年には自社サイトとは別にオウンドメディアとしてウェブマガジン「PADDLER（パドラー）」を立ち上げる（現在は切り離して別の運営元が発行）等、マネタイズに向けて様々なトライアルをした後、2019年から新たにコンサルティング事業、教育（海外留学）事業もスタートさせた。

このようにネットの普及にともない従来の紙媒体の広告市場が徐々に落ち込む中、湘南ジャーナル社は事業領域を拡げる形で対応していったが、定成は「特に高齢者にとって、地域の情報をピンポイ

ントで検索するウェブとは別に、地域に密着した充実した内容を一覧出来るフリーペーパーのような紙媒体は重要で、今後とも紙媒体とウェブの双方に力を入れていきたい」と語る。ただウェブについては、「情報の内容とSEO対策も含めた見せ方についてこれからも試行錯誤しながら取り組む必要があり、将来的にサブスクリプション方式で課金可能なビジネスモデルを構築していく」（定成）という。

なお湘南ジャーナルは、湘南ホームジャーナルの時代から幅広くファミリー層を対象にしており、読者アンケートを行っても、20代を別にすると、30代から70代までほぼ同じ割合で回答があるので、特に特定の世代を意識した紙面づくりはしておらず、地域で暮らす全ての人が対象になっている。

隔週で金曜日に10万部余り発行される湘南ジャーナルの配布形態は、ポスティングが9割以上で、一部を公共施設や商業施設や集合住宅等に設置されたラックに置いている。湘南ジャーナルはもともと新聞の折り込みで配布されていたが、新聞の購読率が減ってきたこともあり、2012年からポスティングに切り替えている。

湘南ジャーナルは2020年4月に毎週発行から隔週発行に切り替わったが、その理由としてコロナの影響とは別に、読者とクライアントの双方から支持されるクオリティの高い紙面にするのに、同じ編集チームが今週号の編集と来週号の広告制作を並行して行ったのでは、こだわりのある内容の紙面づくりが出来ないので、頁数を8頁から12頁に増やす形で隔週化したという。また定成は、「フリーペーパーが今後も生き残るためには、受け取った人が単にチラシのように表紙を眺めるだけでなく、読み物として中身に目を通してもらうことが重要で、コロナ禍で制作と配布にかかるコストを抑えつつクオリティを上げることで、読者やクライアントとの関係強化を図った」と語る。

湘南ジャーナルの紙面は、以前は地域のニュース記事中心にそこに広告枠を埋め込む紙面づくりをしていたが、今はクライアントとタイアップした読み物としての特集記事や企画記事が中心となっており、タウンジャーナルやホットペッパーとは違ったスタイルのフリーペーパーとして棲み分けている。「単にクライアントには地域のニュース記事中心の紙面に対する広告主になってもらうのではなく、クライアントの課題解決と読者のニーズを満たす記事を編集スタッフが企画提案して執筆して紙面掲載し、それを必要に応じてクライアントが2次利用出来るようにする仕組みも提供することで、クライアントに自社サイトやSNSで発信するのとは異なるフリーペーパーを活用する価値を提供する」（定成）という。

またウェブについては、平塚の地域ポータルサイトとして地域のエンターテイメント、飲食、住まい等の様々な生活情報を集めた、「まちナビ」というコーナーに力を入れている。このコーナーで自らウェブサイトを立ち上げることの難しい小規模事業者を対象に「まちナビ」パートナーとして、ぐるなび等の大手のサービスよりもより安価にサイトの立ち上げと更新をサブスクリプション方式で行うとともに、今後はエリア外の自治体向けに自社のプラットフォームを安価に提供してマネタイズするようなことも構想している。

そして地域ポータルサイトの場合、大手プラットフォームのように会員制の形でユーザーを囲い込んでデータベースマーケティングを行うことは出来ないため、代わりに地元の自治体やNPO等と連携して、地域の様々なイベントに関わることで、読者との関係作りに努めている。

あと2019年から新たにスタートしたコンサルティング事業では、湘南ジャーナルがこれまで媒体として築いたブランドやクライアントとの関係を活かし、イベントの企画を含む事業コンテンツのコンサルティングを行っており、商店街の振興等の地域活性化にも関わっている。

## 3-2 報道媒体として生き残りを目指した取り組み

平塚市で湘南ジャーナルが創刊された4年後の1977年、隣接する神奈川県秦野市で、フリーペーパーのタウンニュースが創刊された。タウンニュースはその後、配布エリアを拡大していき、今日では神奈川県全域と東京都の町田市、八王子市、多摩市で配布されている。本社は横浜市青葉区にあり、他に神奈川県内に横浜北、横浜南、横浜中央、川崎、相模原、県央、横須賀、藤沢、湘南、小田原、秦野の11の支社があって、そこに計43地域の版をそれぞれ制作する編集室がある。タブロイド版で4~8頁のカラー印刷で、週刊（地域によっては隔週刊）で発行されている。主に全国紙5紙と神奈川新聞、東京新聞の計7紙の折り込みで170万部余り配布されており、他に7万部余りが1300カ所程の店舗・施設置きで配布されている。

タウンニュース社取締役執行役員兼経営企画室室長の熊坂淳によると、「新聞の折り込みで配布しているため、近年では新聞購読者の減少にともなって配布部数が減少しており、配布されている世帯はエリア内の4割弱で、また地域のフリーペーパーとしてあらゆる世代を対象にした紙面づくりをしているが、手に取る人の多くが新聞を講読している比較的高齢の層になっている」という。ただ「タウンニュースは地域のニュース記事を中心に編集する報道媒体のため、ポスティングにすると業者が配布するのに2、3日かかり、その間、ニュースや広告の内容が古くなるため、朝刊の折り込みでの配布にこだわっていきたい」（熊坂）とのことだ。

近年の新聞購読者層の高齢化にともない、タウンニュースが届く読者層も高齢化しており、「毎年、読者プレゼントと絡めて紙面とウェブで読者アンケートを行っていて、近年では1万数千程の応募があるが、その内の半数以上を50~60代が占める」（熊坂）。そのため以前は、広告の3割が小売・物販、飲食だったのが、今はそれがネットの普及の影響もあって半減し、逆にかつて数パーセントしかなかった自治体関係が、今では大きく増えている。これはタウンニュースと自治体との関係が比較的密なこともあり、自治体が毎月の広報誌を補う意味で広告を出稿していることが背景にある。またサービス業の比率も高まり、こちらは葬儀、健康・医療関係の高齢者向けの広告の出稿が増えている。

タウンニュースでは、新聞購読している高齢者の子供や孫の世代にもなるべく読んでもらい、将来的な読者として取り込むため、中学生や高校生の部活、その他の活動紹介にも力を入れている。ただタウンニュースがリビング新聞やぱどと大きく異なるのは、単にショッピング情報やイベント情報を掲載するのではなく、政治・社会問題や地域の様々な課題についてニュース記事や社説に相当する

「デスク・レポート」のコーナーで伝え、地方行政のチェック機能を果たす報道媒体として、ローカルジャーナリズムの役割を担おうとしている点だろう。編集権の独立を前提に、記事と広告を明確に区分している。取材を通して地域の課題を発掘し、地元の人達に提示して、地方自治への市民参加に必要な情報を提供するという姿勢は、地方紙の神奈川新聞に近く、そして県内では週刊（または隔週刊）ではあるが、神奈川新聞の購読者を大きく上回る読者を抱えている。

報道媒体としての生き残りを目指すタウンニュース社の熊坂淳取締役執行役員兼経営企画室室長

なおタウンニュースは配布エリアとなる自治体の多くで、自治体の記者クラブに加盟していない。ただ「申請すれば自治体の首長の記者会見等への参加が認められるので、実質的には問題ない」（熊坂）という。

タウンニュースは11の支社に43地域の編集室があり、各編集室は毎週発行で８頁の地域が５～７人、４頁の地域が２～４人、隔週発行で４頁のところが１人のスタッフで担当している。各編集室のスタッフは、タウン号という取材・営業用の軽自動車でエリア内を回り、記者として取材記事を書くことと広告営業の双方の仕事を担当する。各編集室には編集長が１人いて、編集長は記者と広告営業の仕事に加えて、紙面の編集レイアウトの仕事も行う。自治体ごとに地元のニュース記事を掲載するため、横浜市内や川崎市内では、一部、他の行政区の編集室と記事を共有することもあるが、その他の地域では各編集室が独自のニュース記事で紙面を編集する。

スタッフはこうした記者の仕事の傍ら、広告営業ではクライアントとなる可能性のある事業者をまわって、広告枠の料金交渉から内容の提案まで行い、受注したらデザインレイアウトについては必要に応じて本社の制作部門に取り次ぐ。各地域の版ごとに年間の売上目標が設定されている。クライアントからの地域を跨いでの出稿に対しては、営業の窓口となった編集室がより多くマージンを得る仕組みとなっており、タウンニュースはある意味で独立採算のフリーペーパーの集合体に近い仕組みで運営されている。あとタウンニュースの本社には、本社営業部、企画営業部がある。本社営業部では、主に広告代理店経由で来るナショナルクライアントからの広告出稿の対応を行っている。企画営業部は、紙面の広告以外の売上を開拓する部署で、企業や自治体から受注した様々な紙媒体やウェブの制作やイベントの企画運営等はこちらで行っている。

現在、「紙面の広告の売上が大半を占めており、将来的には紙面広告以外の事業を拡大して売上を伸ばしていきたい」(熊坂)という。タウンニュース社では、全ての地域の紙面の記事やオリジナル記事を掲載した「Ｗｅｂ版タウンニュース」のサイトを立ち上げて広告を集めるとともに、スマートニュース、グノシー、Nordot等のキュレーションメディアにもニュース記事を提供して収益を得ている。他に２０１６年に開設した「レアリア」は、地域のイベント情報を束ねて紹介するサイトで、誰でも会員となって無料でイベント情報の投稿が出来るだけでなく、タウンニュース社のスタッフが有料でイベントを取材してその取材レポートを広告の形で掲載するサービスを提供しており、利用者は徐々に増えている。

あと報道媒体であるタウンニュースは、取材元として地域の多くの議員と繋がりがあり、そうした特徴を活かして2012年に政治家データベースサイト「政治の村」を開設した。これはタウンニュースの配布エリア内の全ての国会議員、地方議員を網羅したデータベースサイトで、その中で各議員が有料で意見広告を出せる仕組みを提供している。またこの「政治の村」に連動して2016年に開設されたのが、学生を中心とした若者が政治と地域について発信する「政治の村Students」である。東海大学の学生を中心に、地元在住、在学の学生がブログ形式で多くの記事を書いている。

## 4．広告のないフリーペーパー

最後に地域の観光情報サイトと連動した観光プロモーションを目的とする広告のないフリーペーパーについて紹介したい。

千葉県鴨川市は、房総半島南東部の太平洋側に位置する人口3万2000人余りの自治体である。この鴨川市の観光情報サイトとして、今から10年前の2008年10月に「かもがわナビ」は誕生した。

この「かもがわナビ」の立ち上げに際して中心的な役割を担った岡野大和は、平安時代末期の

1184年に総建された天津神明宮の第66代目の禰宜である。岡野は千葉大学理学部の学生だった1998年5月に仲間とレンタルサーバー、ウェブ制作、システム開発等のネット関連事業を行う合資会社いなかっぺを立ち上げ、さらにその2年後に株式会社かっぺを設立し、そちらに事業を移譲した。その後、会社はITバブル崩壊の中でもコンスタントに成長したが、2005年9月に岡野は代表取締役を退任し、翌年、子供が生まれたのをきっかけに実家の神職を継ぐため鴨川に戻った。

その後、2008年3月に元IT企業社長だった岡野のところへ、鴨川市商工会の関係者が、2005年2月に鴨川市と天津小湊町が合併した後もそのままになっていた旧商工会サイトの統合について相談に訪れた。その際に単にサイトを統合するだけでなく、鴨川市の多様な観光情報を束ねたポータルサイトを立ち上げようという話になり、岡野の提案で鴨川市の観光に関わる全ての団体が参加し、その有志によるかもナビ実行委員会が企画制作する形で、鴨川市の観光情報を集約したサイトとして「かもがわナビ」が構想された。そして岡野がかつていた株式会社かっぺの協力も得て補助金等に頼ることなく、2008年10月に「かもがわナビ」は誕生した。

「鴨川市の観光に関わる様々な人が観光情報サイトの制作に携わる中で、単に地域の情報を外に発信するだけでなく、地域の人達がこれまで当たり前と思っていた地元の抱える問題を可視化することが出来、それを新たな地域づくりの取り組みに活かすことも出来るようになった」(岡野)

この「かもがわナビ」はその後、かもナビ実行委員会から鴨川市が事務局を務める鴨川市観光プラットフォーム推進協議会、そして現在は岡野が事務局長を務める一般社団法人ウェルネスポーツ鴨川を始めとした地元の観光関係団体に引き継がれて運営されている。

この「かもがわナビ」の誕生した翌年の2009年6月、観光情報サイトに続いて今度は観光プロモーションのための情報誌（フリーペーパー）のKamoZineが創刊された。岡野は、地域で暮らす高齢者にも地元の観光面を含めた様々な情報を届けるのに、ウェブ以外に紙媒体の必要性を感じており、そのため鴨川市観光協会から観光パンフレット制作の相談を受けた際に、「かもがわナビ」と連動したフリーペーパーの形で発行することを提案して採用された。当初はかもナビ実行委員会が編集して鴨川市観光協会が発行し、その後、鴨川市観光プラットフォーム推進協議会 KamoZine 編集部が発行する形を経て、現在は一般社団法人ウェルネスポーツ鴨川 KamoZine 編集部で編集・発行している。

KamoZine はB4サイズ、カラー印刷で8ページの新聞スタイルのフリーペーパーで、地元の人達だけでなく観光客も対象に地域を紹介する地図を多用しており、また広告枠を設けていないのが大きな特徴である。これは岡野が編集長を引き受けるのに際し、「広告を入れると、紙面が面白くなくなり、多くの人に読んでもらえなくなる」という考えにもとづいて決めた。

広告枠がないため、地元の市民や学生有志が集まってボランティアで記事の取材や編集作業を行い、デザインと印刷のみ外部に委託して制作した。その結果、「KamoZineの制作に関わる地元のボランティアが、地域メディアを媒介して地域の様々な市民と相互に繋がり、さらにそうした市民同士を繋げる繋ぎ手としての役割も担うようになった」（岡野）という。

また KamoZine がユニークなのは、広告収入なしで年に3回、3万部余りを発行して市内の全ての学校に通う生徒を含む市民や鴨川市に関心のある他の地域の人達に配布するため、一口2000円で応援団を募集（一口あたり最新号10部進呈）したり、配布してくれる施設に1部30円（税込）で20部以上の購入をしてもらったりしている点である。KamoZine自体はフリーペーパーだが、その配布にお金を払って応援する団体や個人が多数存在するのが特徴である。また鴨川市以外の千葉県内の道の駅にも KamoZine が置かれているが、これは KamoZineの編集委員が自らの仕事で県内の道の駅を回る際に、併せてKamoZine を運んでいる。

「かもがわナビ」、『KamoZine』の立ち上げに携わった天津神明宮の岡野大和氏

このように制作から流通までの多くのプロセスを、鴨川市の魅力を広く伝えたいと願うボランティアが担う仕組みを構築したことが、KamoZine の成功へと繋がっている。KamoZineの発行がぜひこれからも持続することを期待したい。

## 5．今後の地域紙、フリーペーパーの存続に向けて

地方紙（県紙）と比べて発行部数が少なく経営体力に乏しい地域紙だが、ある意味で地方紙（県紙）以上に地域で暮らす人々の生活圏に密着した記事を提供することが出来るため、生き残りに向けて二極化が進んでいる。この章で紹介した長野県の中信地域を発行エリアとする市民タイムスは、なんとか部数を維持している地域紙の１つである。ただ近年の読者の新聞離れの影響を免れることは出来ず、他の地方紙同様、デジタル化に向けた対応、そして将来的なデジタル事業のマネタイズ化は必須だろう。

一方、地域紙の中でもデジタル対応によるマネタイズの仕組み構築で先行する取り組みを行っているのが、和歌山県の県南地域を発行エリアとする紀伊民報である。紀伊民報は競合する地方紙（県紙）がなく、全国紙と競合する中、地域ＳＮＳの立ち上げを経て、地域ポータルサイトの運営や電子版の発行等のデジタル事業に力を入れてきた。この分野で後発の多くの地域紙にとって、見本となる存在である。

なお今日、全国各地でこうした地域紙以上に苦境に陥っているのが、広告収入に依存するためネットともろに競合するフリーペーパーである。そうした中、Motecoのように自らを出版事業ではなく広告事業と位置付けているところでは、紙媒体とネットの連動によりトータルで広告収入を最大化す

ることを目指して、フリーペーパーを存続させている。

ただ今日のフリーペーパーを取り巻く環境は非常に厳しく、かつて隆盛を極めたリビング新聞やぱど（現在はARIFTにリブランディング）といった大手フリーペーパーは、ネットの普及やコロナの影響等で、多くの地域で配布エリアを縮小している。

そうした中、この章で紹介した湘南ジャーナル、タウンニュースという2つのフリーペーパーは、単にクライアントが提供する情報と読者のマッチングだけでなく、紙面を読者に読んでもらう読み物としての機能を備えることで、地域のメディアとして地元の人に認知されて発行を継続しているものの、両媒体とも従来のフリーペーパーのビジネスモデルを再構築する必要に迫られている。

湘南ジャーナルは、ポスティングで配布することでターゲットとなるファミリー層を中心にエリア内の大半の世帯をカバーし、また頁数を増やす形で毎週発行から隔週発行に切り替えて、クライアントとタイアップして編集する読み物としての特集記事や企画記事を充実させるとともに、クライアントとの関係を強化し、紙面の2次利用も含めた事業コンテンツのコンサルティング等でマネタイズしようとしている。

一方、タウンニュースは、近年の新聞購読者の減少と高齢化の影響はあるものの、ニュース記事中心の報道媒体として配布に日数のかかるポスティングを避けて折り込みでの配布にこだわり、また記事と広告を明確に区別し、そしてローカルジャーナリズムの機能を通して地域の読者との関係を強化して、そこに「政治の村Students」等の取り組みを通して若い世代も取り込んでいこうとしている。情報を検索するウェブと異なり、ローカルジャーナリズムの役割を担うことで多くの読者に読まれる紙媒体となり、自治体の広報等にも利用される地域のメディアを目指している。

このように湘南ジャーナル、タウンニュースでは紙面の方向性は異なるが、クライアントや読者に寄り添うことで単に情報を提供するだけでなく編集された読み物を提供する地域メディアとして他のウェブメディアとの差別化を図るとともに、紙媒体の事業を補完するウェブ等での新たな収益の仕組みを構築しようとしている点では共通している。

あともう1つ紹介した南房総の鴨川市の観光情報サイトから生まれたKamoZineは、制作から流通までのプロセスを、鴨川の魅力を多くの人に伝えたいと願う市民のボランティアが担う広告のないフリーペーパーである。ぜひ他の地域でも、こうした地元の市民の有志によるフリーペーパーが新たに生まれることが望まれる。

第II部

# 地方出版・書店は生き残れるか

―出版不況の中での存続に向けて―

# 第４章　地方出版の現状と展望

## 市場が縮小する中での各出版社の動向

今日、全国の出版社の８割近くが東京に集中し、年間に発行される書籍の出版点数の約９割、雑誌の出版点数の約８割が東京で発行されていると言われる。この背景には、全国の書店等への出版物の流通を扱う取次、印刷会社、そして（出版社以外に一般企業からの編集の委託仕事を請け負っている）編集プロダクションが、東京に集中していることがある。

公益社団法人全国出版協会が運営する出版科学研究所が発表した出版統計によると、日本の出版市場（出版物の推定販売金額）は１９９６年の２兆６５６４億円をピークに、若い世代を中心とした活字離れが進む中、２０２１年には電子出版も含めてその６割程の１兆６７４２億円まで落ち込み、特に地方出版は厳しい状況を迎えている。ただ一方で、今日もなお各地方でユニークな出版活動に取り組んでいる地方出版社は少なくない。

第４章では、三大都市圏以外でこれまで地方出版が比較的活発だった沖縄、北海道、そして東北の地方出版社について、個々の事例をもとに紹介したい。

## 1．沖縄の地方出版

### 1－1タウン情報誌からスタート

沖縄の地方出版事情について少し歴史を遡ると、本土では1970年代にタウン情報誌ブームが起き、全国各地でタウン情報誌が創刊されたが、沖縄ではそれより少し遅れて1983年に、地元の若い世代を中心に地域のイベントや生活情報を提供する、月刊『おきなわJOHO』という最初の本格的なタウン情報誌が創刊された。この『おきなわJOHO』を皮切りに、1980年代から90年代にかけて、月刊『コミックおきなわ』（途中から隔月刊）のような漫画誌を始め、いくつか若者向けの雑誌が創刊されるが、その中で「コラムマガジン」という立ち位置で1990年に創刊されたのが、季刊『Wander』（途中から年2回刊）である。

この『Wander』の編集長だった新城和博は、かつて沖縄出版で『おきなわキーワードコラムブック』のようなコラム本をヒットさせた後、上司だった宮城正勝とともに1990年に独立してボーダーインクという出版社を立ち上げ、そこでやりたかった若者向けのサブカルチャー系雑誌として『Wander』を創刊した。

『Wander』は新城が1人で編集の企画を立て、沖縄の若者が関心のある音楽や様々な文化についてのコラム、エッセイ、インタビュー等を掲載し、プロのライターに限らずミュージシャン等を始めとする多くのアマチュアの書き手が担っていた。そして15年間で38号まで発行して、沖縄の若者文化の情報発信を牽引したが、2005年末に休刊となった。

新城によると休刊の理由の1つは、「1995年の沖縄米兵少女暴行事件を契機に普天間基地移設問題がクローズアップされ、それが2004年の沖縄国際大学米軍ヘリ墜落事件によって米軍基地をめぐる沖縄の政治状況が非常に重たいものになり、その中でそれまでの『Wander』のサブカルチャー的なノリで情報発信するのが難しくなって、雑誌というものが時代を象徴する役割を担うのなら、休刊というのも選択肢の一つと考えた」ことによる。そしてもう1つの理由は、「2000年代に入って沖縄サミットやNHKの連続テレビ小説『ちゅらさん』等をきっかけに沖縄ブームが起き、その中で多くの一般の人が当時普及し始めたブログで沖縄の日々の様々な情報について発信するようになり、同じような情報を（ブログと紙媒体という違いはあるものの）あえて『Wander』という雑誌で伝える意味が薄れた」（新城）ということもあった。

その後2008年のリーマン・ショックの前後に、『おきなわJOHO』も含めて多くの沖縄の雑誌が販売部数や広告収入の低迷によって休刊となり、今日、2000年以前に創刊された主要な雑誌で唯一残っているのは、『おきなわ倶楽部』というタウン情報誌のみである。

## 1－2 沖縄の出版物の変遷

ボーダーインクは誕生した当初、『Wander』と同じ路線で沖縄の若い世代向けにサブカルチャー的な視点の書籍を中心に出版していたが、2000年以降、都市化・郊外化の進展による沖縄社会と人々の消費生活が変化する中、希薄化した沖縄の伝統や歴史に関するハウツー本を手掛けるようになり、これが様々なヒットを生み出した。特に2006年に発行した沖縄の土着の信仰における祈りである「御願」についてわかりやすく解説した『よくわかる御願ハンドブック』は、増補版を含めて沖縄県内で10万部余り売れる大ヒットを記録した。

また従来の郷土史のような書籍ではなく、沖縄の歴史の面白いトリビア的なエピソードをコラム形式で伝える『目からウロコの琉球・沖縄史』を2007年に出したところ、若い世代に受けて、これはその後、2018年に出版された『琉球歴女の琉球戦国キャラクター図鑑』に至る沖縄独自の戦国ブームへとつながっていった。他にも琉球怪談に関する書籍や、戦前に存在した走る馬の美しさを競う琉球競馬を伝えたノンフィクション『消えた琉球競馬—幻の名馬「ヒコーキ」を追いかけて』等、話題となったヒット作は多い。

こうした沖縄で地元の本が売れる理由として新城は、「本土と歴史・文化・自然が異なり、全国を対象に東京で出版された本で書かれた内容が沖縄では当てはまらないことが多く、そのため出版文化の地産地消がされやすい」と指摘する。

「ただ2000年代に入って沖縄ブームが起きたことで、東京の出版社が沖縄関係の本を数多く出

沖縄の地方出版の変遷について語るボーダーインクの新城和博氏

すようになり、県外の人にとってそうした東京の出版社が出す本の方が、沖縄の出版社が出す（ある意味で県外の人にとってマニアックな内容の）本よりもニーズに沿っていて読みやすいこともあり、かつてボーダーインクの出版する本の2～3割は県外で販売されたが、今はその比率が下がっている」（新城）という。

「また東京の出版社が出す沖縄関係の本も、初期の頃は観光ガイドブック的なものが中心だったが、その後、ノンフィクション本も数多く出て、戦後の沖縄の密貿易の当事者を描いた『ナツコ 沖縄密貿易の女王』や、かつての沖縄の売春街を描いた『沖縄アンダーグラウンド 売春街を生きた者たち』といった本は、沖縄でも多くの人に読まれた」（新城）

このように東京の出版社の沖縄関係の書籍とも競合する中、新城は「これからは地元出身者かどうかに関係なく、様々な分野の専門性をベースにして、沖縄に対する新しい視点を一般の人に提供するような書き手を発掘して、ユニークな企画の本を出していきたい」という。そんな1冊として近年出版して話題となったのが、2018年の県知事選に立候補したマスコミが取り上げることのなかった2人の泡沫候補に密着取材した『沖縄〈泡沫候補〉バトルロイヤル』である。この本の著者は琉球大学卒だが県外出身者で、「選挙ドットコム」のライターとして選挙の専門家の視点で、沖縄の選挙や政治について描いている。

### 1 - 3 沖縄の出版流通の変化

沖縄の出版流通が本土と大きく異なるのは、出版社が日販、トーハンといった取次会社を通さず、県内の書店と直取引をしている点である。これはかつてアメリカの占領統治下にあった時代に、独自の流通ルートが構築されたことによる。沖縄で取次が担っているのは、東京を始めとする本土の出版社の出版物を書店やコンビニ等に配本するのと、あと沖縄の出版社が出している雑誌を、書店以外にコンビニ等で流通させる場合である。

ちなみに沖縄の出版社が出す書籍の1~2割は県外（本土と、あと一部は韓国を始めとする海外）で販売されているが、本土の書店への配本は、主に地方・小出版流通センターを経由している。あと主に掛け率と注文対応の手間の問題で、アマゾンと直に取引している沖縄の出版社はほとんどなく、たとえばボーダーインクの場合、地方・小出版流通センター経由で日販を経由してアマゾンに本を出している。他に自社サイトでも直接、注文のあった読者に書籍を販売している。

「かつて東京には地方・小出版流通センターの運営する書肆アクセスというアンテナショップがあって、沖縄の出版社の本が置かれていたが、利用者が減少して閉店し、また本土の大型書店の沖縄フェアも減り、郷土本のコーナーも昔のように売れなくても返品されずに置かれたままというようなことはなくなったので、県外での売り上げは縮小する傾向にある」（新城）

そして県内の出版市場も、本土と同様に若い世代を中心とした活字離れによって落ち込んでいる。「ボーダーインクが創業して間もない頃に取引していた本島の書店の数は、那覇を始めとした市街地を中心に１２０軒以上あり、90年代にはそうした街中の書店と入れ替わるように新たに郊外型の書店が各地に誕生したが、今ではレンタルビデオ店を兼ねるＴＳＵＴＡＹＡを除いて単独店はなくなり、郊外のショッピングモールの中に残るだけで、それと街中の書店と合わせて80軒以下に減っている」（新城）という。ただ沖縄の場合、古書店も地元の出版社の新刊書を扱うため、こうした古書店がかつて街中にあった書店の機能を代替しているのが特徴である。

一方で沖縄の地方出版社の数はあまり減っていないが、「沖縄タイムス、琉球新報の出版部、印刷業を兼ねている東洋企画印刷を除くと、年間20～30冊の新刊書を出しているボーダーインクが最大手で、他の出版社の多くは個人、または家族経営で、年に数冊出すか、あるいはもうまったく新刊書を出していないところもある」（新城）という。

こうした中、今後の市場拡大に向けた展開として電子出版が考えられるが、今ある書籍のウエブ上でのＰＤＦによる配信や電子書籍化に力を入れても、大きく市場が拡大するわけではなく、どのように新たなアイディアの出版企画で市場を生み出すことが出来るのか、検討中の段階である。またもう一つインバウンド観光の盛んな沖縄では、外国人観光客をターゲットにした沖縄紹介本の市場が期待出来、こちらは既に一部の書籍の韓国語や中国語への翻訳の形で取り組みがスタートしている。

## 2. 北海道の地方出版

### 2－1 電子書籍に取り組む地方出版社

札幌市の中西出版は、1986年に中西印刷の出版事業部として誕生し、1988年4月に独立して出版社となった。中西出版と中西印刷の双方の代表取締役である林下英二によると、「北海道では第二次世界大戦後、印刷用紙の主要生産地で製紙工場や中小の印刷所が被災せずに操業可能な状態で、また本州から多くの文化人が疎開していたため、空襲で焼け野原となった東京の出版社が進出して支社を設け、地元資本の出版社も数多く誕生して、1946年から数年間、出版ブームが起きた」という。このブームは東京における出版環境の回復とともに終了したが、ただこの時期、中西印刷で「東京の出版社の本を印刷・製本したことは、技術面で貴重な経験になった」（林下）という。

その後、中西印刷では道内の各自治体の記念誌や市町村史刊行物等を多数印刷してきたが、80年代には自治体関係の印刷物の制作に際して間に広告代理店が入るようになり、企画部分を広告代理店が担当して印刷会社は印刷の請負中心となってきたため、改めて自ら独自に企画する仕事を手掛けたいと考え、出版業に進出することになった。そして「ちょうど国鉄が分割民営化される時期に、ＳＬや青函連絡船関係の本を最初に手掛けたところそれがヒットしたこともあって、出版事業部を独立させた」（林下）という。

だが独立してから最初の2年程はヒットに恵まれず、経営が安定したのは90年代に入ってからである。そして2000（ゼロ）年代には、STVラジオで放送されている北海道に所縁のある偉人の生涯を朗読番組にした「ほっかいどう百年物語」を書籍化した『ほっかいどう百年物語―北海道の歴史を刻んだ人々』シリーズや、絵本『おばけのマール』シリーズを出版して大ヒットし、いずれも今日に至るまでロングセラーとなっている。

林下は90年代に東京国際ブックフェアで電子書籍について知って関心を持つようになり、2000（ゼロ）年代に入ってアマゾンからKindle電子書籍リーダーが発売されて電子書籍を読むための環境が整備されてからは、参入のタイミングを考えていた。そして2010年に出版界で『もし高校野球の女子マネージャーがドラッカーの『マネジメント』を読んだら』が大ヒットして電子書籍化されたのを見て、中西書店も地方出版社としていち早く電子書籍に取り組み、同年、『おばけのマールとまるやまどうぶつえん』のiOS版（日英2カ国語対応）を制作した。

翌2011年、『ほっかいどう百年物語』の登場人物の物語を分野ごとに分けて再構成する形で電子書籍化し、最初の『ほっかいどう百年物語【開拓・町づくり編】』をボイジャーストアで配信した。そして亜璃西社、寿郎社、柏艪舎、北海道出版企画センターに声をかけ、5社で「App Store」に電子書籍専門ストア「ブック・ネット北海道」を開設した。また同年、札幌市中央図書館が行う「電子図書館実証実験」にも参加した。2013年には一般社団法人北海道デジタル出版推進協会（HOPPA）を設立し、林下が代表理事に就任して、道内の各出版社の本の電子書籍化と流通の拡大に取り組んでいる。

このように早くから電子書籍に取り組んで来た中西出版だが、「まだ電子書籍の売上は全体の1割程」（林下）である。ただし中西出版では（無料で配布している季刊紙の『あうる』を別にすると）雑誌の発行を手掛けておらず、紙媒体の書籍の売上はそれ程落ち込んでいないため、電子書籍を手掛けたことで売上を確保している。中西出版の場合、印刷データを中西印刷が持っているため、他の出版社よりも電子書籍化が容易だが、ただ常務取締役の河西博嗣によると、「今、年間に出す本の6割以上は併せて電子書籍にしているが、年配の著者で理解が得られずに電子書籍化出来ないものも少なくない」という。

現在、中西出版から出す本は、道内の主要な書店にトーハン、日販等の取次を通して配本するとともに、アマゾンを始めとする主要なオンライン書店で販売しているが、売上面で道内と道外の比率は8対2（電子書籍の場合、もう少し道外の比率が高い）で、道内の読者が中心である。「全国ネットの放送で紹介されて全国各地の書店から注文が届いたり、ネットのキーワード検索で上位に来て、道内以上に道外で売れたりする本もある」（河西）が、中西出版としては本の地産地消に力を入れている。

ただ全国平均を上回って少子高齢化の進む北海道では、道内の書店数が急速に減少しており、また車での移動がメインで東京のように電車内で本を読む環境にないことから、若い世代を中心に読書習慣が失われると道内での出版ビジネスが成立しなくなる可能性がある。そのため中西出版では今後、絵本を卒業した子供達が引き続き読書習慣を維持するのに、小中学校で導入されるタブレット端末上で、関心を持って読んでもらえる電子書籍の提供に力を入れていこうとしている。

## ２－２　道内最大手となる地方紙の出版部門

今日、東京より北で最大の出版社と言われるのが、北海道新聞社事業局出版センターである。北海道新聞では戦後、１９４９年から１９６４年にかけて『農業北海道』という月刊誌を発行しており、それが休刊した後、年鑑や縮刷版等以外で本格的に一般の書籍の出版に乗り出したのは、70年代に入ってからである。また１９７３年には、北海道の政治・経済に関する総合誌として『月刊ダン』（１９８８年に『道新TODAY』に改名）を発行したが、２００３年に休刊となった。

北海道新聞社事業局出版センター部次長（編集担当）の仮屋志郎によると、「現在、出版点数は年間30数点だが、ピークだった90年代前半にはその倍以上出していた」という。１９８７年にスタートした道新選書を始めとする郷土史関係の本がかつては数多く出版されていたが、「近年では野球やサッカー等のスポーツ関係、鉄道関係、そしてキャンプ、アウトドア、園芸関係の実用書が中心となっている」（仮屋）。歴史関係の本については、道新選書以外にも、１９７７年から２００２年にかけて札幌市教育委員会編集で全１００巻刊行したさっぽろ文庫の中でも、郷土史関係のテーマでかなり出版しており、「ある意味で主要なテーマは一通り出し尽くした」（仮屋）ということもある。園芸書が売れるのは、北海道と本州では季節感が異なるため、地元の出版社が出す北海道に特化した本でないと道内では参考にならないといったことによる。

出版点数はこの30年間で大きく減っているが、「初版の部数は大体どれも3000部程度で昔と変わっておらず、再販については増刷する分を小刻みに管理するようになったが、1タイトルあたりの売上はあまり変わっていない」（仮谷）。また中西出版同様、トーハン、日販等の取次を通して道内の主要な書店に配本しているが、最初から全国配本するような書籍は年に1点あるかどうかといったところで、道外の書店ではまとめて地方出版関係の棚に置かれて一般の読者の目に留まらないといったこともあり、そのため多くは注文があれば対応するくらいである。仮屋は「8割は道内の読者が読んでいるのではないか」と想定している。実際、アマゾン、楽天を始めとしたオンライン書店での売り上げは、道外中心だが全体の1割程度である。

北海道新聞社事業局出版センターは、共同通信に加盟する地方紙の出版部門が参加する全国新聞社出版協議会のメンバーで、こちらが主催して全国各地を持ち回りで開催する「全国新聞社ふるさとブックフェア」等にも参加している。ただ「多くの地方紙の出版部門は、自費出版事業が中心で、一般の書店に流通する本は、スポーツや温泉関係を中心に年に数冊程出すといったところが多く、自由に本を企画出来るのは、ブロック紙を始めとする一部の地方紙に限られる」（仮屋）という。北海道の場合、本州から切り離された地域の独自性ということもあり、地元の市場で採算の取れる本の企画は比較的容易だが、多くの地方紙ではそれが難しく、そのため全国新聞社出版協議会の活動は他の都道府県で自社の本を売るのに大きな意味を持っている。

電子書籍についてはこれまであまり力を入れていなかったが、近年では『消えた「四島返還」安倍

電子出版やPODにも取り組みたいと語る北海道新聞社事業局出版センターの仮屋志郎部次長（編集担当）

政権 日ロ交渉2800日を追う』のような道外の多くの人が関心を持つテーマの本を、電子書籍化している。「あと絶版になった本や絶版になりそうな本の電子出版化やプリントオンデマンドに、今後取り組んでいきたい」（仮屋）という。

北海道新聞社事業局出版センターでは、北海道新聞の連載を書籍化することもあるが、その数は年に数冊程度で、全体の8割は独自に企画した書籍である。「一度、新聞の紙面に出たものをそのまま書籍化してもあまり売れず、それをさらに深掘りするのは、編集局の記者は紙面づくりで忙しくて対応出来ない」（仮屋）といった事情による。ただ北海道南西沖地震のような大規模災害や国際スポーツ大会の報道写真集のようなものは、他の出版社が真似出来ない新聞社ならではのもので、出版すると大きな反響がある。また2021年に出版した『北海道新聞が伝える 核のごみ 考えるヒント』のように、北海道新聞が報道してきた「核のごみ」のような道外の人達も関心を持つようなテーマについては、書籍化して全国で販売することの意味は大きい。

これまで見て来たように北海道新聞社事業局出版センターの出版状況は、ピークだった90年代前半からこの30年間で縮小しているが、キャンプ場や鉄道関係といった若い人が必要な情報を得るのに購入する書籍を出版しており、売上面で厳しい状況にあるわけではない。ただ仮屋は、「これまでのように自由なテーマで出版企画するのは、読者層の高齢化とともにおそらく今後は徐々に厳しくなって、売れ筋商品に注力していくことになるのではないか」と考えている。

### 2-3 編集プロダクションを兼ねた地方出版社

印刷会社の出版事業部が独立して誕生した中西出版、地方紙（ブロック紙）の出版部門である北海道新聞社事業局出版センターに続けて紹介するのは、編集プロダクションと兼業の亜璃西社である。亜璃西社が編集プロダクションを母体に創業したのは、中西出版と同じ1988年4月である。取締役専務（出版担当）の井上哲によると、「中西出版や北海道新聞社事業局出版センターのような出版社を支える強固な母体がなく、取次による新刊委託書籍の代金の精算が半年後ということもあり、創業した当初は編集プロダクションの事業で日銭を稼ぎながら、キャンプ場や温泉やグルメのガイドブック、その他の実用書、自然図鑑のような確実に売れるジャンルのものを中心に出版した」という。「東京の出版社が観光客向けに出す北海道のガイドブックは、地元の人にとって内容面で不十分で、そのため地元の出版社が出すガイドブックのニーズがあった」（井上）

ただ今日ではネットが普及してリアルタイムの情報が入手出来るようになり、情報の更新が出来ない書籍を購入するよりも、ネットを通して最新の情報にアクセスしようとする人が増え、徐々にこうしたガイドブックの売上が減少していることもあり、今も継続して毎年改定して発行しているのは

『北海道キャンプ場ガイド』のみである。

「北海道民はキャンプを楽しむ人が多いが、北海道のキャンプ場の多くは公営ということもあってサイトの情報がそれ程充実しておらず、また多くのキャンプ場の情報を網羅したサイトがほとんどないこともあり、毎年コンスタントに売れている」（井上）という。そしてネットでは簡単に調べられない、あるいはネット上に拡散している情報をわかりやすくまとめて読者に提供するべく、『北海道キャンプ場ガイド』ではアンケートはがきで読者のニーズを毎回確認して、次の改訂に役立てている。

あと北海道の自然は本州と大きく異なるため、地元の出版社が出す自然図鑑はロングセラーとなっている。そしてこうした『北海道キャンプ場ガイド』や自然図鑑を除くと、「近年では歴史や文化関係の読み物の出版が中心となってきている」（井上）。

亜璃西社では創業後も書籍がどれだけ売れるかどうか未知数の出版社の事業を売上面で補完するのと、あと出版企画に役立つ様々な情報を収集するため、雑誌の仕事を中心に編集プロダクションの業務を続けてきて、売上の比率もほぼ半々だが、今日の出版不況下では、書籍以上に雑誌の仕事が厳しくなっている。現在、書籍は年間5、6冊出版しているが、その内、自社で新たに企画した初版3000～5000部くらい売れる見通しのある本が半分で、残りは既存の本の改訂版か共同出版である。

亜璃西社は『北海道キャンプ場ガイド』のように道外でもアマゾン等で比較的売れている書籍を抱えているものの、「売上面での道外の比率は、かつて5％程だったのが今は1割程になったくらい」

で、中西出版同様、本の地産地消に力を入れている。そして道内で新たな市場を開拓するため、井上自身、かつて学生時代に自主映画製作に取り組んでいたこともあり、今後、本の著者と編集者の対話映像、著者の講演映像、編集者による本の紹介映像等をYouTubeで配信することに力を入れたいという。また書店や図書館を会場に、道内の出版業界関係者とのトークイベントにも積極的に参加し、本の作り手側から読者に直接リーチする本の宣伝に努めている。

## 3．東北の地方出版

### 3－1 創業50年を迎えた秋田の老舗出版社

秋田県秋田市の無明舎出版が、２０２1年に創業50年を迎えた。１９７2年9月、秋田大学の学生だった安倍甲は大学の前に一軒家を借りて、古書店と学習塾とミニコミの発行やイベントの企画等を行う無明舎を立ち上げた。その後、安倍は大学を中退し、１９７6年に秋田の放浪芸人の半生をルポした『中島のてっちゃ』を出版したことをきっかけに、有限会社無明舎出版に改組し、専業出版社としてやっていくことになった。

無明舎出版は創業30年を迎えた２００2年には、社員4名で年に40点余りの本を出版して2億円以上の売り上げを確保し、無借金経営を実現した。このように無明舎出版の経営は、途中で紆余曲折こそあったものの２０００（ゼロ）年代初頭にピークに達したが、その背景として安倍が目標とした青森県弘前市の津軽書房が、１９９９年に社長の高橋彰一が亡くなって以降、在庫販売が中心となり、東北の主要な地方出版社が、無明舎出版のみになったことがある。

無明舎出版が出している本の6割は、秋田以外の主に東北各地の著者が書いた本で、読者も東北を中心に各地に拡がっている。東北のローカル色が強くて出版部数３０００部程の本を東京の出版社が扱わないため、こうした本の企画が無明舎出版に持ち込まれることとなった。また無明舎出版の経営が順調だった時期に安倍は、「ブラジル移民」、「北前船」、「イザベラ・バード」、「街道」といった自身が関心のあるテーマの本を、採算を度外視して出版した。これらの本はその後の出版不況の中でもロングセラーとなり、無明舎出版の経営を支えることになった。

「創業30年をピークに、その後の20年間は売り上げが下り坂に向かい、特に秋田県は人口減少が急速に進んで多くの書店がなくなったが、無明舎出版はあまり地元に依存していなかったため、なんとか生き残ることが出来た」（安倍）

他にも無明舎出版は安倍を含めて社員を4名以上に増やさず、またあえて東北支店を別にすると東京の大手取次には口座を持たずに注文買い切り制で返品のない地方小出版流通センターを通して全国配本し、東北の中では各県の教科書販売会社を通して配本するとともに、あとはアマゾンのネット書店で販売する形で、リスク管理を行ってきた。「東京の大手取次を通しての全国配本を行わなくても、東北内の書店へＦＡＸで新刊情報を送信したり、自社サイトで新刊を紹介したり、問い合わせのあった人には送料無料で直販して、その後は顧客データベースに登録してＤＭで新刊の案内をすることで、充分に本は売れた」（安倍）という。そして出版不況に直面した創業30年以降の20年間は、社員が退社しても補充せず、またこれまで１２００点程の本を出版する際に参考資料として購入した本を、ネットで販売して売上を補填し、今日の安倍とその息子の２人で家族経営する形に縮小していった。また新たに出版する本も、自費出版本が7割、企画本が3割となっている。

もともと地方出版社は地域で自費出版本を含む様々な印刷物の制作を受注していた印刷会社が、自ら企画本を出版する形でスタートしたところが少なからずあったが、出版市場が縮小する今日、「またかつてのように地方出版社は他の事業と兼業でないと生き残れないのではないか」と安倍は語る。

２０２３年10月に75歳となった安倍自身、こうした無明舎出版の経営を息子に任せ、自ら新たに取り組みたいと考えているのが、ウェブマガジンの発行である。無明舎では、１９８９年に「月刊んだ劇場」というA５判・ワープロ印字・コピー印刷の30頁程の小冊子の社内報を創刊し（１９９９年にウェブマガジン化）、本にするための締め切り用雑誌として、必ずしもプロではない東北の様々な書き手の人に連載で書いてもらい、連載終了後に本にするということを、２０１１年まで行ってきた。これを再開して、「今日の出版状況では連載終了後に紙の本に出来ないので、電子本にしたい」（安倍）という。無明舎出版の新たなウェブマガジンの発行に、ぜひ期待したい。

### ３－２ 今世紀に入って誕生した仙台の出版社

宮城県仙台市の荒蝦夷は、法人としての創業が２００５年だが、その5年前の２０００年に事業をスタートした。代表取締役の土方正志は、仙台市の東北学院大学を卒業した後にフリーの編集者兼ライターをしていたが、東北芸術工科大学東北文化研究センターのセンター長だった民俗学者の赤坂憲雄から１９９９年に、東北文化研究センターが年に2冊発行する『別冊東北学』の編集を依頼され、翌年、仙台市に拠点を移して、地元の他のフリー編集者と共同で担当した。そして２００５年から新たに暖簾分けした『仙台学』、『盛岡学』を独自に発行するため、東北に根差した本を出す地方出版社として荒蝦夷を立ち上げた。

その後、２０１１年3月に東日本大震災があり、荒蝦夷は同年8月まで山形の仮事務所に避難して事業を継続した後、また仙台に戻ってきた。そしてこの年、一般社団法人出版梓会から主要新聞社・通信社の文化部長による選考委員会が選考する第8回新聞社学芸文化賞を受賞して、そのことが地元の地方紙の河北新報で紹介されて話題となった。それをきっかけに母校の東北学院大学から連絡があり、翌２０１２年から東北学院大学地域連携課と協働で毎年、『震災学』の発行を行うことになった。またこの『震災学』をきっかけに、出版とは別にリアルに市民と繋がる場を設けたいという話になり、翌２０１３年から東北学院大学地域共生推進機構と協働で、「震災と文学」の連続講座を市民に公開する形でスタートさせた。この講座はコロナ前まで51回開催した後、コロナ禍ではネットの動画配信に移行して継続している。

このように荒蝦夷は大学関係の仕事に比重を置いて取り組んできたが、それ以外にも東北をテーマにした文芸や郷土史や震災関連の本を出してきた。荒蝦夷ではこれまで取次を使ったことがなく、東北の書店及びそれ以外の地域の一部の書店、併せて1200店程と直取引で委託販売している。東北に依拠しているため全国流通をほとんど考える必要がないことから、土方は当初、東北6県の書店をしらみつぶしに回って取引関係を築き、管理に相当な手間がかかるものの、取次の手数料を自社の収益にする仕組みにした。そして震災の翌年に出版した伊坂幸太郎のエッセイ集『仙台ぐらし』が話題となり、FAXで全国の書店に案内を流したことで、各地の書店から注文が届き、そうした書店が新たに流通網に加わり、荒蝦夷が出版した被災地の人々の体験や声を伝える本を、東北の外の人に届けた。なお荒蝦夷では、全国の読者に売れそうなロングセラーとなる本は、東京の大手出版社に提供して、そちらで増補改訂版、文庫版、電子書籍版を出してもらい、その際に編集を請け負って編集印税を受け取る形をとっている。

また荒蝦夷では、東北の新人作家の発掘を目指して、震災の前年に仙台短編文学賞の創設を企画したが、発表前に東日本大震災が起きて流れてしまった。そのため改めて2017年に河北新報社、仙台市でタウン情報誌を発行するプレスアートとともに「仙台短編文学賞」実行委員会を立ち上げ、翌2018年に第1回「仙台短編文学賞」が発表された。「仙台短編文学賞」はこれまで5回発表されたが、毎年、多くの震災をテーマにした作品の応募がある。

2000（ゼロ）年代からの出版不況で、荒蝦夷では「創業した当初は新刊書を3000部くらい刷っていたが、今日では1000部くらいになっている」（土方）という。そのため自社の企画出版の売上が低下する中、出版以外の事業にも力を入れて、生き残りを図ろうとしてきた。大学からの委

東北関係の本が並ぶ「古本あらえみし」の店内

託での出版や市民講座の企画運営以外に、編集プロダクションとしての仕事も行っている。そして２０１9年4月にＪＲ仙台駅の東口にオープンした古書店「古本あらえみし」は、荒蝦夷の経営を助けた。

土方はフリーの編集者兼ライターをしていた頃から、資料等で買い集めた本を北海道のニセコ町の実家を書庫代わりにして送っていたが、実家を民泊事業者に貸し出すのに際して空けることになり、その本をもとに古書店を立ち上げることを考えた。そして仙台市の老舗の昭文堂という古書店の店主に相談して古本ビジネスについて詳しく教えてもらい、宮城県古書籍商組合に加入して、「古本あらえみし」を立ち上げた。土方自身、値付け以外では出版業界で得た本に関する知識をそのまま活用することが出来、大学関係者の多くの知り合いが固定客となったことで、「古本あらえみし」の経営は順調にスタートした。また「古本あらえみし」をイベント会場にして、会員制で常連客20名程を対象に年間2万円で、毎月、知り合いの著者を招いて本に関するトークイベントを開催した。

1年後にはコロナの影響でイベントが開催出来なくなったが、今度は巣ごもり需要で「古本あらえ

み し」への来客が増えた。そしてネット販売をスタートさせて、こちらはコロナ禍で古書店の売り上げの3分の1を占めるまで成長した。今後は東北各地で開催される古本まつり等の催事に積極的に参加し、事業を拡大させていきたいという。

荒蝦夷にはコロナ終息後も、仙台を拠点に出版不況下での地方出版活動を継続して行って欲しい。

## 4．地方出版社の存続に向けて

三大都市圏以外で地方出版がこれまで比較的活発だった沖縄、北海道、東北の地方出版社について見てきたが、今日、どの地域でも地方出版も最盛期と比べてその規模を縮小して継続している状態である。

沖縄では、80年代から90年代にかけて盛り上がったタウン情報誌ブームは2000（ゼロ）年代に入って終わりを迎え、そしてこの頃から東京の出版社が沖縄関係の本を数多く出すようになって、沖縄の地方出版社の出す本の県外での販売比率は低下し、また県内では若い世代を中心とした本離れによって、書店の数も大きく減少した。そうした中で地方出版社はまだ少なからず残っているが、地方紙の出版部門以外ではボーダーインクと東京企画を除くと、その多くは新刊書をほとんど出していない状態である。

沖縄同様に内地と海を隔てた北海道は、沖縄同様に地元の書店の数も減少しているが、沖縄よりも全体の市場規模が大きいこともあり、札幌市を中心に地元の地方出版社が何社か規模を縮小しつつも出版活動を継続している。特に地元の自然関係の本については、根強いニーズがある。

東北では創業50年を迎えた秋田の老舗出版社の無明舎は、事業を縮小して家族経営の形にして、過去の遺産に依拠しつつ、新たに出版するのは自費出版本を中心に、企画本の比率を減らすことで事業を継続している。また２０００（ゼロ）年代に入って仙台で創業した荒蝦夷は、大学関係の仕事と古書店との兼業で出版事業を継続している。

今回、この章で取り上げていない九州も含め、地方出版がこれまで活発だった地域の地方出版は、今日の出版不況下で非常に厳しい状況に置かれている。だが地方出版社がなくなるということは、地域の様々な情報や文化を記録して伝える出版というメディアが1つなくなることを意味し、他のローカルメディアが必ずしもそれを代替出来るものではない。

無明舎出版の安倍は、「今日、地方出版社は他の事業と兼業でないと生き残れない」と語るが、もともと地方紙の出版部門、あるいは印刷業や編集プロダクションと兼業だったところを除くと、出版事業の性格や経営規模の面から、他のローカルメディア以上に経営の多角化は難しい。ただ荒蝦夷は、古書店との兼業で生き残りを図り、アルバイトのスタッフも古書店の店番をしながら編集助手として、土方ともう1人の編集を担当する社員が手掛ける本の校正作業等を担当している。こうした荒蝦夷のやり方は、他の地方出版社にとっても参考になるものではないだろうか。

多くの地方出版社には、ぜひ様々な工夫を凝らして地方での出版活動を継続して欲しい。

# 第5章　タウン情報誌の現状と展望

## 存続に必要な取り組みと課題

第3章で取り上げたフリーペーパー同様、タウン情報誌も近年では無料で様々な地域の情報が得られるウェブメディアやスマホを始めとしたモバイル端末が普及する中、非常に厳しい状況を迎えている。

日本初のタウン情報誌が誕生したのは1955年だが、東京の新宿で1969年にから1973年にかけて新都心新宿PR委員会が発行した『新宿プレイマップ』、1971年に大阪で創刊された『プレイガイドジャーナル』が話題となり、その後、主に1970年代後半から全国各地で創刊ラッシュを迎えた。

だが2000（ゼロ）年代後半以降のネット環境とモバイル端末の普及による影響を地方紙以上に受けて、近年、タウン情報誌は地域情報サイトと競合する中でフリーマガジン化への移行が進んでおり、併せて紙媒体の発行をネットでの情報配信と並行して行っているところが多い。これはタウン情報誌の性格上、紙媒体による携帯性が特に中高年齢層の人達に大きな意味を持つこと、また特定の地域を対象にしたタウン情報誌の場合、エリア限定のため書店に限らず様々な店舗に持ち込んで置いてもらう形で、流通網の確保が容易な点が挙げられる。

第5章ではそうしたタウン情報誌が、今日、生き残りに向けてどのような取り組みをしようとしているのか、全国各地の事例をもとに見て行きたい。

## 1．各地に残るタウン情報誌の状況と目指す方向

### 1－1 日本で2番目に古いタウン情報誌

今日、現存する中で最も古いタウン情報誌は、1955年に東京の中央区銀座で創刊された『銀座百点』だが、この『銀座百点』に次ぐ現存する中で2番目に古いタウン情報誌が、1957年12月に『銀座百点』をモデルに静岡県浜松市で発行された月刊の『浜松百撰』である。

編集長の安池真美によると、「最初、静岡市で『銀座百点』をモデルに『静岡百点』を発行した元静岡日日新聞の記者の木崎肇が、同様の媒体を浜松市でも発行しようとして創刊したのが『浜松百撰』で、その後、創刊したメンバーは『静岡百点』を手放して浜松市に拠点を移し、『浜松百撰』の発行に注力するようになった」という。安池の母の安池澄江は創刊時のスタッフで、初代編集長の沢井政敏、第2代編集長の山田明の後を継いで、1968年に第3代編集長に就任して2007年まで

務めた後、第4代編集長の安池真美に交代している。1985年には、第1回NTT全国タウン誌大賞フェスティバルで、タウン誌大賞を受賞している。

『銀座百点』をモデルにした『浜松百撰』は、創刊以来同じB6判（ただし『銀座百点』と違って縦型）の中綴じで、かつてバブル期には150頁近くあったが、現在は64頁となっている。安池真美によると、毎号の紙面の構成や内容（特集、エッセイ、イベントや映画の情報等）は前の編集長の時代から大きく変わっておらず、浜松市に所縁のある人が2頁のコラムをリレー形式で書き継ぐ「リレーレター」や、編集部を訪れた人を写真付きで紹介する「千客万来」のコーナーは、30年以上続いている。「バブル期は高校生や大学生が読んでいたが、現在は読者プレゼントに応募される方を見ると、30代以上の男女が主な読者層になっているのではないか」（安池真美）という。

『浜松百撰』は創刊時に商店の宣伝と浜松の文化向上を目指して会員店を募り、趣旨に賛同した100店舗を集めて発行しており、この賛助会員を共同PRするフリーマガジンとしての仕組みは今日も続いている。一口あたり月額2万2000円で賛助会員になると、裏表紙に自社の広告をオンデマンド印刷した『浜松百撰』50冊を受け取ることが出来る他、広告等でも優遇される。最盛期は200以上の賛助会員がいて、毎月2万5000部余り発行されていたが、現在は賛助会員の数は100を切り、発行部数6500部である。配布場所は会員店の店頭以外に、JR浜松駅構内の観光インフォーメーションセンターや市内のコンサートホールのアクトシティ浜松等に置いたり、一部、定期購読希望者に発送したりしている。また2020年5月からコロナ対策で、サイトで電子

ＢＯＯＫ版も公開している。「かっては会員店の大半が中心市街地にあったが、今は市の周辺にまで広がっており、発行日に車でまわって届けられないところは、印刷所から郵送で届けている」（安池真美）という。

このように『浜松百撰』は創刊時から大きく変わらずに昔ながらのスタイルで発行を続けているが、若い世代の紙媒体離れもあって主な読者層の年齢も徐々に上がり、賛助会員数と発行部数も減少して、最盛期には６名程の体制だった編集部も、現在、２名で毎月の号を制作している。そうした中で安池真美は、「入居しているビルが自前のため、家賃が発生せずになんとかやっていけているものの、経営的にはかなり大変だが、ただこれからも浜松も魅力を発掘して多くの市民に伝えるため、『浜松百撰』の発行を続けていきたい」と語る。

## １－２　広告媒体から地域活性化に必要な媒体へ

今日、『浜松百撰』が昔ながらのスタイルで発行を続けているとしたら、対照的に当初のスタイルを大きく変えたのが、愛知県の三河地方に位置する岡崎市のタウン情報誌『RARE』である。

『RARE』の前身は、１９８０年3月に創刊された『リバーシブル』という名前の月刊タウン情報誌である。２００５年に『リバーシブル』の発行を引き継いだ元リバーシブル代表取締役社長の浅井朋親によると、岡崎市内でペーパードールという喫茶店を経営していた鈴木雅美が、商店街の瓦版のようなものを構想して創刊した」という。『浜松百撰』と同様に、商店街の会員店をベースに最初は

A5判5000部発行でスタートし、会員店の数を増やして、4年後の1984年には1万部に達し、バブル期には1万5000部余りになった。

そして四半世紀後の2005年に、編集長になった浅井は鈴木から『リバーシブル』の事業を譲渡され、新たに株式会社リバーシブルを立ち上げて独立して発行を引き継ぐことになる。そのタイミングで2005年10月号からリニューアルし、名称を『一番ディープな岡崎本 リバ!』に変更するとともに、A4判にサイズを変更し、全頁カラー化した。当時はフリーペーパーやフリーマガジンがブームになった時期で、他の三河地方のフリーマガジンのほとんどがA4判で、若者向けにファッション性を追求したデザインにするため、サイズ変更とカラー化を行った。

また他のフリーペーパーやフリーマガジンは、豊田市、西尾市、安城市等の西三河地域を対象としたものが多かったが、『リバーシブル』は会員店からのスポンサードによって発行されていたためエリア拡大が難しく、そのため逆に岡崎市に徹底してこだわってタウン情報誌として地域の歴史や文化等を特集記事で掘り下げ、店の広告やクーポン中心のフリーペーパー、フリーマガジンと差別化することを目指して、『一番ディープな岡崎本 リバ!』に名称変更した。ちなみに今日、店の広告やクーポン中心のフリーペーパー、フリーマガジンの多くは、ネットに代替される形でなくなっている。

なおリニューアルの際にそれまで『リバーシブル』には値段がついていたが、それを無料のフリーマガジンにした。これは『リバーシブル』がスポンサードする200店余りの会員店では店を訪れる顧客に無料で配布されていたのに対し、一方で地元の書店では有料で販売するという形をとっており、その際に書店で売られているものを無料と勘違いして持ち帰るケースが多発したことによる。

このように2005年に大幅なリニューアルを行ったものの、その後、『一番ディープな岡崎本 リバ！』の発行部数は、読者層の高齢化等もあって1万部まで徐々に下がり、そして2020年からコロナの影響で、それまで他の媒体が充分にカバー出来ない地域の店舗やイベントの集客に必要な密な情報自体、地域で必要とされない状況が生まれた。そのため浅井は、2021年9月号から『RARE』に名称変更し、地域の個性的な様々なコミュニティを応援して育むことをコンセプトにしたタウン情報誌へと方向転換した。

この背景には、浅井がかつてNPO法人コラボキャンパス三河の代表として、地域の個性的な若い世代を育てることで、地域活性化に貢献しようとする活動に関わっていたことがある。浅井は、「今もなおスポンサードする会員店の多くは、広告媒体としてスポンサードするのではなく、ある意味で岡崎市の地域活性化に必要な地域の媒体としてスポンサードしている部分があり、そのため『RARE』では編集者が地域で様々な個性的な活動をしている人を発掘して紹介し、コミュニティの中で必要としている人にマッチングするような役割を担い、それをもとに新たなマネタイズの仕組みをつくっていきたい」と語る。

## 1－3 地域の企業のCSR活動として発行

『RARE』は『浜松百撰』同様、会員店のスポンサードによって誕生したフリーマガジンだが、従来の会員店を共同PRする広告媒体から、地域活性化に必要な地域の媒体としてスポンサードしてもらう方向へと移行することを目指している。これは近年、コミュニティFMのような地域メディアが、先行して目指そうとしている方向でもある。

そしてある意味で発行元の企業がCSR活動の一環としてこうした方向を目指そうとしているのが、愛知県西尾市でエムアイシーグループが西三河地域を対象に季刊のフリーマガジンとして発行するタウン情報誌『みどり』だろう。

タウン情報誌『みどり』の発行とともに西三河地域の地域情報サイト「みかわこまち」を運営するエムアイシーグループは、1905年に創業した西尾市の印刷会社で、1993年4月に西三河地域のタウン情報誌『みどり』を創刊した。サポートチーム課長代理の長瀬拓也によると、「フリーマガジンとして『みどり』を発行するのに、一部、地元の企業から協賛広告をいただいているが、取材・執筆や配布に必要なかなりの費用を、地元の企業として地域社会への貢献活動の一環で自社負担している」という。

『みどり』は創刊当初はB5判だったが、2018年に100号を出した際にA4判に拡大するとともに、UDフォントを使って主な読者層である年配の人達が読みやすい誌面にした。創刊当時の発行部数は2万5000部だったが現在は1万部で、西三河地域の協賛企業、図書館、その他の公共施設、学校等に送る形で配布している。『みどり』の制作は、編集委員を依頼している地元の有識者による編集委員会で次号の内容について話し合って決めた後、エムアイシーグループから編集委員会に参加している社員の水谷志保が、編集担当として自ら取材・執筆するとともに、地域の自治体職員や博物館の学芸員等に原稿の依頼を行っている。毎号の誌面に掲載される記事の多くは、地元の歴史や文化に関する読み物だが、地元のこだわりの店や料理の作り手を紹介するグルメ情報のコーナーもある。

エムアイシーグループでは、2015年3月に『みどり』に掲載した記事をウェブ上で見やすく配信するとともに、一部、オリジナル記事も掲載する地域情報サイト「みかわこまち」をスタートさせた。またFacebook、Twitterで更新情報を伝えるとともに、Yahoo!ニュースでも記事を配信している。「『みどり』の発行部数は減少したが、「みかわこまち」のサイトのアクセス数は、年4回の更新にも関わらず、当初の月間数千から今の月間数万まで徐々に増加しており、また「歴史散歩」のコーナーはYouTubeチャンネルで映像配信もしていて、今後は地域の歴史や文化の魅力を伝えて、ウェブの利用者を増やすことに力を入れたい」（長瀬）という。

## 1－4 タウン情報誌を核にしたマネタイズ

これまでフリーマガジンとして発行されているタウン情報誌について見てきたが、今日、ウェブメディアやスマホを始めとしたモバイル端末が普及する中でいずれも発行部数を減らし、純粋に広告媒体としてマネタイズすることは難しく、今後も発行を継続していくためには（地域に必要なメディアとして地域で支える）別の仕組みが必要なことがわかった。一方、有料のタウン情報誌はどのように発行を継続しているのか、広島県呉市でSAメディアラボが発行する月刊のタウン情報誌『くれえばん』について見ていきたい。

SAメディアラボ専務取締役の角素子によると、「タウン情報誌『くれえばん』は、初代編集長の木戸俊久が1984年2月に地域の瓦版のようなものを構想して不定期発行した『くれえ版』をもとに、1987年4月に有料の月刊誌として創刊され、市内の書店、コンビニ、スーパー等で販売されて、80年代後半から90年代前半にかけては、市民の誰もが手に取って呉の街の情報を確認する媒体となった」という。だがその後は徐々に部数を減らし、特に2010年代にスマホが普及する中でビューティー系や飲食店関連の広告出稿が激減した。そして2018年に後継者のいなかった木戸が事業譲渡を考えた際、地元で写真館等を運営するエスエーホールディングスという会社が、SAメディアラボを設立してそちらで事業譲渡された『くれえばん』の発行を継続することになった。

2019年3月に事業譲渡が完了して、それまで編集部にいた菅原礼美が新たに編集長に就任し、新編集長の元で従来と同じスタイルで4月に5月号を出した後、5月に出した6月号でB6判からA4判にリニューアルした。もともと『くれえばん』はB5判で発行されていたが、発行部数も減って広告も減少する中、2016年10月号にB6判に縮小したのを、リニューアルに際してサイズを拡大し、料金も300円から450円にして、掲載する情報量を増やした。

そして中心となる読者層の高齢化にともない、それに合わせて内容面でも地域の文化等に関する記事の比重が高かったのを、リニューアルに際して若い女性向けの記事を増やし、また並行して

Facebook や Instagram での情報発信もスタートさせた結果、リニューアル当時の発行部数が3500部だったのが、現在、6600部まで部数を増やすことに成功した。

「呉市の人口が20万人余りの中、この部数は有料のタウン情報誌として多くの市民に支持されているのではないか」（角）

『くれえばん』は有料のタウン情報誌ではあるが、『浜松百撰』や『RARE』と同様に創刊時から協力会員の制度があり、協力会員には月額1万円で枠広告の掲載と（2021年6月に499円に値上げした）『くれえばん』20冊を送って、それを従業員や取引先に配布してもらっている。この協力会員の数も、リニューアル時には135社だったのが、今では190社余りにまで増えている。

リニューアルにより部数を増やした『くれえばん』の菅原礼美編集長

現在、『くれえばん』の編集部のスタッフは7名で、全員が取材、編集から営業まで担当している。販売収入と広告収入の比率は、協力会員が実質購入している分を販売収入に含めると、ほぼ半々となっている。『くれえばん』以外にも子育て中の母親を対象に、『くれえばんママ』という季刊のフリーマガジンを5000部発行し、市内の保育園と幼稚園に配布している。他にもコロナ禍で呉市が市内の飲食店を支援するため、市内で唯一、そうした飲食店関係の情報を持っているSAメディアラボに委託して立ち上げた飲食店情報サイト「呉グル」の運営を始め、『くれえばん』の発行を通して育まれたブランドや地域の情報の蓄積を活かして、独自に出版物を発行するだけでなく、呉市や地元の企業から紙媒体やウェブの制作やイベントの企画等を受託し、トータルでマネタイズする仕組みを構築しようとしている。さらに今後は、プロモーションビデオの制作等、映像関係の受託制作にも力を入れていきたいという。

今日、ウェブメディアやスマホを始めとしたモバイル端末の普及する中でタウン情報誌単独でのマネタイズは困難になっているが、タウン情報誌の事業を核にウェブを含む多メディア展開や自治体、地元企業からの様々なメディア制作受注を通してマネタイズする方向は大きな可能性を秘めており、ぜひこれからのSAメディアラボの取り組みに注目していきたい。

## 2. 県域タウン情報誌の取り組み

### 2-1 福岡の老舗タウン情報誌

1970年代のタウン誌ブームの中、福岡市の印刷会社である秀巧社の子会社として1975年に設立されたプランニング秀巧社が、翌1976年9月に月刊誌として創刊した『シティ情報ふくおか』（1984年3月から隔週刊）は、その後、福岡市とその周辺地域で若い世代を中心に圧倒的な支持を集めるイベント情報誌として一世を風靡した。最盛期の90年代には、ムック本等の関連出版、様々なイベントのプロデュース、地域づくりのコンサルティング、東京の出版・チケット事業会社のぴあと提携したチケット販売、採用ＰＲ会社のＵＰＵと提携した就職情報誌『LEAD福岡県企業ガイドブック』の発行等も行っていた。

だが１９９７年の角川書店による『九州ウォーカー』の発行を始め、フリーペーパーやネット等の競合する媒体が登場する中、プランニング秀巧社では2０００年に『シティ情報ふくおか』のリニューアルに踏み切る。社内を二分する議論を経て、イベント情報誌『ぴあ』をモデルにしたスタイルから、競合する『九州ウォーカー』に近い街情報に力を入れた編集にして、当時既に立ち上がっていた「ふくおかナビ」のサイトに賞味期限の短いライブ情報等は移行し、オールカラーで版型も変更した。この時、同誌の創刊メンバーで編集長や出版局長を務めた佐々木喜美代を始めとする初期からのメンバーが、かなり退社している。

だがリニューアル後も『九州ウォーカー』等の他媒体との競合による部数と広告収入の減少、そしてデジタル部門への多額の投資が利益を生まずに赤字が積み重なったことで、会社再編に向かうことになる。その際に多くのメンバーが退社したため、２００5年6月には休刊することになった。そして同年11月に『シティ情報Fukuoka CLASS』として復刊し、そこに単体でも別途配布するタブロイド判のフリーペーパーの『シティ情報Fukuoka オー！』を同梱した。翌12月に会社分割により株式会社シティ情報ふくおかを設立して、こちらで発行を引き継ぎ、プランニング秀巧社は解散となった。その後、２００7年3月にパソコン量販店のアプライドの傘下に入る。

『シティ情報ふくおか』、及び「ふくおかナビ」の統括編集長の古後大輔によると、「プランニング秀巧社とほぼ同時期に創業したアプライドは、かつて『シティ情報ふくおか』に広告を出していたこともあって、アプライドの創業者である会長は、『シティ情報ふくおか』のポテンシャルを高く評価し、買収してウェブ制作を行う自社グループ企業のアプリケイツと連携した事業の再編を考えた」という。そのためアプライドの傘下に入った当初は、アプリケイツが紙媒体とサイトの広告をセットで営業を請け負う形でサポートした（現在はシティ情報ふくおかの方で全ての広告営業を行っており、アプリケイツはサイト制作のみ請け負っている）。

　古後によると、『シティ情報ふくおか』が２０００年のリニューアル後も残していたイベント等のデータの頁やテレビ欄を外して、今日のような飲食、物販、ファッション等を中心とした完全にタウン情報誌のスタイルに移行したのは、２０１１年の9月号からである。なお読者層は、かつて『シティ情報ふくおか』の全盛期に読んでいた若者がそのまま持ち上がり、30代以上の女性を中心とした層がメインとなっている。「20代の若者は、もっぱらスマホで情報を得ており、有料のタウン情報誌を購入して情報を求める読者層の年齢が上がっている」（古後）という。

これまでに出版されたシティ情報ふくおかの様々な出版物

そのため特に20歳前後の若者を対象にした紙媒体として、別途、ストリートでのファッションスナップや若者の生き方にスポットを当てた記事等に力を入れた無料のフリーペーパー『mix』を年2回、福岡県内を中心に九州全域で発行している。ラックや手配りで配布する以外、高校、大学、専門学校等と提携して、学校経由でも配布してもらっている。

## 2-2 紙媒体を成立させるサイトとの連動と受託事業

現在、月刊の『シティ情報ふくおか』の発行部数は5万部程で、これはかつて休刊した時よりも若干少ない部数だが、シティ情報ふくおかでは、他に「ふくおかナビ」のサイトの運営、ほぼ毎月1冊のペースでムック本の発行、自治体へのコンサルティングサービスやタイアップ事業等、様々な取り組みを行っている。これらの多くはもともとプランニング秀巧社時代から手掛けていて、それを『シティ情報ふくおか』の発行と連動させて拡大したものである。

プランニング秀巧社時代は、『シティ情報ふくおか』の別冊ムックとして、『遊本九州』（ドライブ・レジャーガイド）、『九州冒険王』（レジャーパーク図鑑）といったものを年に3、4冊出していたが、近年では『家づくりの本』、『フクオカリノベ』、『美味本』等、年に12冊前後出している。「以前と大きく異なるのは、事業モデルがタイアップ広告ベースになっていて、ネットとも連動して広告収入の大きいものが発行されている」（古後）という。

「ふくおかナビ」のサイトも、かつてのように単に紙媒体の制作を通して集まった情報を掲載するのではなく、2020年から「シティ情報ふくおか＋」という、『シティ情報ふくおか』の掲載記事の中の一部の情報をより深掘りしたウェブマガジンをスタートした。「『シティ情報ふくおか』はかつて隔週刊だったのが、現在は月刊になって一定の賞味期限のある情報しか載せられなくなっており、広告クライアントのためにもそうした問題をクリアする役割を担っている」（古後）という。他にも「シティ情報ふくおかナビちゃんねる」のような映像で情報を伝えるサイト、そして別冊ムックと同じタイアップ広告の事業モデルで運営される企画物のサイトを、「ふくおかナビ」にリンクして運営しており、『シティ情報ふくおか』を核に、様々な媒体が連動してトータルで収益を確保する仕組みとなっている。

そしてこうした様々な媒体の制作から営業までを、20数名の社員で担っているが、これは「90年代のピーク時に100名以上の社員がいたので、その5分の1くらいの規模」（古後）である。シティ情報ふくおかの経営企画的な部分は親会社の方で担っており、編集担当は数名で、紙媒体からサイトまでのオリジナルコンテンツを担当する。残りの営業担当は、いわゆるBtoC営業でクライアントから受注した広告の制作のディレクションまで全て行い、社内で内製出来ないデザインについてはアウトソーシングする。

「かつて紙媒体が主体だった頃は、単に広告スペースを売ればよいだけだったが、ウェブではどんな情報をどのように加工して見せるのかという部分でのクライアントへのコンサルティングや制作のディレクションが、個々の営業担当に求められるようになっている」（古後）

今日、シティ情報ふくおかの事業の売上の中で、もっとも大きな比重を占めるのは、自社媒体の販売やBtoC営業による広告によるものではなく、自治体への企画営業で受注する自治体のサイトやカタログ、パンフレット等の制作といった広報案件で、売上の半分を占める。九州を中心に近隣の山口を始め、空路で繋がりのある地域の自治体がクライアントとなる。

2010年度に筑後田園都市推進評論会からの受託で、『ちくご散歩』という観光案内のカタログを制作した際に、社外のディレクター、カメラマン、ライター、デザイナー等のスタッフに外注していたのをきっかけに、同様のスタイルでプロジェクトごとに社外のスタッフを起用して制作をしている。「自治体が異なっても、取材する情報や加工して出す情報がある程度決まっているため、経験を積んだ社外スタッフがどこに行っても通用する形で仕事が出来る」（古後）という。

規模的には300万円から2000万円くらいで、各自治体の仕様に合わせた紙媒体やサイトを制作するが、シティ情報ふくおかの自社媒体への広告掲載併せて受注を受けることもある。「シティ情報ふくおかの自社媒体制作の経験値や福岡を中心とした地元の九州エリアでの評価の高さが、首都圏等の企業と比べて有利に評価され、受注出来た案件が多い」（古後）という。

なお受注する媒体の大半が、観光促進、あるいは移住・定住促進といった交流人口、関係人口の拡大に向けた内容のもので、いわゆる自治体の住民向けの広報誌は作成していない。その理由として「地域住民向けの広報誌は、オリジナリティが発揮しづらい」（古後）ということがあり、それよりも九州に根差したローカルメディアとしての優位性が発揮出来る分野に注力している。また福岡市を中心に県内で、自治体から委託されて制作した紙媒体を置いて配布するラック等の流通網も、これまで独自に開拓している。

## 3．タウン情報誌が生き残るために

これまで見てきたように今日残っているタウン情報誌は、多くがフリーマガジンとして配布されているが、愛知県西三河地域で地元の企業のCSR活動の一環として発行されている『みどり』のような存在を別にすると、ウェブメディアやスマホ等のモバイル端末が普及する中で広告や発行部数を減らし、単独で広告媒体としてマネタイズすることは厳しい状態である。

そうした中、広島県呉市の有料のタウン情報誌である『くれえばん』は、リニューアルによって若い世代にターゲットを拡げる形で情報量を増やすとともに料金の値上げに成功し、またタウン情報誌の発行を通して育まれたブランドや地域情報の蓄積を活かして、他の出版物の発行を含む多メディア展開、地元の企業や自治体からの紙媒体やウェブの制作受注、イベントの企画等により、トータルでマネタイズしようとしている。

これは福岡県の県域タウン情報誌の『シティ情報ふくおか』も同様で、こちらは自社媒体の販売や広告以上に、地域の観光や移住・定住に向けてシティプロモーションに取り組む自治体をクライアントにしたウェブサイトやカタログ、パンフレットの制作等の受注案件の収入が大きくなっている。

　このように地域に根差した自社制作媒体であるタウン情報誌の経験値を活かして、首都圏の広告代理店よりも有利な立場で地元の自治体に企画営業を行っていくことは、タウン情報誌のこれからの生き残りに向けて極めて重要である。

# 第6章　地方書店の存続に向けて

## 地域の読書環境を維持するために

日本の出版市場は、1996年をピークに年々縮小しており、それに追い打ちをかけるように90年代後半以降のブックオフを始めとした新古書店の進出、そして2000年代に入ってアマゾンを始めとしたネット書店の台頭によって、街中の中小書店が数多く廃業することとなった。公益社団法人全国出版協会が運営する出版科学研究所が発表した出版統計によると、日本の出版市場（出版物の推定販売金額）は1兆6168億円で、これはピークだった四半世紀近く前の1996年の2兆6563億円と比べて、1兆円以上少ない数字となっている。そして紙の出版物に限ると1兆2237億円（書籍6661億円、雑誌5576億円）で、これはピーク時の46％余りとなっている。

そうした中で近年、全国各地で地域の書店が急速に姿を消しており、過疎地を中心に無書店自治体が増えている。このように地域の書店がなくなることは、学校図書館や公共図書館の蔵書やサービスの質の低下とも重なり、地域の読書環境の悪化へとつながる。書店がない地域では、多くの大人が本を買って読む習慣を失い、子供たちの世代に悪影響を及ぼす可能性がある。

第6章では、書店のない地域が拡大する中、地域の読書環境の維持に必要な書店の存続に向けて、立地、その他の条件の異なる個々の地方書店の様々な取り組みについて考察する。

## 1．地域の読書環境の維持に必要な書店の存在

持続可能な地域社会の発展にとって、読書機会と読書環境を享受出来ることは必要な要件だが、近年、自治体の財政が厳しくなる中、学校司書が配置されない、あるいは新刊図書購入予算が充分に措置されない学校図書館は全国に多数ある。[1] 同様に自治体の財政難から、公共図書館が設置されていない自治体も存在し、また公共図書館の図書購入予算も減額されている。[2]

さらに近年では全国の書店の数が、調査会社アルメディアのデータによると2000年の2万1495店から2020年には1万1024店とこの20年間で半減[3]しており、これによって全国で過疎地を中心に書店のない自治体も急増している。また都市部でも街中の書店の減少が進み、こうした書店の減少が学校図書館、公共図書館の蔵書やサービスの質の低下とも連動して、地域の読書環境の悪化へとつながっているところもある。実際、書店がない地域では、多くの大人が（必ずしもECサイトでの購入に移行せずに）本を買って読む習慣を失い、それが子供達の世代に悪影響を及ぼす可能性を抱える。[4]

近年のこうした書店の急激な減少と無書店自治体の増加や書店のない地域の拡大が進む中、子供の

熊本市の中心市街地にある長崎書店

教育面でも重要な地域の読書環境を維持するため、今後、どのような形で地域の書店が存続していくことが出来るのかについて、実際に生き残りに向けて様々な取り組みを行っている書店へのインタビュー調査をもとに整理したい。

調査を行ったのは、都市部の中心市街地にある書店（熊本県熊本市の長崎書店）、ロードサイド型書店（静岡県静岡市の吉見書店）、ショッピングセンターの中に入居する地方チェーン書店（広島県東広島市の啓文社西条店）、過疎地の書店（広島県庄原市のウィー東城店）、そして近年新たに誕生したユニークな個人経営の2つの書店（愛知県幸田町の幸田駅前書店、埼玉県草加市のペレカスブック）である。

## 2. 地方書店の生き残りに向けた取り組み

### 2-1 中心市街地の書店の取り組み

熊本県熊本市の中心部に位置する上通り商店街は、熊本市随一の繁華街となっている。長崎書店はこの上通りで1889年に創業し、今年で134年を迎える。

日本の出版市場は1996年の2億6564億円をピークに毎年減少しており、1990年代末には出版不況が囁かれる中、政令指定都市の熊本市の中心市街地のアーケード商店街に立地する長崎書店も、街中でのコンビニエンスストアの増加による雑誌の売上の減少、郊外のロードサイド型書店やブックオフのような新古書店の進出等の影響と、それに伴う中心市街地での競合店との競争激化もあり、2000年頃には経営が悪化していた。そのため代表取締役社長の長崎健一は、2001年3月に東京の大学を中退し、統括部長として家業の書店の経営を担っていくことになった。

2006年に外商を終了して経営資源を店舗運営に特化するとともに、150坪の売場を100坪に縮小してギャラリーを併設し、その際に学習参考書や青年向けの雑誌やコミックや文庫は競合店に任せて棚を減らし、地域に根差した書店として、文芸や芸術といった人文系の書籍や郷土関係の書籍を充実させるとともに、居心地の良い書店の空間づくりを目指した。2009年に代表取締役社長に就任した長崎は、『ナガショ通信』という月刊のフリーペーパーを発行して顧客への情報提供を開始し、2014年には熊本市のかつての城下町の新町で親戚が経営していた長崎次郎書店の屋号を引き継いで2店舗体制となった。2001年には中心市街地にある長崎書店がコロナの影響による来店者の減少もあり、売場をさらに60坪に縮小して残りのスペースにテナントを入れる形でリニューアルして、今日に至っている。

「若い世代を中心にネットのサブスクリプションサービスが普及する中、人々の可処分所得や可処分時間をリアル店舗での本の購入と読書に向けてもらうのは、以前よりも遥かに難しくなっており、そうした中で街中のリアル書店としては、多くの人の話題となっている売れ筋の本を基本にしっかり品揃えし、来店者が限られた時間で店内を回遊してそれを網羅して把握出来るような棚の揃った店づくりを目指したい」（長崎）という。

長崎書店のある上通り商店街は、近隣の人達だけでなく県外からの観光客も来客する広域型商店街で、その立地を活かして長崎書店がこれまで力を入れて手掛けてきたのは、地元の作家や画家とコラボしてのトークライブやサイン会の企画で、特に２０２１年に地元の画家の作品展と併せて画集や原画の販売を行った際は大きな話題となり、その時は書店全体の本の売上を上回る絵の売上があった。

長崎書店内のギャラリーでは地元の作家や画家とコラボしてのトークライブやサイン会が開催される

「今日、どんなに立地が良い自己物件でも、今の出版流通の取引条件で人を雇用して専業書店を続けるのは経営的に成立せず、雑誌や書籍を売る以外になるべく書店と親和性のあるテナントへの不動産賃貸も含めた収益の柱を別途持った上で、持続可能で地域にとって必要とされる良い品揃えの書店を目指すことが重要」と長崎は語る。

## 2－2 ロードサイド型書店の取り組み

吉見書店代表取締役で静岡県書店商業組合代表理事を務める吉見光太郎によると、「最盛期に300店以上あった組合の加盟書店は、現在ではその3分の1になっている」という。ただ静岡書店商業組合には、蔦屋書店や丸善ジュンク堂が運営する戸田書店のような全国チェーンを始め、本の大国やBOOKアマノといった地元の大型チェーンが加盟していないため、この数字は静岡県内の中小書店の数がかつての3分の1にまで減少していることを示したものである。

熊本市同様に地方の政令指定都市の静岡市でも、2000年頃までにはコンビニエンスストアの増加による雑誌の売上の減少の影響等もあって古くからあった街中の個人経営の書店は徐々に姿を消し、吉見書店は静岡市の静岡駅近くの中心市街地の七間町に会った本店を2002年に外商部のみ残して閉店して空いたスペースをテナントに貸出し、現在は1985年にオープンした竜南店、2011年にオープンした長田店の2つの中心市街地から離れた郊外にあるロードサイド型書店と外商での営業に切り替えている。ただその後もアマゾンに代表されるネット通販の普及の影響で、「ロードサイド型の竜南店もこの20年間で、売場面積を拡張したにも関わらず、売上は3割程減っている」（吉見光太郎）という。

そうした中で吉見書店では、「車で気軽に来店可能で、様々なジャンルの本の表紙や背表紙を見て、関心を持った本を実際に手に取ることの出来る空間としての書店の魅力で勝負していきたい」と考えている。また吉見書店では、店舗販売以外に学校の教科書を始めとした書籍、文具、パソコンやプリンタ等のオフィス用品の外商が収益の柱として別途あり、中にはアマゾンから法人価格で安く仕入れるものもあるので、「ある意味でアマゾンとは競合しつつも共存している部分もある」（吉見光太郎）という。

静岡駅から車で10分程のところにある竜南店は売場面積200坪で、2005年に増設した際に20坪程のB－Rサーティワンアイスクリームのフランチャイズ店を入れて、書店とアイスクリーム店を併せて経営するようになった。また静岡駅から車で20分程のところにある長田店は売場面積220坪で、こちらは2011年のオープン時に20坪程のB－Rサーティワンアイスクリームのフランチャイズ店を入れている。吉見書店では他にもB－Rサーティワンアイスクリームのフランチャイズ店を、単独で4店舗運営している。このように書店とアイスクリームのフランチャイズ店の両方を手掛けた理由について、「有名チェーン店の接客の手法について学べ、また書店に来た客がそのままアイスクリーム店に流れて売上面で相乗効果が生まれる」（吉見光太郎）といったことがあり、現在では書店事業を支える経営面での柱となっている。

竜南店店長の柳下博之によると、竜南店は在庫数10万冊程で、平日の来客数が300～500人、休日が500～600人の規模の店舗である。売上の比率を見ると、10年前が雑誌とコミック6割、書籍3割、その他（マルチメディア商品、文具、雑貨等）1割だったのに対し、今日では雑誌とコミック5割、書籍3割、その他2割と、本でないものの売上が増えている。また10年前が雑誌とコミックの比率が6対4だったのが、その後、多くの雑誌の休刊と一方でコミック市場の拡大により、今日では4対6と逆転している。客層は7割近くが近隣の高齢者で、あとは小中学生が多く、その中間層が静岡駅周辺の大型書店の方に流れるのか、非常に少ないといった状態である。

吉見書店は全国各地の中小書店が共同で出資して立ち上げた一括して仕入れや取次へのPOSデータの提供を行うNET21に2005年から参加しているが、これは「大型書店と違って中小書店はあらゆる種類の本を揃えるわけにはいかず、自らの店舗で顧客に売れる本をセレクトしてタイミング良く売る必要があり、そのために仕入れに際して取次と交渉力を持つ必要があるから」（吉見光太郎）である。またこちらでまとめてブックカバーや本を入れる袋を調達することで、コストを削減している。

他にも吉見書店では新たな来店者の獲得に向けてSNSに力をいれており、店長がお勧めの本を紹介したり、作家の方にお願いして入手したサイン本の販売の告知を行ったりしている。また書店という場の魅力発信に向けたイベントにも力を入れており、店頭での作家を招いてのトークライブやサイン会、それから「おはなしかご」という地元の市民団体の協力を得て、未就学児とその親を対象に絵本の読み聞かせをこれまで行ってきた。

あと2004年に書店員有志による「全国書店員が選んだ　いちばん！　売りたい本」をキャッチコピーに本屋大賞がスタートしたが、この本屋大賞の地方版として静岡県の主に中小書店の有志によって2012年にスタートしたのが静岡書店大賞で、2013年からは書店員だけでなく図書館員も投票に参加して、今日まで継続している。第1回から実行委員を務める吉見書店常務取締役の吉見佳奈子は、「第8回静岡書店大賞でそれまで注目されていなかった作品が小説部門大賞の受賞をきっかけに話題となり、多くの人に知られて文庫本化に至ったが、こうした良い本が売れるように県内の書店員と図書館員が協力して、読者と本の新しい出会いを生み出していきたい」と語る。こうした個々の書店とは別に書店員有志による地域の読者にお勧めの本をマッチングする取り組みは、地域の読書習慣の維持に向けて重要なものである。

## 2-3 ショッピングセンターに入居する地方チェーン書店の取り組み

広島県尾道市で1931年に創業した啓文社は、その後、県内各地に出店し、最盛期の2000（ゼロ）年代は岡山市に出店した店舗も含めて20数店で推移したが、2010年代には本の売上の低下とともに規模の小さい不採算店の閉店やコンビニ等への業態変更が進み、現在では書店として営業しているのは11店である。またカフェや室内遊園地やフィットネスジム等、書店以外の事業も手掛けるようになっている。

広島県内の地方チェーン書店としては、他に広文館、フタバ図書があったが、広文館は経営不振で2018年に取次のトーハンが設立した廣文館という会社に事業譲渡して解散し、廣文館が不採算店の閉店等による経営の見直しを行って存続することになった。またフタバ図書も経営不振で2021年に広島県が出資して設立した投資ファンドの運営会社であるひろしまイノベーション推進機構に事業譲渡し、新たに蔦屋書店等の出資を得て設立した新会社に事業移管して存続することとなった。フタバ図書は実質的に蔦屋書店の傘下に入るが、啓文社もレンタルビデオ事業を行っている店舗に関しては、ＴＳＵＴＡＹＡのフランチャイズに加盟している。

啓文社は１９８３年に日本で最初のロードサイド型書店を出店したことで有名だが、その後はショッピングセンターへの入居も積極的に行っている。広島大学のある東広島市のショッピングセンターのゆめタウン東広島にオープン当初の１９９０年に入居した啓文社西条店は、１８０坪程の広さの書店で、学生が授業で使う専門書は大学生協に敵わないものの、平日はシニア層、休日はショッピングセンターを買い物で訪れるファミリー層を主な顧客に必要な品揃えをしている。啓文社西条店店長の三島政幸によると、「ショッピングセンターを利用するリピーターが顧客のため、売場はなるべく1週間単位で細かく模様替えするよう努めている」という。

三島は啓文社西条店の前は呉市の啓文社ゆめタウン呉店という今と同じようなショッピングセンター内の店舗に長くいたが、「２０１０年頃からネットの普及による雑誌離れとそれにともなう休刊等で雑誌の売上が減少したことが、書店経営を圧迫している」という。また来店者も、「昔は雑誌の発売日に来店して、ついでに他の書籍も見て購入したのが、今ではコミックの新刊の発売日に来店して、ついでに他の書籍も見て購入するといった形に、購買様式が変化している」（三島）という。

こうした中、啓文社では売上を確保するためにこれまで会員カードのポイントをアップするキャンペーンや、各店舗の雑誌や文庫等のジャンルごとの担当者同士での情報交換を行ってきたが、近年、特に力を入れているのが、自社サイトと無料で活用出来るTwitterを始めとしたＳＮＳでの本に関する情報発信である。

啓文社のサイトでは、自社の店舗で毎週売れた本を集計して「週間ランキング」の形で発表する以外に、「おすすめの本」のコーナーを設け、こちらでスタッフブログを含めてスタッフによる本の紹介がおこなわれている。そしてそこから取次の日販のネット書店「ホンヤクラブ」に誘導して、啓文社の各店舗を受け取り店に購入してもらい、啓文社はインセンティブを受け取る仕組みを構築している。アマゾンで購入するとプレミアム会員以外は送料がかかるが、書店受け取りにすることで、送料無料で会員カードのポイントが付き、これによってアマゾンに対抗しようとしている。

また三島を始めとするスタッフは、SNSでも頻繁に情報発信しており、「若い世代を中心とした本離れはあっても、テキスト離れしているわけではなく、また有名人に限らず書店員がSNSを通して、入荷情報やイベント情報以外に本の魅力を多くの人に訴えることは充分に出来る」（三島）という。

他に啓文社が手掛けている独自の取り組みとして、催事事業部によるアウトレットブックの販売がある。これは発行されてから一定の期間が過ぎて出版社が見切りをつけた本を格安で仕入れ、ショッピングセンターのイベントスペース等でアウトレットブックとして定価よりも安く販売するもので、啓文社は他社に先駆けてこの事業に参入したため、西日本エリアでシェア№1となっている。店舗販売の売上が年々減少する中、利益率の高いアウトレットブックの販売が会社の収益を支えている部分がある。

あと広島県でも三島が中心となってTwitterで県内の書店員に呼び掛けて、2011年に広島本大賞がスタートした。こちらも静岡書店大賞と同様、有志のボランティアで今日まで継続している。

## 3. 過疎地の書店の生き残りに向けた取り組み

これまで地方書店の中でも都市部の中心市街地にある書店、ロードサイド型書店、ショッピングセンターの中に入居する地方チェーン書店の生き残りに向けた取り組みについて見てきたが、今日、書店のない地域が急速に拡がっているのが大都市から離れた過疎化の進む地域で、こうした過疎地の多くが学校図書館、公共図書館の蔵書やサービスが充分でないことと重なり、書店がなくなることで地域の読者環境は大きく悪化する。そんな過疎地にあって地域の情報拠点としての役割を担って注目されているのが、広島県庄原市のウィー東城店である。

広島県庄原市は、県北東部の中国山地の中に位置し、2005年に1市6町が合併して今の自治体となった。この地域の人口は1990年には5万人を超えていたが、現在は3万2000人程にまで減少し、急速に過疎化が進んでいる。この庄原市の岡山県との県境の山間にある旧東城町にある書店が、ウィー東城である。ウィー東城の主な商圏となる旧東城町の人口は、現在、7000人程である。

店長の佐藤友則によると、「隣接する広島県神石高原町でよろずやを営む父親が、1998年に2店舗目として旧東城町に出店したものの、2001年に経営が悪化して、修行先の名古屋の書店から

地域の人々に寄り添って生活に必要な様々な商品やサービスを提供するウィー東城

戻って店長をすることになった」という。そして佐藤が試行錯誤しながら取り組んだのは、徹底して地域コミュニティに寄り添う書店を目指すことだった。

ウィー東城の売場は100坪程で、かつてはその内の60坪が本売場だったが、今は45坪程になっている。ただ入り口を入ると7割方、本の売場に見えるようにレイアウトの工夫をしている。本以外には、CD、文具から雑貨、タバコ、マスク、靴下等に至る様々な商材を扱っている。児童書や料理本や女性誌等の女性向けの棚の近くには、子供連れの母親をターゲットにした化粧品コーナーがあり、店の奥にはエステルームがある。他に地元の物産やアクセサリーやさらには中華料理の冷凍食品の置かれたコーナー、コーヒーの飲めるスペース、コインランドリーもある。またレジの中には複合機が置かれ、農産物のラベルから年賀状の印刷まで請け負っている。

このようにウィー東城では、地元の人達の日常生活に関連した本と併せて、関連する商品やサービスを一通り揃えている。「地域に住む来店者とはお互いに顔の見える関係なので、日頃の付き合いを通して何を必要としているかわかり、また頼まれた商品やサービスは、費用対効果が見込めそうなものなら全てチャレンジして顧客対応している」（佐藤）という。

ウィー東城は、アマゾンがネット書店を通して獲得した顧客を囲い込んでそのライフスタイルに必要な様々な商品やサービスを販売するのと同様のことを、高齢化と人口減少で疲弊した過疎地の地域のコミュニティを再生することを目指して、リアル店舗で取り組んでいる。ウィー東城では、売場面積当たりで通常の書店の1・5倍のスタッフを配置し、アルバイトも含めて来店者とはアパレルショップのように時間をかけて会話して、個々のニーズを汲み取り、本やそれに関連した商品やサービスを提供することに務めている。

多くの書店が経営難でスタッフの数を減らして人件費を削る中で逆行する取り組みだが、ウィー東城ではアマゾンのようなネット書店に対抗して差別化するため、ネット書店には出来ないリアル書店ならではの顧客との直の対話を通したコミュニケーションを重視している。そのため希望があれば、閉店後に書店のスペースを提供して、これまでトークライブ、ミニコンサート、料理教室等の様々なイベントを数多く行い、地域を盛り上げるとともに地域の人々との関係を深めて来た。また「地域の子供達とは、手品を披露したりして仲良くなり、彼らが生涯に渡ってウィー東城の顧客となるよう努めている」（佐藤）という。

ウィー東城の来店者は1日150人程で、主婦層を中心に高齢者から子供まで訪れる。そうした地域の様々な層に合わせて、料理とかイラストとか特定のテーマのコーナーを設けて、ブックフェアを行っている。また個々の本に挟んだスリップが浮いているかどうかで、どんな本が購入に至らなくても立ち読みされたかどうかをチェックし、顧客のニーズの把握に努めている。また地方の中小書店の場合、ベストセラー本がタイミング良く必要な冊数入荷出来るわけではないので、平台にはベストセラー本よりもロングセラー本を置いて、それをブックフェアでいかに売るかに力を入れている。そして顧客の要望に極力応えるため、必要な冊数入荷出来ないベストセラー本については、佐藤自ら県内の大型書店を車で回って図書カードで購入して集めたものを、自らの店舗に並べて提供するようにしている。

もう1つウィー東城が行っているユニークな取り組みとして、アメリカのアマゾンに出店して、そこで漫画やアニメやゲーム等の日本の文化に関心のある人達を対象に、日本語の学習書やフィギュアやコミックの画集等を販売する事業で、こちらは現在、年間数千万円の売上があり、ウィー東城の経営を支える大きな柱となっている。

## 4．近年誕生した個人経営の書店の状況

### 4－1 地方チェーン書店から独立して開業

近年、全国各地で多くの書店が廃業する一方、新たに大都市圏の近郊では一部でユニークな個人経営の独立系書店が誕生している。その多くは他の書店で経験を積んだ人が独立して立ち上げたものである。愛知県幸田町のＪＲ幸田駅の駅前にある10坪程の幸田駅前書店は、愛知県名古屋市に本社のあ

るチェーン書店のあおい書店から独立した藤城博基が、２０１４年に立ち上げた書店である。

大学で落語研究会にいた藤城は、卒業後に旅行会社に勤めたものの、落語家を目指して退職し、結局、落語家になれずに家業の手伝いをしていた時に、求人誌で書店員の募集を見て、本が好きだったことから応募して採用された。もともと独立志向が強かった藤城は、何年か修行するつもりであおい書店に入社したが、結婚して家族も出来たことで、18年間勤めることになる。そしてやりたいことをやるために独立した藤城は、「自分のワールドをもとに、好きな舞台空間を様々な個性を持ったお客さんを主役に空想して設定してつくるイメージで、自らの表現の場として書店を立ち上げて経営している」という。そのため幸田駅前書店は、人口4万２０００人余りの町の書店としては極めて異例な、様々なジャンルのニッチでコアなマイノリティの人達を対象にした本が置かれており、個人の自宅の蔵書に近い棚の配置となっている。

様々なジャンルのニッチでコアなマイノリティの人達にイベントスペースを提供する幸田駅前書店

幸田町は名古屋の中心市街地から1時間圏内のベッドタウンで、町内には工業団地もあって人口は減少していないが、そうした地元の状況と関係なく、常連客の多くは幸田町の外の愛知県内、さらには県外各地から来ている。もちろん様々なジャンルのニッチでコアなマイノリティの人達を対象にした本は大型書店にも置かれているが、幸田駅前書店はそうした本を求めて来店した人を相手に、藤城が街中の喫茶店やスナックのマスター的な立ち位置で話し相手を務めることで、リピーターを獲得している。「本を買って読みたい人の多くは、その本の内容について誰かと話したいという欲求も併せて持っているものの、大型書店では店員との間で会話が発生せず、それに対して幸田駅前書店では来店者が店主とトーク出来る書店を目指している」（藤城）という。SNSでの発信にはあまり力を入れておらず、新規来店者の多くは口コミでその存在を知って訪れる人達である。

幸田駅前書店の来店者は1日10～15人程で、年齢層は若者から高齢者まで様々である。幸田町の外から来る来店者以外に、近隣の人が野菜等の差し入れを持って、主に会話目的で訪ねてくることもある。幸田駅前書店ではベストセラー本や小説は置かず、ロングセラー本や常連客のニーズに合ったマニアックな本を置いている。店の真ん中には書架でなく机が置かれていて、イベントスペースとして貸出ており、様々なトークイライブや読書会や音楽ライブとかが不定期に行われ、口コミで集客している。幸田駅前書店でイベントを行うグループは20余りあり、中には毎月行っているグループもある。「イベントの売上が全体の3割を占め、その分で家賃や様々な経費を賄っており、残りの本の売上の内、地域の病院や店舗への雑誌の配達がかなりの部分を占めている」（藤城）という。

幸田町にとってもこうした書店の存在は重要で、「町長を始め役場の職員が駅前に書店を存続させたいという想いもあってか、町で行うイベントの相談等で店を訪れることがある」（藤城）という。

今日、新刊書の売上だけでは個人経営の独立系書店の存続が難しい中、藤城は地域コミュニティ、そして本を媒介した様々なテーマ型コミュニティと密な関係を構築し、そうしたコミュニティの人達にとって必要な空間を提供することで、自らのライフワークとしての幸田駅前書店の存続を考えている。

## 4-2 副業で書店経営を維持

埼玉県草加市の旧日光街道沿いにあるペレカスブックは、イラストレーターの新井由木子が2016年に立ち上げた、売場面積が5坪程で在庫数200冊余りのミニ書店で、他の店主が経営するカフェと同じ建物の中に隣接して入居している。

文芸誌の挿絵や絵本の制作を手掛けていた新井は、「開店する時は主に絵本を扱う書店を構想したが、来店者の多くが市内にキャンパスのある獨協大学を始めとした大学の学生で、ジェンダー関係からカフェ&グルメ関係に至るまで、そうした来店者との会話を通して知ったニーズのある面白い本を中心に、一般書の品揃えを増やしていった」という。ペレカスブックのように店主の個性で品揃えをしている個人経営のユニークな書店は、最初から間口が狭く、そこに置かれている本が好きな人を常連客として掴むことが出来ればやっていけるため、都市部では一般の書店が減少する中、各地で新たに誕生している。

ただペレカスブックの本の売上は、開店した初年度で年間100万円程、今でも年間200万円程である。取次は子供向けの本は子どもの文化普及協会、それ以外はトランスビューという買い切りのところを使うか、出版社と直取引しているので、掛け率は多少良くなるが、この売上では書店経営はまったく成立しない。書店としてだけでなく、本以外のより利益率の高い商品やサービスを提供し、トータルで採算を確保することが必要になる。ペレカスブックでは、イラストレーターの新井が自ら制作した地元のランチスポットやパン屋を紹介した「草加を歩きたくなる地図」、栞やブックカバー、本箱、トートバッグ、麦わら帽子等のオリジナル製品を販売したり、カフェのスペースを借りてイベントを開催したり、また新井個人が地域の事業者や自治体からデザインの仕事を受注して、本の売り上げを上回る収益を得ている。新井は、「本の魅力とSNSの発信で集客して、併せて副業の売上を確保しないと、こうした個人経営の小さな書店は成り立たない」と語る。

ペレカスブックで行っているイベントとして、読書会やゲストスピーカーを招いてのトークライブがある。読書会は参加費1500円で、その内、1000円分はペレカスブックで使えるクーポン券を購入してもらう形にしている。トークライブでは、女性落語家を招いての落語のイベントが人気で定期開催しており、毎回、遠方から来る人も含めて30人程が参加している。

## 5. これからの書店の存続に必要な取り組み

### 5-1 地方書店が存続するために

これまで6つの異なるスタイルの地方書店について見てきたが、まず地方都市の中心市街地にある中小書店は、90年代後半から街中でのコンビニエンスストアの増加による雑誌の売上の減少、そして同じ街中への新古書店の進出や郊外へのロードサイド型書店の進出によって、ネット書店が登場する以前に、既に苦境に立たされてその数を減らしていった。そして郊外のロードサイド型書店やショッピングセンターに入居した書店も、2010年代にはネットの普及による雑誌離れで雑誌の休刊が進み、また若い世代を中心とした本離れやネット書店との競合もあって売り上げを減らしている。特に今後、電子書籍のサブスクリプションサービスが普及すれば、さらに大きな影響をリアル書店に与えることになろう。

長崎書店の長﨑健一社長が語るように、今日、どんなに立地が良い自己物件でも、今の出版流通の取引条件では、人を雇用して経営する専業書店は成立しない状況になっている。そのため中心市街地の中小書店は、売れ筋の本を品揃えして、来店者が店内を回遊して網羅して把握することの出来る居心地の良いコンパクトな空間を目指し、余ったスペースを使った不動産賃貸や教科書等の外商も含めて他の収益の柱を確保して、地域の多くの人達にとって必要とされる書店を目指すことが、存続に向けて必要な戦略になろう。

なお今の出版流通の取引条件では専業書店の経営が成立しない問題に対応するため、吉見書店を始め全国各地の中小書店が参加する、一括仕入れ等による取次との取引条件（正味）の向上を目指したNET21の取り組みは重要だが、ただこれだけでは書店経営は成り立たない。郊外型の書店は、ショッピングセンターに入居しているところは別にして、書店単独ではなく書店と親和性のある店舗事業を併せて行い、来店者が相互に流れる仕組みを構築して、書店経営を支えることも必要になろう。レンタルビデオ事業やカフェの併設等を行っているところが多いが、吉見書店によるアイスクリームのフランチャイズ店と併せた運営も、そうした取り組みの1つである。また店舗事業以外にも収益の柱を確保出来ればさらに望ましく、啓文社のアウトレットブック販売は、ある意味で新刊書店が新古書店の事業に進出する取り組みだが、その利益率の高さが全体の経営を支えることになった。

そしてリアル書店に来店してもらうためのフリーペーパーやSNSを始めとするネットでの情報提供は、今後、ますます重要になる。これは単に書店のスタッフがお勧めの本の魅力を紹介するだけでなく、自社の店舗で売れた本を集計した週間ランキング等の情報提供も有効で、また啓文社のようにそこから自社の店舗を受け取り店にポイントサービスを提供する形のネット通販に誘導する仕組みも、アマゾンへの対抗手段となる。

さらに街中の書店から郊外型の書店まで、リピーターとなる顧客との関係強化に向けて力を入れているのが、作家を招いてのトークライブやサイン会と関連商品の販売、未就学児とその父母を対象にした絵本の読み聞かせ会等のリアル書店でしか出来ないイベントで、こうした書店イベントは書店という場の魅力を多くの人に伝えるものになる。

## 5-2 過疎地で書店が存続するために

地方都市の中心市街地やその郊外に立地する書店以上に厳しい状況にあるのが過疎地の書店で、今日、こうした過疎地で無書店自治体、あるいは書店のない地域が急速に拡がっている。学校図書館、公共図書館も充実していない過疎地で、地域の情報拠点として読書環境を支える役割を担っているウィー東城は、本を媒介した地域のよろずやとして、地域コミュニティで暮らす人々の生活に寄り添い、彼らの抱える様々な課題解決に取り組み、ある意味で公共図書館が担うレファレンスサービスからビジネス支援までを、書店のビジネスに取り込んでいる。

ウィー東城の佐藤友則は、アマゾンが書店を通して囲い込んだ顧客のライフスタイルに必要な商品やサービスを提供するプラットフォームとして果たしているのと同様の役割を、過疎地の地域コミュニティの再生のためにリアル店舗で担おうとしている。地方都市の中心市街地やその郊外の書店と異なり、地域の住民全てが顔の見える顧客となるため、ネットでの情報発信は重視しておらず、来店者とのリアルなコミュニケーションを重視し、そして書店イベントは、閉店後のスペースを利用してトークライブから音楽ライブまで様々な内容のイベントを行い、書店が地域コミュニティで暮らす人々のサードプレイスになっている。

また地域外でアメリカのアマゾンでの通販を店舗事業以外の収益の柱にしており、過疎地の書店の理想的なモデルとして、近年では全国各地から視察に訪れる書店関係者も多い。

### 5－3 個人経営書店が存続するために

ウィー東城が地域コミュニティに密着することで地域と一体となった書店の存続を目指すのに対

し、必ずしも地域に限定しないテーマ型のコミュニティに密着することで書店の存続を目指すのが、近年、大都市圏の近郊で誕生しているユニークな個人経営の独立系書店である。

こうした個人経営の書店は、店主が自分のワールドをもとに書店の空間をデザインし、サブカルチャー等の特定のジャンルに関心のあるニッチでコアな層を常連客に抱え、書店が発信するSNSの情報以上に口コミでその存在を知って訪れる地域の外からの来店者も多い。そして店主と来店者との会話によるリアルなコミュニケーションが、リピーターの獲得に大きな意味を持っている。また閉店後に、トークライブや読書会や音楽ライブ等のイベントが頻繁に行われ、それが書店の収益の柱になるとともに、地域の外と繋がるサードプレイスとしての空間を育んでいる。

ペレカスブックではイラストレーターの店主の制作した雑貨等も販売されている

またペレカスブックのように、本を購入する顧客が想定出来るため、買い切りや出版社との直取引で掛け率を良くするとともに、本よりも利益率の高い自家製の雑貨等の商品やサービスを提供し、副業の売上と併せてトータルで経営を成立させている。

こうした地域コミュニティとともにテーマ型のコミュニティにも依拠した個人経営の書店は、今後、出版不況が続く中でも新たに誕生する可能性があり、大型書店には品揃え以外で真似の出来ない、特定のジャンルに関心のあるニッチでコアな顧客のコミュニケーションのニーズを満たす場として、存続していくことだろう。

## 6．地方書店が担う地域の情報拠点としての役割

地域の読書環境を維持するため、地域の書店の存続に向けて必要な取り組みについて整理したが、特に大都市圏と教育・文化環境の格差が広がる過疎地において、ある意味で公共図書館が担うべき地域の情報拠点としての様々な役割を、充分な予算措置のされない図書館に代わって地域の書店が担い、地域に必要な存在となっているケースが見いだせたことの意味は大きい。ただウィー東城の成功は店主の佐藤友則の属人的な力によるところが多分にあり、今後、他の過疎地でこうした書店を誕生させることがどれだけ出来るかは大きな課題である。また個人経営の独立系書店が新たに誕生して成立している背景に、地域コミュニティとその外のテーマ型のコミュニティにまたがる交流の場としての役割を担うことで、ニッチでコアなファン層に必要な存在となっていることもわかった。

地方都市の中心市街地、あるいはその郊外に立地する中小書店、地方チェーン書店は、上記のような地域コミュニティ、あるいはテーマ型のコミュニティに密着したサードプレイスのような場を提供することは困難だが、それでも書店以外の収益の柱を確保しつつ、可能な限り地域に寄り添うこと

で、今後とも書店が地域にとって必要な存在として存続していくことは充分に可能と思われる。

特にこうした書店が行う絵本の読み聞かせのような地域の子供達が本に関心を持つきっかけをつくるイベントは、その後の読書習慣を育む上でも重要である。

あと個々の書店の存続に向けた取り組みとは別に、静岡書店大賞、広島本大賞のような地域の書店員有志が連携して、書店の現場から本の魅力を多くの人に伝えて、書店に足を運んでもらおうとする取り組みが各地に拡がっていることは、書店の存続とその地域で暮らす人々の読書習慣の維持に向けて大いに期待される。

注

1　全国学校図書館協議会の調査によると、２０１０年度の学校図書館の１校あたりの平均図書購入費は、小学校56・３万円、中学校72・１万円、高等学校84・２万円だったが、２０２０年度は小学校47・０万円、中学校59・８万円、高等学校71・７万円と減額になっている。（https://www.j-sla.or.jp/material/research/gakutotyousa.html）

2　日本図書館協会の調査によると、公共図書館の資料費の予算額は、１９９９年度の３５０億７３８８万円をピークに、２０２２年度には２７６億４３２５万円に減少している。（https://www.jla.or.jp/library/statistics/tabid/94/Default.aspx）

3　公益社団法人全国出版協会出版科学研究所のサイトで公開しているデータによる。（https://shuppankagaku.com/knowledge/bookstores/）

4　学研教育総合研究所の白書シリーズＷｅｂ版「小学生白書」の調査データによると、全国に２万店以上の書店があった１９８９年には、小学生の１カ月の読書量は平均９・１冊だったのが、四半世紀後の２０１４年には平均５・６冊にまで徐々に減少し、さらに近年では２０２０年に平均３冊（他に電子書籍０・４冊）と急激に減少している。２０２０年の調査で小学生の87％は電子書籍を読まないため、多くの小学生は電子書籍に切り替えたわけでなく、読書をしなくなっている。（https://www.gakken.co.jp/kyouikusouken/whitepaper/index.html）

そしてちょうどこの時期、読売新聞（夕刊２０１５年９月14日号）が日本書籍出版協会の資料をもとに、全国の自治体の２割弱に相当する３３２の自治体が無書店自治体であることを報じ、さらに２年後に朝日新聞（２０１７年８月24日号）がトーハンの資料をもとに、無書店自治体の数が４１７にまで増えたことを報じて、無書店自治体の急増が大きな話題となり、生活圏に書店がないことによる若年層の読書習慣への影響が論じられるようになった。

# 第7章 地方書店・古書店の多様な取り組み

## 新たな書店のビジネスモデルとは

第6章でみたように、近年では出版市場の縮小とネット書店の急成長にともない、リアル書店の数も総売場面積も大きく減少しており、書店のない自治体が全国各地で増える等、地方の出版流通は苦境に直面している。

第7章では、まず地方書店への支援の取り組みとして、NPO法人本の学校とコア・アソシエイツによる北海道書店ナビを取り上げたい。2022年3月に設立10周年を迎えた鳥取県米子市のNPO法人本の学校は、「生涯読書活動」の推進、「未来の出版モデル」の創造、次世代「出版業界人」の育成、「地域の学びの場」の拡充に取り組み、これまで多くの書店人を育成してきた。NPO法人としての歴史は10年余りだが、その活動の前史は30年余り前に遡る。また全国的に見て人口減少の影響もあって書店の廃業が著しい北海道で、地元取次のコア・アソシエイツによる書店紹介サイトの北海道書店ナビの運営は、地方の取次の取り組みとしては他に例のない貴重なものである。

さらに今後の地方書店の新たなビジネスモデルの可能性について、書店による読者のための選書と、今日、全国各地に拡がりつつある棚貸し書店について紹介する。

また地域の読書環境の維持に向けて、地方での古書流通についても、今世紀に入って新たに創業された若い世代の店主が運営する北海道の古書店の事例をもとに見ていく。北海道はブックオフが誕生する前の１９８０年代に、ブックス二分の一のような新古書を半額で販売する店舗が生まれる等、ある意味で古書流通の先進地でもある。そして近年、新古書店やネット書店の登場の影響を受けて、以前からある古書店が廃業する一方で、新たに地方として誕生した個人経営のユニークな古書店の活動について紹介する。

最後に古書店とは別に、市民による古書のリサイクルを通した読書環境の整備に向けた取り組みについても見ていく。

## １．地方書店を支援するＮＰＯと取次

### １－１　地方書店が設立したＮＰＯ法人本の学校

山陰地方で最大規模の書店グループである鳥取県米子市の今井書店グループの創業は１８７２年で、それから１２０年後の１９９２年11月に、今井書店グループ創業１２０周年事業として「本の学校」構想が発表された。翌１９９３年に「本の学校準備会」（山陰運営委員会、東京運営委員会）が設立

され、1995年1月、米子市で実習店舗であるブックセンターとメディア館、研修室、多目的ホール、子ども図書室、本の博物室、図書室等を備えた本の学校が誕生した。

そして本の学校では、地域の人々の生涯読書を推進するための「おはなしタイム」、「生涯学習講座」、「生涯読書をすすめる会」といった読書推進・読書環境整備研究事業、出版界や図書館界のあるべき姿を問うセミナーやシンポジウムとして「公開講座」、「大山緑陰シンポジウム」といった出版文化研修研究事業、出版業界人や書店人の研修講座を行う出版業界人育成事業を柱とする活動を展開していった。

特に1995年から1999年にかけての5年間、「地域から描く21世紀の出版ビジョン」をテーマに開催された「大山緑陰シンポジウム」は、全国から出版業界や図書館業界関係者から一般の読者まで本に関心のある様々な人が参加し、出版文化の現在と未来について語り合う場として機能し、またその内容は『「本の学校」大山緑陰シンポジウム記録集』として出版され、当時の出版界についてどんな議論がされたのかを記録した貴重な資料となっている。そして2000年には、東京の神田神保町で、「本の学校・大山緑陰シンポジウム.in東京」実行委員会が中心となり、出版業界の抱える課題について話し合う「本の学校・神保町シンポジウム2000」が開催された。

さらに2006年から東京国際ブックフェアに合わせて、その会場で「本の学校・出版産業シンポジウムin東京」が毎年開催されるようになり、2009年に今井書店グループと本の学校は、「地域から」を原点に、米子で「生涯読書の推進」「出版界や図書館界の明日を問うシンポジウム」「職能教育としての業界書店人研修」に努めてきたことに対して、第57回菊池寛賞を受賞した。

２０１２年３月、本の学校はＮＰＯ法人となり、「本の学校準備会」設立以来の懸案であった「独立・法人化をもって正式開校とする」という目標の実現に、第一歩を踏み出すこととなった。そして今井書店グループでは創業１４０周年を記念して同年10月、本の学校の実習店舗である本の学校今井ブックセンターが増床してリニューアルオープンし、館内にカフェ＆読書スペースを設けた。こちらは２０１８年４月に、「本と暮らしの店」をテーマに雑貨とカフェが複合した店舗となっている。

鳥取県米子市の本の学校今井ブックセンター

かつて本の学校の立ち上げの中心人物だった今井書店グループ相談役でＮＰＯ法人本の学校顧問の永井伸和は、「こうした従来型の書店から、本と人とのコミュニケーションを通して地域文化を育む空間を目指すことで、本の売り上げが減少する中で新しい客層を確保するとともに、その中から新たな本との出会いが生まれ、本の学校が取り組む生涯読書活動の推進にもつながることを期待している」という。
ＮＰＯ法人本の学校では、「生涯読書活動」推進事業として「生涯読書をすすめる会」を運営しており、本の学校今井ブックセンターホールでの毎月1回の定例会の開催、各種講演会の実施、年2回の会報誌「Book&Life」の発行等を行っている。

また「出版の未来像」創造事業として、毎年、東京国際ブックフェアに合わせて「本の学校・出版産業シンポジウムin東京」を開催している。そして「出版業界人」育成事業として、本の学校今井ブックセンター研修施設での年1回の出版業界人基本教育講座（春講座）や、東京で年数回の連続講座「本屋の未来を創造する」を開催している。

もう1つ「学びの場」拡充事業として取り組んでいるのが、知による地域づくりで、こちらは米子出身の経済学者である宇沢弘文について学ぶ「よなご宇沢会」と連携し、講演会等を開催している。

本の学校・郁文塾の元事務局長の井澤尚之は、「NPO法人本の学校では、全国の出版社、取次、書店、図書館関係者に会員となってもらい、出版業界人の育成による新たな出版モデル像を提示することを目指しているが、年に数回の米子と東京での講座やシンポジウムを通してだけでは情報の提供が充分でなく、今後、どのように参加した方とのネットワークを強化して活動の裾野を広げていくかが課題」という。

コロナ前の2019年に行われた本の学校の春講座の米子以外（山梨県立図書館）での開催、コロナ禍でのオンライン開催等を経て、今後、どのように本の学校の活動が展開され、特に苦境に直面する地方書店の支援につながっていくのか注目していきたい。

## 1－2 取次による書店紹介サイト

札幌市のコア・アソシエイツは、北海道アルバイト情報社のアルバイト情報誌『アルバイト北海道』の配送を行う出版取次として1981年に創業した。創業時から代表取締役である麻生榮一によると、1970年代に札幌市では多くのタウン誌や情報誌が誕生し、書店やキヨスクで販売されていた。そして当時、地元の出版社は東京に本社のある大手取次に頼って配送するか、あるいは自社で直接配送するかのどちらかだったが、ただ大手取次の配送は東京の新聞・出版社が出す週刊誌に合わせて行われ、地元の出版社が迅速に自らの情報誌を配送することが難しかった。そうした中で麻生は、地元で最も売れていた『アルバイト北海道』を迅速に札幌周辺の250店余りの書店やキヨスクに届けるため、出版取次の事業を手掛けることになった。

麻生によると、「創業した当時、道内にキヨスクは150店程、書店はおそらく今の倍以上の1000店近くあったと思うが、80年代にはコンビニが急速に店舗数を増やし、これによって個人経営の中小書店が雑誌の売上を減らした」という。コア・アソシエイツでは雑誌を扱う地元の取引先の出版社を増やし、コンビニへの配送も手掛けるようになり、またそれまで出版社と直取引をしていた大型書店も、コア・アソシエイツを通して出版社と取引するようになった。

90年代に入るとコンビニはますます店舗数を増やし、また郊外のショッピングセンターへの大型書店の入居やブックオフのような新古書店の進出により、個人経営の中小書店の廃業が目立つようになった。さらに2000年以降は、アマゾンのようなネット書店の急成長と雑誌を中心とした出版市場の縮小により、中小書店だけでなく大型書店も苦境に陥った。こうした中で今日、唯一、勢いのあるのが、書籍、CD・DVDから様々なグッズや食品の販売、そしてカフェ&レストラン機能が全て一体となったコーチャンフォーのような大型複合店くらいである。

2020年の時点で北海道内179の自治体の内、書店のない自治体は全体の31％の58市町村に及び、また2019年にコア・アソシエイツと取引のあった書店は441店だが、それが廃業や倒産等で2020年には92店少ない349店になっている。「個人経営の中小書店で残っているのは、地域に密着して商売している店がほとんどで、頼まれた本が入荷したらお得意さんに届けるといった独自のサービスを行っているところもあるが、ただ店主が高齢化して跡継ぎがいないため、近い将来、そうした書店はほとんど廃業するか、あるいはブックカフェのような形にして縮小して営業していくことが想定される」（麻生）という。

コア・アソシエイツでは現在、取引先の中で書店は全体の1割程で、他に3000店程のコンビニと500店程のドラッグストア、スーパー、キオスク等と取引している。ただ人口減少と高齢化の進む北海道では、コンビニの数も既にマイナスに転じている。

コア・アソシエイツでは、大手取次のようにやみくもに中小の書店に本を送るのではなく、個々の書店の特徴を見極めて選んだ本を送ることや、オーダーに合わせて本を送ったり、店舗に合ったPOP広告を提案したりすることで、中小の書店を支援してきた。そうした書店支援の取り組みの中で特に注目されるのが、北海道書店ナビのサイトである。

北海道書店ナビは2010年10月に道内の書店を紹介するサイトとしてスタートし、北海道アルバイト情報社の元編集者だったフリーライターの佐藤優子が、10年以上にわたってほぼ毎週、記事を書いてきた。取材はライターの佐藤と、写真撮影を担当するコア・アソシエイツの社員の2人で行い、その社員がサイトの更新も行う。また北海道書店ナビのサイトとは別に、はてなブログでも同じ内容の記事を紹介している。

北海道書店ナビでは最初の頃は、道内の各書店について書店員へのインタビューを通して売れ筋商品や店の品揃えの特徴等を紹介したが、ただ回数を重ねる内に毎回、個々の書店の他と異なる個性を伝えるのが難しくなり、そのため2015年5月の第222回からスタートしたのが、「5冊で『いただきます！』フルコース本」という企画である。これは書店員が腕によりをかけて選んだワンテーマ5冊のお勧め本を、フルコースの料理に見立てて、前菜からデザートまでの順に紹介していくものである。そして当初は書店員が選んだ5冊を紹介していたが、途中から書店員だけでなく、出版編集者、図書館司書、さらには特定の専門分野を持った本について語れる人にも選んでもらうようになった。また他にも出版社、図書館、ブックカフェ、古書店、本にまつわる様々なイベントの記事等も掲載するようになっている。

「北海道書店ナビは、出版・書店業界を応援するだけでなく、地域の応援にもつながる内容の記事を書くことを心掛け、また広く浅い内容ではなく、業界関係者も含めて本当に本好きの人に伝わるかなりマニアックな内容のものになっている」（佐藤）という。

またコア・アソシエイツでは、「どこか良い条件で店舗スペースを確保することが出来れば、北海道書店ナビで紹介した本を専門に扱うアンテナショップのような書店もぜひ立ち上げたい」（麻生）という。

## 2．今後の新たな地方書店のビジネスモデル

### 2－1 書店による読者のための選書

北海道では近年、中小の個人経営の書店が売上を減らして数多く廃業しているが、そうした中で一万円選書というユニークな取り組みで全国から注目を集めているが、砂川市のいわた書店である。

空知総合振興局管内にある砂川市は、JR普通列車で札幌から1時間半、旭川から1時間のところに位置する、人口1万6500人程の市である。市内には40坪程の売場を持ついわた書店と、あと学校の教科書のみ扱っているところと2軒の書店がある。

いわた書店代表取締役社長の岩田徹によると、「商圏内の人口は約1万人で、その内、いわた書店に本を買いに来る顧客は全体の2％に相当する200人程で、みんな顔見知りで高齢者が多い」という。ちなみに地元から大学に進学する高校生は、ほとんど札幌か旭川の高校に通学し、学習参考書等は札幌か旭川の大型書店で買うため、店には小・中学校までの参考書しか置いていない。岩田はかつて2004年から10年間、地元の空知地方の地域紙の空知新聞社が週2回発行するプレス空知に書評

を書いており、サイトにも掲載されたが、いわた書店の集客にはほとんどつながらなかった。

そうした中で岩田は、２００６年に一万円選書の企画をスタートする。一万円選書とは、高校生以上の応募者に岩田が個別に約1万円分の本を選書し、入金を確認して配送するサービスで、申込に際してはカルテに、岩田がその個人のライフヒストリーについて詳細に知るための情報や「過去に読んだ本のベスト20」といった質問への回答を記載して送ることになる。ただこのサービスがスタートした当初は、申込者は多くなかった。だがその後、テレビ等で紹介されて徐々に話題となって遠方からの申し込みが届くようになり、特にテレビでの紹介されたことがブログやＳＮＳ等で拡散されて、２０１４年頃には全国的に多くの人に知られるようになった。

いわた書店の中の一万円選書コーナー

岩田によると、「２０１５年から５年間で７５００人程に、カルテを読んで個別に選書した本を送ったが、応募者はその数倍いて、最近では年に数回、３日間の募集期間を設け、そこでの応募者の中から抽選で当選した人が対象になる」という。カルテには、応募者が個人情報や様々な想いを詳細に書いてきて、中にはかなり深刻な内容のものもあるが、岩田の方ではケースワーカーのように丁重に目を通して、時間をかけて対応している。「書店が休みの土曜日の午後、日曜日等の空いた時間を使って行っているが、月に200件くらいが限度」（岩田）という。

一万円選書の応募者は、年齢層はばらばらだが、男女比は3対1で女性の比率が高いのが特徴である。カルテにプライベートな内容について書いて送る仕組みのため、「地元の応募者はおらず、地域の他の書店の売上に影響することもない」（岩田）。選書に際して岩田は、「賞味期限の短いビジネス書はまず選ばず、小説とノンフィクションの比率が半々で、高校生が読んでも理解出来るような読みやすい内容で、応募者の生き方に何らかの接点があるようなものを選んでいる」という。

いわた書店は一万円選書が話題となる前から、商圏内人口の2％程のコアな顧客を大切にし、他の地方の中小の書店のように客層を広げるため、音楽やゲーム等の領域に手を広げることをしなかった。そうした中で一万円選書がブレークして、書店に置かれた本の半分は一万円選書で配送するための在庫となり、雑誌や文庫本の比重が少なく、同規模の他の書店と比べてユニークな品揃えとなっている。そうしたこともあって土曜日の午前中には、一万円選書でいわた書店のことを知った人が、遠方からわざわざ訪ねてくるようになり、1万円くらい本をまとめ買いしていくこともあるという。そのため現在、一万円選書の売上の半分ぐらいの売上を、（地元の学校図書館への納品と併せて）リアル店舗で稼いでいる。

いわた書店の一万円選書は、今日、他の地方書店でも同様の取り組みをするところが地方でも複数登場し、プロの書店員による読者への「選書サービス」は今後、書店のビジネスに付加価値をつけていくことになろう。

## ２－２　一箱本棚オーナー制度による棚貸し書店

今日、書店の減少が続く一方で、一箱本棚オーナー制度による棚貸し書店（シェア型書店）が、新たに全国各地に誕生している。

山口県山口市の中心部の米山町商店街の一角にあるやまぐち創業応援スペース「mirai365」というシェアオフィス内に、２０２１年10月にオープンした「ＨＯＮＹＡらＤＯ」は、山口県で初めての一箱本棚オーナー制度による棚貸し書店（シェア型書店）である。

「ＨＯＮＹＡらＤＯ」を運営する関東学院大学の伊藤明己教授によると、東京都武蔵野市吉祥寺で２０１９年７月にオープンした棚貸し書店の「ブックマンション」が『ソトコト』を始めとするメディアで取り上げられて話題となり、それで関心を持って店主の中西功のところに話を聞きに行ったことをきっかけに、自ら立ち上げようと考えたという。ちなみに棚貸し書店の元祖と言われるのが、２０１７年７月に大阪市でオープンした「みつばち古書部」で、その後、こうした棚貸し書店は各地に拡がっていった。

伊藤が棚貸し書店を立ち上げようとした２０２１年の初めの頃は、コロナ禍で大学もオンライン授業だったため、伊藤自身、地元の山口市に戻っていて地域との関わりを持ちたいと思っていた時期で、また市内の中心商店街の衰退を目にし、そこで何か気軽に人が集まれるコミュニティスペースのような場をつくれないかと考えていた。そしてやまぐち創業応援スペース「mirai365」の1階の店舗スペースが空いた際に応募し、そこで開店することとなった。その後、棚主が増えたこともあって、2022年5月に同じ商店街のより広いスペースが確保出来てイベントの開催も可能な「cafe & bar ショクバ」の2階に移転している。

「HONYAらDO」をスタートするのに際して伊藤は、まず古物商の許可をとり、そして口コミとともにサイトを立ち上げてツイッターで棚主を募集し、連絡のあった人と個別に面談して棚貸し書店のイメージを正しく持ってもらった。「価格設定は毎月の棚代が3000円（プラス敷金、礼金）と高めで、決して儲かるものではなく、楽しみにながら自分の棚をつくって来店者と触れ合うことを目的に棚主になってもらった」（伊藤）という。

「HONYAらDO」は当番制で棚主が1カ月に1回、交代で店番を3時間程行うシステムになっており、メーリングリストで伊藤が希望を聞いて調整している。「HONYAらDO」で作成して各棚主が値段を書いたスリップが本に差し込まれており、本が売れたらそのスリップをもとに店番が伝票に店舗（棚の屋号）、書名、日付等を記載してレジを管理する。店番のいない時は、店の金庫は「cafe & bar ショクバ」で管理してもらっている。そして店番は、帰る際に棚の写真をツイッターにアップし、各棚主が自分の棚の本が売れたかどうか確認出来るようにする。売り上げの精算は月ごとに行っている。

「HONYAらDO」では棚代とは別に、本が1冊売れるごとに100円を受け取る形にしている。「本が売れたら100円受け取るのは、新古書店と違って各棚主がそれぞれこだわりのある本を置いている書店なので、1冊100円で売るのではなく、最低でも200円以上の価格で売って欲しいから」（伊藤）という。

棚主は自分の棚の本を多くの人に手に取ってもらうため、独自にPOPを作成したりネットでPRしたりする以外に、自身が店番をする際にイベントを行い、集まった人と交流することも出来る。これまでタロット占い、禁煙相談会等、様々なイベントが行われてきた。棚主は地元の学生からシニアまで様々で、中には遠方の下関在住の人もいる。基本、置かれている本は各棚主が読み終えた本が中心だが、中には返品不可で安く仕入れた新刊書や、学生が大学生協から1割引で買った新刊書を置いているケースもある。また客層は、「普段、商店街を通っている人達が中心だが、中にはネットで見つけて訪ねて来る人もいる」（伊藤）という。

「HONYAらDO」には現在、20人余りの棚主が参加しているが、さらに参加する棚主が増えたら「将来的には商店街に独自店舗を設け、そこを地域の人が集まるコミュニティスペースにしていきたい」（伊藤）という。そして伊藤は「HONYAらDO」を1つのモデルに、閑散とした地方の商店街で、同様の取り組みが拡がっていくことを期待している。

## 3．地方での古書流通事情

### 3－1 若い世代の店主による古書店の登場

札幌市東区北26条東7丁目にある古書店の書肆吉成は、高齢化が進む札幌の古書店の中で、若い世代の店主が経営する古書店である。2009年にリアル店舗をオープンして、2016年に現在の場所に移転し、2018年に札幌市中央区のファッションビルの「丸ヨ池内GATE」に、古書と併せて新刊書、バーゲンブック（自由価格本）を扱う2号店をオープンした（こちらは2020年6月に老朽化に伴うビル解体のため閉店）。

店主の吉成秀夫は、かつて札幌大学の学生時代に学長の山口昌夫、講演会のゲストとして来た東京の古書店「月の輪書林」の高橋徹等に同行して古本市に行ったことをきっかけに、古書店の仕事に関心を持ち、卒業して2年間のフリーター生活の後、2003年に古書店の伊藤書房に入社して2006年まで3年間修行し、2007年に独立して最初はオンライン古書店の形で開業した。

吉成がこの業界に入った2000（ゼロ）年代は、ブックオフが道内各地に誕生して、その影響で閉店する古書店が出てきた時代だった。ただ「ブックオフは古書の価値がわからないため、一部の古書店はブックオフを利用したせどり（転売）を行うことで、上手く共存することも出来た」（吉成）という。

また当時は古書流通の中心がリアル店舗からネットへと向かう端境期で、伊藤書房でも「イージーシーク」、「日本の古本屋」等のサイトで古書を販売していたが、当初はネットでは高値で売れていた古書が、情報のフラット化によって相場が崩れ、それまでのリアル店舗の古書店員の値付けの経験値があまり役立たない状況になっていった。そしてネットの領域では札幌にいても東京を始めとする全国の市場相手に商売出来、良い本がネットで売れるため、多くの古書店ではネットに注力してリアル店舗の棚づくりがおろそかになり、中にはリアル店舗を閉めて完全にネット通販に移行したり、ブックカフェのような業態に転換したりするところも出て、従来型の古書店は徐々に数を減らしていった。そうした中で吉成は、ネットにより新たなビジネスチャンスが生まれることを考え、独立して書肆吉成を立ち上げることにした。

北海道には現在、札幌、小樽、釧路、函館、旭川に古書籍商組合があり、書肆吉成は札幌古書籍商組合に所属しているが、2007年に独立した当時、60店以上あった加盟店の数は、現在40店程になっている。「この中には開店休業状態のところや他の事業と兼業のところもあり、また未加盟の古書店もあるため、札幌市、あるいは北海道全体の古書店の数や経済規模は不明だが、ただ毎年縮小しているのは間違いない」（吉成）という。各古書籍商組合は全国古書籍商組合連合会（全古書連）に加盟しており、そして全古書連に加盟する古書籍商組合の加盟店は、全国どこで開催されるセリ場と呼ばれる古書交換会にも参加して古書を仕入れることが出来るが、新古書中心に扱う事業者はその必要がなく、また入会金等が必要になるため、加入していない古書店も少なくない。

## 3－2 ネット時代の古書店ビジネス

新刊書店と異なる古書店の特徴として、取次が存在しないため、古書店自身が自ら仕入れた本を倉庫で管理する必要がある。書肆吉成の場合、リアル店舗が40坪程で約2万冊の本が置かれているが、他に江別市に50坪、恵庭市に130坪というリアル店舗よりも広い倉庫を抱えている。倉庫に置かれた在庫のネット登録作業は、同じ東区内の共同作業所に発注しているが、単価の安い文庫本や新書等は、登録せずに店頭でそのまま販売している。

ネット時代の古書店ビジネスについて語る書肆吉成の吉成秀夫店主

古書の仕入れは書肆吉成では年によって異なるが、店頭買取、出張買取がほぼ半々で、札幌古書籍商組合が毎月開催しているセリ場に本を流すことはほとんどなく、セリ場で買う本も月に数万円程度である。「以前は東京のセリ場で本を仕入れていたが、今は送料が高くなって採算に合わないので、もっぱら地元で仕入れている」（吉成）という。古書の販売については、リアル店舗での比率が毎年減って、近年はネットの比率が大きく上回っており、「北海道の古書店が、以前のように地元客相手にリアル店舗だけでやっていくのは極めて難しい時代になっている」（吉成）という。

ただ吉成から見て、「取次、出版社との関係でＰＯＰを作るくらいの自由度しかない新刊書店は、今日、よほど何か強みがないと経営面で厳しいが、古書店の場合、値付けから店のカラーまでかなり自由がきくのが強み」という。ちなみに新刊書の書店のマージンは2割程度だが、古書の場合、それが8割程度になるため、ネットに登録してＰＲする等の手間はかかるものの、工夫次第で売り上げを伸ばす余地は高い。ただネットも近年では特にアマゾンが過当競争になっているため、書肆吉成ではリアル店舗での常連客の対応と、あと値崩れしない郷土史等の地元関係の本の品揃えに力を入れている。「札幌の古書店は、東京の古書店のようにセリ場が毎日開催されていて、そこで特定の専門分野の本を自由に仕入れることが出来ず、またリアル店舗を支える市場も限られるため、専門古書店というよりもいろいろな本を扱う中で得意分野を打ち出す形になる」（吉成）という。

近年では本とともに生きて来た団塊の世代が、自らの蔵書を手放すケースも増え、市場に多くの古書が出回るようになっており、仕入れ面で古書店にとって自らの特色を出しやすい状況にはなっている。そうした中で吉成は、アクセスしやすい街中に個性的な古書店があり、そこに昔話題となった今日の社会にも通じるようなメッセージを持つ古書が並べられ、今の若い世代を含む多くの人が手にとって触れられるような環境を育んでいけたらと考えている。

## 4. 近年新たに地方で誕生した古書店

### 4－1 ネット通販中心のリアル店舗型古書店

地方での昨今の古書流通事情について、札幌市の書誌吉成の事例をもとに見てきたが、次に近年新たに地方で誕生した、これまでとは異なるスタイルのユニークな個人経営の古書店について紹介していきたい。

札幌市東区北18条東1丁目にある古書店のシャンティブックスは、リアル店舗型としては札幌市内で最も新しい古書店で、特に旅関係の本に力を入れている。

店主の溜政和は、高校時代から毎日のように古書店に通っており、高校を卒業して浪人中に古書店のバイトを始め、そのまま大学の4年間をまたいで卒業後も1年程、バイトを続けた。その後、貯めたお金でアジアを中心に海外を放浪して、帰国後にアマゾンのカスタマーサービスセンターや三省堂書店で新刊本の仕事をしていたが、以前、バイトしていた古書店から請われてまた古書業界に戻ることになる。

2012年に独立してオンライン古書店を立ち上げたが、翌2013年に長期休業していた古本のとんちゃくという古書店が廃業に向けて在庫を整理するため、その短期リニューアルオープンの手伝いをしたことをきっかけに、前の店主から店を引き継ぐことになった。それまで溜は、広い部屋を借りてそこに在庫を置いてネット通販で商売していたため、リアル店舗を運営するリスクもあって迷ったものの、店舗を倉庫代わりにすることも考え、最終的に古本のとんちゃくのあった場所にシャンティブックスのリアル店舗をオープンすることになった。

店主の溜が1人で運営するシャンティブックスは、規模が小さいこともあって札幌古書籍商組合に加盟しておらず、セリ場で仕入れが出来ないため、買取で本を調達している。シャンティブックスではネットとリアル店舗の売上の比率が9対1で、「リアル店舗の売上は月に数万円程度で、家賃にも満たないが、ただリアル店舗があることで店頭買取をすることが出来るのが最大のメリット」（溜）という。

シャンティブックスのある東区北18条東1丁目の周辺は、北海道大学に近いこともあってかなり学生も住んでいるものの、「最近の学生はあまり本を読まないため来店することが少なく、60代以上の高齢者がメインの客層になっているが、ただ高齢者も以前と比べると本を読まなくなってきている」（溜）という。そうした中で溜は、「特に小さな古書店がリピーターとなる顧客を確保していくためには店主のキャラクターが重要で、古書店を訪れた顧客が、本にまつわる様々なテーマで店主との会話を通して新たな発見があると、リピーターとして通って会話を楽しみながら本を買ってくれ、また口コミを通して新たな顧客の開拓にもつながる」と語る。

こうした店主と顧客との本をめぐる会話は、新刊書店ではほとんど見られない古書店の魅力だが、ただ北海道では近年、リアル店舗による古書店の参入はほとんどない。その理由として古書店の業務はかなり特殊で、溜のように既存の古書店で何年か修行して仕事を覚えた後に独立して自分の店を出すのが一般的だが、現在、多くの古書店は経営状況がよくないため、新たに若者を雇用する余地がほとんどなく、溜のような新規参入の若い世代を生み出すルートが閉ざされていることがある。一方、ネットのせどりは、副業としてやる人も含めて増えている。

ただ溜は、棚に並べられた多様な本や店主との会話を通して新しい発見のある古書店の魅力を、より多くの若い世代に伝えていきたいと考えており、「古書店を必要とする人がいる限り、これからもこの仕事をつづけていきたい」という。

## 4-2 個人経営の特徴的な古書店ユニット

2013年3月、神戸市の神戸高速線西元町駅の南側の中央区元町通6丁目に、エメラルドブックスという古本や雑貨の販売とカフェを営む店が開店した。店主の小西池裕介によると、「前年秋にそれまで勤めていたアパレルショップが閉店することになり、自身で事業を起こすことを考えたものの、アパレルショップをやるには元手がなく、そのため他に好きだった本とコーヒーの店をやることにした」という。そして比較的家賃の安かった元町6丁目の商店街の中に60㎡程の物件を借りて、本は既に自身で持っていたものをもとに一部追加で買い集め、雑貨は前の勤め先の伝手で仕入れた。

エメラルドブックスでは、最初は新刊書も置いていたが、新刊書の利益率が低いこともあり、直ぐに古本に特化した。そして本の品揃えは、小西池自身のこだわりのあるアートや文芸や旅の分野を中心に揃えた。そして開店する際、特にネット以外ではチラシを配る等の宣伝はしなかったものの、ショッピングストリートの元町通を通りかかった人がぶらりと来店し、そこからリピーターとなる客も徐々に増えて行った。客層は主に30代から60代くらいまでの女性の一人客が中心で、男性の比率は3割程度だった。

小西池は、「当初、とりあえず生活費が稼げればよいと思ってスタートしたが、それでもオープンして2年目くらいから自宅と店舗双方の家賃や光熱費等を払っての運営がきつくなったため、店舗付き住宅を借りて一カ所にまとめることを考え、２０１５年9月に最初の店舗を閉店して、同年10月に現在のＪＲの三ノ宮駅と元町駅の間の北側の中央区下山手通4丁目の住宅街にある今の店舗を開店した。２階建ての住宅の1階部分を店舗にしたため、本棚の数やカフェ席を減らす形にした。

商店街から住宅街の普通の民家に移転したことで、表に看板を出しているもののたまたま通りかかった際に来店するといった初見の客はほとんどいなくなり、リピーター以外ではブログやＳＮＳを見て比較的遠方から来る人も増え、特に女性客が9割を占めるようになった。「最初からエメラルドブックスを目指して来店するため、客の多くは何か1冊は本を購入してくれる」（小西池）という。ただ２０２０年からのコロナの感染拡大の影響で、「家の2階にあったカフェスペースを閉鎖し、来店者も1日20人以下、売上も1日1万円以下の日が続き、経営的にかなり大変な状態だが、パートナーが別の仕事をしているので自由にやれている」（小西池）という。

エメラルドブックスのような個人経営の特徴のある古書店は、店主の裁量で多少の無理がきき、また一定数のリピーターとして来店する固定客を抱えているため、コロナ禍でも店舗運営を継続出来て

神戸市元町の普通の民家の中にあるエメラルドブックスの店内

いるが、こうした古書店は神戸市内に少なからずあり、エメラルドブックスを含むその内の一部が、コウベボーダーズという古書店ユニットを組織して、共同で様々なイベントを行っている。

　このコウベボーダーズが誕生したきっかけは、2013年9月に神戸市にオープンしたびすこ文庫という古書店の店主が、市内の同じ個人経営の特徴的な古書店に挨拶回りをして、そこで繋がりを持った店主同士が相互に集まったことによる。最初に呼び掛けたびすこ文庫は1年余りで閉店したが、残った個人経営の古書店6店舗でコウベボーダーズを結成し、「お遍路」、「国巡り」、「学校への通学」等をコンセプトにした古書店巡りのイベントで古書店好きの人達の人気を集め、また共同で古本市を行ったりしている。

### 4-3 飲食、イベントスペースとしての機能を併設

　エメラルドブックスは、店主がアパレルショップ勤務から古書店経営に参入したある意味で異色のケースだが、近年新たに誕生した個人経営の古書店の多くは、書店業界、あるいは出版業界にいた店

主が立ち上げたものである。次に紹介する広島市の西区横川町にある本と自由は、広島県の書店チェーンの広文館の元社員だった青山修三が、２０１２年に退職して、１年余りの準備期間を経て２０１３年６月に開店した、カフェバーのスペースを併設する古書店である。

青山は１９９７年に広文館に入社し、退職する前は１００坪程の売場を持つ店舗の店長をしていたが、「大手全国チェーンの広島への進出やネットの普及等で広文館全体の売上が落ちて社員を減らしてパートのスタッフに依存するようになり、思うような店づくりが出来ないことから、自分の好きな本を並べた棚をつくって古書店をオープンして自由に運営したい」と考えて退職したという。店の名前は、ジャズ・ピアニストのセロニアス・モンクの「ジャズと自由は手をつないでいく」から借用した。

青山はもともと本が好きで、広文館に勤めていた頃から休日に古書店を回って好きな本を買い集めており、退職後は自分の好きなジャンル以外の本も集めるとともに、広くて家賃の安い空き店舗物件を探した。そしてＪＲ横川駅の南口のミニシアターの横川シネマの近くに今の物件を見つけ、インディーズ映画好きの人が古書店に流れて来ることを期待してこちらで開店することにした。

最初は段ボール箱１００箱以上あった自身の蔵書を中心にスタートし、せどりやブックオフや本を売りたい人からの買い取りで店の在庫をまわしている。広島古書組合には入会金が高くて加盟していないが、他の加盟していない古書店同士で毎月の交換会を開催したり、不定期に共同で古本市を百貨店等で行ったりしている。店の棚に並んでいるのは、文芸、美術、映画、サブカル系の本が中心で、地元の個人が制作したＣＤや本も置いているが、ビジネス書や実用書は置いていない。「おしゃれな本を並べると、他のセレクト書店と内容が変わらなくなるので、あくまで自分の感覚で面白いと思った本を並べるようにしている」（青山）という。

またこうした「古書店だけの運営は難しいと考え、他にネット書店をやるかカフェバーをやるか迷ったが、アルコールを出す書店が広島市内になかったこともあり、カフェバーをやることにした」（青山）という。本と自由では、古書店とカフェバーを営む以外、コロナ前まで店内で絵画の展示、地元のミュージシャンの音楽ライブ、様々なゲストを招いてのトークライブ等のイベントを月に何回か開催してきた。読書会のような本と関係のあるイベントは少なく、特に東京だとロフトプラスワンで開催するようなアングラ系トークイベントが持ち込みで数多く開催され、ニッチでコアなファンの人気を集めた。

「今後、書店業界は本以外に雑貨等の商品も扱う大手全国チェーン以外に生き残るには厳しい環境だが、ただ個人経営の古書店は、新刊書と違って本に自由に値付け出来るため利益率が高く、また本以外の様々な商品やサービスを工夫次第で提供し、トータルに売り上げを確保することが出来る」と青山は語る。本と自由では、初年度は本の売り上げがカフェバーの売上よりも大きかったが、2、3年目から同じくらいになり、それ以降は本の売り上げを上回るようになった。「コロナ前は1日20～30人が来店し、3～4万円くらいの売上があったが、その内、本の売上は1万円くらいで、売上の多くを夜のカフェバーでの酒の売上が占めている」（青山）という。

古本を買いに来る人と夜にカフェバーに飲みに来る人では客層が分かれており、古本を買いに来る人は学生を始めとする若年層からシニア層まで様々だが、カフェバーに飲みに来る人は中高年の常連の男性の１人客で、お互いに飲みながら雑談する場では、音楽の話題とかは出ても、本の話題はほとんど出ない。

また頻繁に開催される音楽ライブやトークライブの際は、平積みにしている店の中の本を片付けて、椅子を並べて最大30人程入るスペースをつくり、出演者が入場料やCDの販売や投げ銭でお金を得て、店はワンオーダーしてもらう形で運営している。「こうしたイベントを通して様々な人が出会う場所の面白さや人と繋がってコミュニケーションすることの面白さを多くの人に知ってもらい、それが昼間の古書店への来店や本の売り上げに上手く繋がれば」と青山は希望している。

以上、特徴的な個人経営の古書店について見て来たが、セレクト書店であっても店主の裁量の幅が限られる新刊書店と異なり、古書店は本の値付けや品揃えの面で店主の裁量の幅が大きく、またカフェやバーを併設したりイベントを行ったりすることで、その店のリピーターとなる固定客をつかむことが出来れば、古書店の場を核に店主やそこを訪れる客同士が繋がるコミュニティが育まれ、サードプレイス的な地域の居場所になる可能性を秘めていることがわかった。

今後、多くの地域で街中の中小書店がなくなっていく中、こうした新規参入の個人経営のユニークな古書店が残って、地域の読書環境の維持とともに、店舗を活用した人を繋ぐコミュニケーションの場としての役割を担っていくことを期待したい。

## 5．市民による本のリサイクル

### 5－1 全国ワーストの北海道の読書環境

これまで古書店による古書流通について見てきたが、もう1つ古書の流通ルートとして重要なのが、市民によるリサイクルである。北海道江別市にある一般社団法人北海道ブックシェアリングは、全国的に最も整備されていない北海道の読書環境の改善を目指して、読み終えた本の再活用等に取り組んでいる市民団体である。

代表理事の荒井宏明によると、「北海道の読書環境は札幌市以外極めて劣悪で、しかも年々悪化しており、書店のない自治体が全体の4割、公共図書館のない自治体が全体の5割弱に達し、また小学校図書館の蔵書達成率や小中学校図書館の図書購入措置率が全国ワースト1位となっている」という。また「公共図書館のない自治体にも公民館図書室はあるが、こちらもしっかり機能しているところから無人だったり利用出来る時間が限られていたりして充分に機能していないところまで多様で、北海道の地方では市民が本にアクセスし難い環境が年々拡がっている」（荒井）という。

この背景として、1985年に学校の図書費の2分の1の国庫負担制度が廃止され、地方交付税措置による地方の一般財源で措置されるようになったが、北海道や青森県を始めとする多くの自治体では、本来なら学校図書館に使われるべき予算を削って他に回す状況が生まれたことがある。荒井によると、「学校図書館費の削減は自治体の規模に関係なく、小樽市や函館市のような比較的規模の大きな自治体で大幅に削られる一方、長期ビジョンを持った恵庭市、東川町、上士幌町、猿払村等の自治体では、社会教育施設である公共図書館や公民館図書室等と併せてしっかり予算を確保している」とのことだ。

そんな中で荒井は、2007年に自宅のある札幌市厚別区で長女の通っていたミニ児童会館が予算削減で本が買えなくなったことをきっかけに、子供達の読書環境を維持するため、読み終えた本を集めてミニ児童会館に寄贈する活動に関わるようになった。そして翌2008年1月に学校・図書館関係者と8名で、北海道ブックシェアリングを立ち上げた。

北海道ブックシェアリングでは札幌市教育委員会と提携して、札幌市図書再活用ネットワークセンターを運営し、こちらで読み終えた本を個人や団体から募り、クリーニングして整理した本を、必要とする施設や団体に無償提供する活動をスタートした。すると札幌市内だけでなく、道内各地から問い合わせが来て、むしろ札幌市よりも北海道の地方で、読書環境の整備がより深刻な課題となっていることがわかり、北海道ブックシェアリングでは活動エリアを北海道全域に拡げていくことになる。

2011年3月に東日本大震災が発生した後、宮城県教育委員会から被災地の図書施設の復旧支援の依頼があり、荒井は被災地に入って石巻市に北海道ブックシェアリングの分室としてみやぎ復興支援図書センターを設置し、約1年半の間、被災地での読書環境調査や仮設図書館の開設支援等を行った。

## 5-2 読書環境整備に向けた取り組み

被災地での活動が一段落した2015年9月に北海道ブックシェアリングは一般社団法人となり、荒井は代表理事に就任した。そしてそれまで様々な施設や団体に本を無償提供する中で残った再活用に至らない本を、街中で1冊100円の価格で販売し、そこに集まる地域の人達が本を媒介して交流を促進する場を設けようと、札幌市に隣接するベッドタウンで前年にブックフェスを開催した江別市の大麻銀座商店街で、毎月最終土曜日にブックストリートを開始した。

「3分の1近くが空き店舗だった大麻銀座商店街は、ブックストリートをきっかけに話題となって地元だけでなく遠方からも多くの人が訪れるようになり、新たに出店する店舗も増え、今日、江別市で唯一、賑わっている商店街になった」(新井)

翌2016年に北海道ブックシェアリングの事務所を札幌市から江別市の大麻銀座商店街に移転し、事務所近くに実験書店ブックバードをオープンした。北海道ブックシェアリングでは、2012年に岩手県陸前高田市で仮設市立図書館の建設を行った縁で、陸前高田市立図書館から使わなくなった移動図書館車「やまびこ号」を譲り受け、その駐車場を探したところ、たまたま事務所近くに空き店舗とセットで物件が見つかったため、その店舗スペースに寄贈された本の中から売れそうな本を置いて販売し、自主財源を確保することにした。取次の日本出版販売(日販)に口座を持ち、新刊本も併せて販売していたが、こちらの事業は2020年3月で終了し、同年4月から学校図書館づくりサポートセンターとなっている。

北海道では取次大手の日販、トーハンがそれぞれ学校図書館向けの本を展示するブックフェアを開催しているが、年に数日のブックフェアに行ける学校関係者は限られており、そのため北海道ブックシェアリングでは、学校図書館向けの本２０００冊以上を日販に提供してもらい、こちらのスペースで展示して学校関係者がいつでも見に来られるようにしている。

北海道の読書環境整備に取り組む一般社団法人北海道ブックシェアリングの荒井宏明代表理事

また北海道ブックシェアリングでは２０16年から2年間、社会実験として「北海道の無書店自治体を走る本屋さん」事業を、「やまびこ号」で各自治体を回って行った。これはビジネスモデルとしてはまったく採算に合わなかったが、「無書店自治体となって5～10年くらいたった地域で、本を必要とする人の声を採取するのに役立ち、読書習慣は書店等で本に手軽にアクセス出来る環境がなくなると、代わりにネットで購入したり公共図書館で借りたりすることをせずに大きく減少し、また地元に書店がないことに最もフラストレーションを感じているのが小学校高学年くらいの女の子ということがわかった」（新井）という。

翌２０１7年に北海道ブックシェアリングは、道内の本や読書に関する課題や様々な話題等について取材して伝える情報誌『ぶっくらぼ』（季刊）を発行した。荒井は北海道ブックシェアリングの専従となる前に、新聞記者の仕事を経て独立して編集・デザイン事務所を立ち上げており、その経験を活かしてほとんど1人で制作し、北海道ブックシェアリングの会員と道内の全ての図書館に送っている。

さらに翌2018年からは、「ゆるレファ！」という図書館業界関係者をゲストに招いての公開勉強会も開始した。「この勉強会に参加して、その後、北海道ブックシェアリングの活動に継続して関わるようになったケースもある」（新井）という。

北海道ブックシェアリングは、荒井ともう1人の常勤の事務局スタッフを中心に、10数名のコアメンバーと50名以上の登録ボランティア、そして理事会、評議委員会のメンバーで運営されている。年間の活動資金は個人や企業・団体からの寄付・協賛や各種助成金等と自主事業で年間1000万円弱である。年によって異なるが、年間6～8万冊余りの本の寄贈を受け、その内、再活用が無理な4割の本は古紙回収に回し、3割を販売して自主財源にし、残り3割を再活用するため、希望する施設や団体に年に120冊まで無償提供している。新たに本を活用して活動を始めるところには、240冊まで無償提供している。

また道内の個人、団体、図書施設、自治体等と連携してその図書活動を促進する「ぶっくぱーとなー」事業では、情報提供、活動プランの提案、レクチャーやワークショップ、ブックフェスのような図書イベントの支援等を行っている。ちなみに自治体からの委託事業は自由度がきかないため、あくまで連携の形をとっている。「また常勤職員2名で道内全域をカバーすることが難しいため、各地域で核となるキーパーソンとの連携を重視し、北海道学校図書館協会や北海道立図書館の協力も得ている」（新井）という。

北海道ブックシェアリングが現在、最も力を入れて行っているが、道内の市町村の教育委員会や学校と提携して行っている学校図書館支援事業である。ただ地域によってかなり温度差があり、「置戸町のように人口が３０００人以下の自治体にもかかわらず、町内に書店が２軒あり、図書館を核にしたまちづくりを何十年も行って市民に利用されているところもある一方、子供達の学ぶ権利が失われるにも関わらず、図書館予算を毎年削減している自治体も多い」（新井）という。

こうした中で北海道ブックシェアリングでは、多くの自治体に読書環境の整備が地域の子供達の学びや市民のまちづくり意識の向上につながることを、今後、時間をかけてでも働きかけていこうとしている。

## 6．地方書店・古書店が生き残るために

この章では、全国各地で地域の書店のない自治体が増える中での地方書店を支援する取り組みとして、ＮＰＯ法人本の学校の活動と、北海道の取次のコア・アソシエイツが地元の特に中小の書店を支援するために立ち上げた北海道書店ナビのサイトについて最初に紹介した。ＮＰＯ法人本の学校の活動は、本との出会いによる豊かな暮らしを目指す「生涯読書活動」推進事業、本についてともに語り

未来像を考える「出版の未来像」創造事業、次代を担う業界人を育てる「出版業界人」育成事業、市民による「知の地域づくり」をサポートする「学びの場」拡充事業といったもので、特に地方書店の支援のみを目的したものではないが、その活動がこれからの地方書店の存続にとって極めて重要なものであることは間違いない。また取次のコア・アソシエイツは、取引先の中で書店の占める比率は1割程にも関わらず、地元の中小の書店の魅力を多くの人に伝えるため、北海道書店ナビのサイトを10年以上にわたって運営してきた。このような取り組みが他の地域でも生まれることを期待したい。

ただこうした地方書店を支援する取り組みだけでは、各地域で書店が存続していくことは難しく、地域の読書環境を維持していく上でも、書店自らが新たなビジネスモデルを追求することも必要だろう。そうした中で近年、注目を集めたのが、岩田書店による一万円選書や全国各地で新たに誕生している一箱本棚オーナー制度による棚貸し書店である。一箱本棚オーナー制度による棚貸し書店は、単に本を販売するだけでなく、本を媒介して地域の市民が集まるコミュニティスペースで、新たな読者を育てる場にもなる。最近では、「無書店地域に『まちの本屋』の復活を」、「まちづくりは人づくりから」、「本は人を育み、本屋は人をつなぐ」をコンセプトに2023年に設立されたNPO法人ブックストア・ソリューション・ジャパン（BSJ）が、無書店地域で書店を復活させるためのビジネスモデルを探るため、「Books & Coffee 谷中TAKIBI」を立ち上げて運営している。こうした地方書店の新たなビジネスモデル構築に向けた取り組みに期待したい。

また地方の古書店も、近年では若い世代の店主による店舗が新たに各地で誕生し、個性的な品揃えでリアル店舗とネット通販によるビジネスを行っているところも多い。これは書店経営が取次や出版社との関係であまり自由度がないのに対し、古書店経営の場合、品揃え以外に値付けも含めて自由度が高く、またマージンも高いため、店主の工夫次第で売り上げを伸ばす余地があることによる。コウベボーダーズのような古書店ユニットの取り組みや、本と自由のようなカフェとイベントスペースによる売上の確保と、（地域に限らないテーマ型の）コミュニティの居場所としての機能を提供することは、他の地域の古書店にとっても参考になるものである。

あと最後に紹介した北海道ブックシェアリングによる本のリサイクルを通して地域の読書環境を守る取り組みは、地域の市民の読書習慣を育み、地域の書店・古書店を維持する上で重要なものである。

第Ⅲ部

# 地方図書館はどうなるのか

―地域の新しい公共の場に向けて―

# 第8章　地域づくりの拠点としての地方図書館
## ――その現状と課題

今日、一部の自治体では、図書館を核にした地域づくりの取り組みが模索されている。その背景には地方図書館が、地域の情報拠点として地域で暮らす人々に図書館資料を通して必要な情報を提供するといった従来の機能にとどまらず、近年では新たな図書館サービスを通して地域づくりの拠点としての役割が注目されるようになってきたことがある。

第8章では、地域づくりの拠点として地域を活性化する上で顕著な役割を担っている山梨県山中湖村の山中湖情報創造館、長野県小布施町の小布施町立図書館（まちとしょテラソ）、岡山県瀬戸内市の瀬戸内市民図書館（もみわ広場）、宮崎県都城市の都城市立図書館、北海道札幌市の札幌市図書・情報館の5つの地方図書館の先進的な取り組みの事例をもとに、地方図書館を地域づくりの拠点としていく上での課題について整理したい。

各図書館の概略は、以下の通りである。[1] ちなみに各図書館のある自治体の人口は、山中湖村が約5000人、小布施町が約1万人、瀬戸内市が約3万5000人、都城市が約16万人なので、山中湖村と小布施町では、図書館の貸出登録者が自治体の人口を上回っており、また瀬戸内市と都城市でも、自治体の人口の3分の1から半数に相当する数の図書館の貸出登録者を抱えていて、近隣の自治体からの利用者も多いことがわかる。

①山中湖情報創造館

山梨県山中湖村で、日本初の指定管理者（NPO法人地域資料デジタル化研究会）が運営する図書館として2004年4月に開館。延床面積824㎡、コロナ前の2019年度の蔵書冊数7万冊、個人貸出登録者数1万3000人、個人貸出数4万5000点。

②小布施町立図書館（まちとしょテラソ）

長野県小布施町で、町役場内にあった図書館を移転・新築するのに際し、「交流と創造を楽しむ文化の拠点」として構想され、2009年7月に開館。2011年の「Library of the Year」で、大賞を受賞している。延床面積999㎡、コロナ前の2019年度の蔵書冊数9万8000冊、個人貸出登録者数1万2500人、個人貸出数9万点。

③瀬戸内市民図書館（もみわ広場）

岡山県瀬戸内市で、市民１人あたりの図書館の貸出冊数、蔵書数、年間受入冊数がいずれも県内最下位の中、新図書館の建設をマニフェストに掲げた市長が就任し、「持ち寄り・見つけ・分け合う広場」を目指して、２０１６年６月に開館。２０１７年の「Library of the Year」で、大賞とオーディエンス賞を受賞している。延床面積２３９９㎡、コロナ前の２０１９年度の蔵書冊数12万６０００冊、個人貸出登録者数１万１６００人、個人貸出数27万６０００点。

④都城市立図書館

宮崎県都城市で、中心市街地中核施設「Mallmall（まるまる）」の中に移転し、新たにＭＡＬコンソーシアム（図書館関連事業を手掛けるマナビノタネ〔代表団体〕とヴィアックスの2社による事業体）が指定管理者として運営する形で、２０１８年４月に開館。延床面積８０４６㎡、コロナ前の２０１９年度の蔵書冊数48万６０００冊、個人貸出登録者数９万４６００人、個人貸出数55万点。

⑤札幌市図書・情報館

北海道札幌市には、区民センターや地区センターの図書室、図書コーナーを別にすると、中央図書館を始めとした12の図書館があるが、その中で本の貸出をせず、市民の暮らしや仕事を助ける「課題解決型図書館」という位置づけで２０１８年10月に開館。２０１９年の「Library of the Year」で、大賞とオーディエンス賞を受賞している。延床面積1500㎡、コロナ前の2019年度の蔵書冊数4万1000冊。

## 1．図書館の運営方式を巡る課題

### 1－1 指定管理者による成功事例

2003年6月の地方自治法の一部改正で、公の施設の運営を企業やNPO／NGO等の民間組織に委託することが出来る指定管理者制度が誕生し、その後、かなりの数の自治体が公共図書館の運営を民間委託するようになった。日本図書館協会が2019年に行った調査[2]では、2018年度までに全国250の自治体の582の図書館が指定管理者制度を導入している。

だが指定管理者制度を導入した一部の図書館では、図書館職員が臨時職員や嘱託職員となって人件費が削減され、長期的なビジョンにもとづく図書館政策が立てられず、地域の状況に即した図書館サービスの提供が充分に出来ないといった問題が指摘されるようになり、日本図書館協会では2005年、2008年、2010年、2016年の計4回、公立図書館への指定管理者制度の導入については基本的になじまないという見解を表明している。

そうした中で指定管理者による運営が成功した事例として、山梨県山中湖村で日本初の指定管理者が運営する図書館として2004年4月に開館した山中湖情報創造館がある。

日本初の指定管理者が運営する図書館として2004年に開館した山中湖情報創造館

陸上自衛隊の北富士演習場がある山中湖村は、地方交付税の交付を受けずに財政運営を行っている自治体で、もともと山中湖情報創造館が開館する前は公民館の図書室が週に1日オープンしているだけで図書館がなく、そこにいきなり特定防衛施設周辺整備調整交付金で図書館が建設されることになった。そのため図書館運営の経験がまったくなかった山中湖村では、かつて山梨県立図書館職員や石和町立図書館館長、金田一春彦ことばの資料館館長、そして文科省図書館構想委員等の経験を持つ小林是綱を、開館1年前の2003年4月の準備段階から初代館長に迎え、そして指定管理者制度が出来たことで、開館後の運営を小林が理事長を務める山梨県笛吹市のNPO法人地域資料デジタル化研究会に委託することになった。NPO法人地域資料デジタル化研究会は、地域資料のデジタル化についての研究と実践を通して、社会教育、地域づくり、地域文化の振興等に寄与することを目的に設立されたNPOである。開館後はこのNPO法人地域資料デジタル化研究会副理事長の丸山高弘が館長を務め、今日に至る。

山中湖情報創造館は、開館前の準備段階から文科省図書館構想委員として各地の地方図書館の建設基本構想策定に関わってきた小林に丸投げされたこともあり、職員を1日2交代制にして夏季は朝9

時半から夜9時までオープンし、休館日も年に20日未満にして、多くの利用者に使い勝手のよい図書館サービスの提供を目標に掲げた。そして開館後は、山中湖村の住民の利用が3分の1、近隣市町村の住民の利用が3分の1、残りの3分の1が村内の別荘への長期滞在者を含む観光客の利用で、この観光客の利用が夏のシーズンはさらに全体の半分近くにまで増えることから、新たに館長になった丸山は、サイトやSNSを使った広報に努め、村民に限らず誰もが気軽に利用出来る図書館を目指してきた。一般に地方図書館では地域資料の収集に力を入れているが、山中湖情報創造館では山中湖や富士山の自然や山中湖村に縁やゆかりのある人の資料を揃えており、観光客の利用も多い。

山中湖情報創造館は、地域資料のデジタル化（コミュニティアーカイブの構築を通した地域の記録と記憶の継承）による地域づくりに取り組む村外のNPO法人に指定管理者として運営を委託し、利用者本位の図書館サービスを心がけて成功した事例だが、もう1つの成功事例として、地方都市での再開発に際して図書館を核にした中心市街地活性化が成功した宮崎県都城市の都城市立図書館と「Mallmall（まるまる）」について取り上げたい。

都城市では2014年度から中心市街地の活性化を目指して、まちなか広場を中心に図書館、市民が利用出来るコワーキングスペースや会議室等の施設がある未来創造ステーション、子育て世代活動支援センター等が入居する複合施設が集まる中心市街地中核施設「Mallmall（まるまる）」の整備を進め、2018年4月にオープンした。そして初年度、年間200万人がこの「Mallmall（まるまる）」を訪れ、その内の6割近くが都城市立図書館の利用者だった。移転する前の図書館利用者は年間20万人以下だったので、その6倍に増えたことになる。

　都城市立図書館館長の井上康志によると、「中心市街地に子育て世代を呼び込むため、子育て世代活動支援センター等が入居する複合施設と図書館は、ベビーカーに子供を乗せた母親が利用しやすいよう、雨の際も傘をささずに全天候型屋根付きのまちなか広場を通って移動出来るようになっており、コロナ前はまちなか広場で、マルシェを始めとするイベントが年間200日以上開催された」という。

　複合施設3階の子育て世代活動支援センターには、子供を預ける施設や親子で遊んだり交流出来る施設があり、2階には子供の予防接種や健診や子育て等の相談に対応する保健センター、1階には料理を通して母親同士が交流出来る「まちなかキッチン」や様々な活動に利用出来る会議室を備えたまちなか交流センターが入居している。また図書館の1階には指定管理者がこだわりを持って運営するカフェショップ「Mall Market」があり、カフェ機能と併せてマーケット機能も持っていて、地元の1次産品を加工した商品の企画販売を行っている。

　そして図書館自体、基本、朝9時から夜9時まで365日オープンしていて、いつ来ても利用することが出来るため、子育て世代を中心に多くの人が図書館を頻繁に訪れる仕組みが構築されている。

　こうした「Mallmall（まるまる）」の各施設と一体となった図書館の運営にも、後述するように準備段階から関わったMALコンソーシアムによる利用者拡大に向けた様々な工夫がこらされており、指定管理者による運営の成功事例として全国的に注目されている。

ただ都城市立図書館の成功は、ＭＡＬコンソーシアムの代表団体の代表取締役で、本稿でも取り上げた瀬戸内市民図書館（もみわひろば）、札幌市図書・情報館、そしてせんだいメディアテークを始めとする多くのユニークなコンセプトの図書館の開館支援に関わってきた森田秀之のアイディアによるところが大きい。公立図書館への指定管理者制度の導入は、地域づくりのビジョンのもとで核となる施設として図書館を魅力化することの出来る経験値を持った（人材を抱えた）ＮＰＯや企業に、長期的に運営を委ねることが出来るかどうかが成功の大きな鍵となろう。

## 1－2 図書館長の公募

指定管理者制度を導入せずに公設公営の図書館運営を目指す場合でも、特に新たな発想で図書館を核にした地域づくりを推進するのに、他所から運営の責任者となる図書館長を公募するのは非常に有効で、今日、図書館長の公募を行う自治体は増えている。その先駆けとなったのが山中湖村同様に多くの観光客が訪れる長野県小布施町の小布施町立図書館（まちとしょテラソ）で、歴代館長を全国公募して大きな注目を集めている。

小布施町では１９７９年に町役場の3階に図書館を設置したが、施設が手狭でエレベーターもなく、そのため２００６年の第四次小布施町総合計画で「図書館の整備・充実と情報サロンとしての活用」が示され、これにもとづいて公募による町民20名と職員4名からなる「図書館のあり方検討会」が発足し、検討を重ねて翌２００７年に報告書が提出された。これをもとに町政懇談会の場で各自治会やコミュニティの関係者と話し合い、また同年、職員プロジェクトチームが発足して、先進的な図書館の事例の収集に努め、「新しい小布施町立図書館の基本構想（案）」を作成し、「学びの場」、「子育ての場」、「交流の場」、「情報発信の場」を柱に、「交流と創造を楽しむ、文化の拠点」を運営の理念とする新しい図書館づくりを目指すこととなった。

そのため館長については地元の行政や教育関係者を起用するのではなく、全国公募することになり、25名の応募者の中から演出家で映像作家の花井裕一郎が選ばれて初代館長に就任し、開館前の2007年12月から2012年11月までの5年間、館長を務めた。花井は在任中、自らの専門性を活かして、デジタルアーカイブの構築や様々なワークショップを開催した。2代目館長には、33名の応募者の中から出版編集者の関良幸が選ばれ、2013年8月から2018年3月まで務めた。関も在任中、自らの専門性を活かして、花をテーマにした創作童話を公募して作品集を制作する「花の童話大賞」のようなイベントを行った。3代目館長には、14名の応募者の中から日米両国の司書資格を持つ宮城学院女子大学の桂啓壯特任教授が非常勤の館長として選ばれ、2018年5月から2021年3月まで今後の図書館の方向性を固めるためのアドバイザー的な立場で務め、現場の運営を小布施町教育委員会教育次長の三輪茂が務めた。

小布施町では図書館長の公募に際し、過去に図書館整備や運営に関わっていたかどうかよりも、ユニークな発想で図書館を核にした地域づくりを推進することが出来るかどうかを基準に、映像業界や出版業界の出身者を図書館長に採用したが、これと対照的に図書館行政の専門的な人材を準備段階から公募で採用し、初年度はその職員を総合政策部企画調整課に配置して、各課と図書館を核にした地域づくりを推進するための調整を行いながら基本構想をとりまとめ、次年度から教育委員会で新図書館開設準備室長として開館に向けた準備を進めたのが、岡山県瀬戸内市の瀬戸内市民図書館（もみわ広場）である。[3]

公募で初代館長となった嶋田学は、それ以前に滋賀県永源寺町（現在、東近江市）の永源寺図書館の開館に取り組んだ経験を持つ。嶋田のもとで瀬戸内市民図書館は、後述するように市民参加の手法による新しい図書館づくりを行っている。[4]

指定管理者制度の導入と同様に図書館長の公募も、地域づくりのビジョンのもとで図書館魅力化に必要な人材を、長期的に確保することが出来るかどうかが重要である。

## 2．図書館運営への市民参加をめぐる課題

岡山県瀬戸内市では、2009年7月に新図書館の整備を公約に掲げた武久顕也市長が就任し、翌2010年10月に瀬戸内市新図書館整備検討プロジェクトチームが発足して、新図書館建設について市民にアンケートを行った。これに対して市民の有志による「ライブラリーの会」が、図書館整備に関する情報公開とそのプロセスへの市民参加、及び新図書館の館長を全国公募することを含む「市の公共図書館についての陳情」を市長と市議会に行い、同年12月に市議会はそれを採択した。翌

２０１１年1月に新図書館館長候補者公募が行われて嶋田学が就任し、同年5月に新図書館整備基本構想が公表された。

この基本構想をたたき台として、同年11月に図書館づくりに向けて市民が参加するワークショップ「としょかん未来ミーティング」の第1回が開催された。「としょかん未来ミーティング」は、瀬戸内市が公表した基本構想について、建築の「基本設計図」の段階から市民が意見交換し、「実施計画図」に反映させるというもので、毎回、テーマを決めて市のサイトやチラシで市民に告知し、20～30名程の市民が集まって開催された。こうして開館前に11回、開館後に1回、計12回の市民と市の職員、さらに設計委託先が決まってからは設計者も参加する「としょかん未来ミーティング」を通して、市民のニーズを反映した新図書館整備基本計画、新図書館整備実施計画がまとめられ、新図書館整備実施設計がなされて図書館は建設された。

この「としょかん未来ミーティング」によって、最初は2階に配置されていた地元の人形劇団体が定期公演を行う専用の舞台設備のある「つどいのへや」が、使い勝手の関係で1階に変更になる等、かなり大きな設計の変更がなされている。また図書館を利用する子供達を対象に「としょかん未来ミーティング」の子供編を行い、そこで出た意見をもとに「将来について考えるための本」、「趣味や部活の本」、「中高生向きの小説やライトノベル」等を揃えた（チャイルドとアダルトを組み合わせた造語で）「チャダルトガレージ」と呼ばれるコーナーを設けたり、グループで相談しながら学習することの出来る「チャットルーム」を整備したりした。

そして図書館が開館してから新たに誕生した市民参加の仕組みが、「もみわフレンズ」という図書館友の会である。これは図書館が瀬戸内市民に限らず図書館の利用者に広く呼び掛けて集まった26名の有志が、2017年1月に設立総会を行い、その中から12名が運営委員となって、毎月2回、運営委員会を開催して図書館協議会とは別に図書館への提案を行うとともに、図書館での講座やセミナーを始めとした各種イベントを、独自に市の共同事業補助金を得て企画開催する等の活動を行ってきた。現在、100名余りの会員を抱えていて、年2回の会報を発行している。開館一周年記念のイベントである「もみわ祭」は、図書館と「もみわフレンズ」の協働事業で開催された。

図書館運営への市民参加の仕組みとして「もみわフレンズ」を立ち上げた瀬戸内市民図書館（もみわ広場）初代館長の嶋田学氏

図書館利用者の半分以上が市外在住で、市民に限らずそうした市外の利用者を含む図書館友の会の組織が、図書館と協働で様々なイベントを行い、図書館運営をサポートしているのが、瀬戸内市民図書館（もみわ広場）の大きな強みとなっている。資金面や図書館スタッフのマンパワーの面で充分な余力のない多くの地方図書館にとって、「もみわフレンズ」のような図書館友の会を持つことは、地域づくりの拠点として地域を活性化する図書館の活動を活発に展開していく上で重要である。

## 3．図書館の利用者拡大に向けた課題

### 3－1 若手社会人の図書館利用拡大に向けて

今日、公共図書館を最も利用しない世代が、子育て前の若手社会人と言われている（ちなみに中学・高校生は本の貸出サービスを受けないものの、受験勉強のため図書館には来る）が、こうした20代から30代前半の若手社会人を主な対象に、札幌市中央区の複合施設である札幌市民交流プラザの中に、札幌文化芸術劇場、札幌文化芸術交流センターとともに２０１８年10月に開館したのが、札幌市図書・情報館である。

札幌市中央図書館は、市の中心部から公共交通機関を使って30分余り離れたところにあり、中心市街地のオフィスで働く若手社会人にとって馴染みが薄く、こうした若手社会人を新たな図書館の利用者層に想定して、彼らの仕事や生活に役立つ「課題解決型図書館」というコンセプトのもと、札幌市図書・情報館は誕生した。札幌市には中央図書館を始め12の図書館があるが、この札幌市図書・情報館は、もともと中央図書館が担っていた機能の一部を、別の場所に専門図書館として分館し、利便性を高めたと言える。

延床面積が１５００㎡と限られるため、所蔵する本を「Work」（仕事に役立つ）、「Life」（暮らしを助ける）、そして隣接する札幌文化芸術劇場や札幌文化芸術交流センターのライブラリー機能を持たせ

るため「Art」（芸術に触れる）の3つの領域に絞り、「Work」関連の本2万5000冊、「Life」関連の本1万冊、「Art」関連の本5000冊を目標に選書した。そして本は全て開架式で配置し、また図書館の表はガラス張りで外から中が見渡せるようにして、気軽に入館して利用しやすい雰囲気をつくっている。

若手社会人の課題解決に特化した札幌市図書・情報館の初代館長の淺野隆夫氏

札幌市図書・情報館の最大の特徴は、本の貸出を行っていないことである。これは貸出を行うと特に新刊書の場合、最新の情報に触れることが出来るのが一部の人に限られるため、貸出を行わないことで多くの必要な人に館内閲覧してもらうことを想定したものである。

初代館長の淺野隆夫によると、こうしたコンセプトの図書館を立ち上げるのに際し、主な来館者が予想される半径1・5キロ以内の企業1000社に、ビジネス分野で充実させて欲しい図書館資料についてポスティングによる調査を行い、その内の3割程から回答を得た。「当初、各職業分野のビジネス実務や法務の専門書が求められると思っていたところ、それ以上にビジネスマナーや職場の人間関係や仕事をする上でのコミュニケーションに関する本のニーズが高いことがわかった」（淺野）という。また事前に札幌市中央図書館の方で、ビジネス支援コーナーを設けて１０００冊余りの本を入れ、相談カウンターを設けてビジネス分野の本について利用者への聞き取り調査を行った。

こうしたマーケティングをもとに年間30万人の主に仕事帰りの若手社会人の利用者を見込んだところ、実際はそれ以外の様々な人達も訪れて、初年度の年間来館者は１００万人を超えた。

こうした特定の機能に特化した図書館は、札幌市くらいの人口規模の地方都市でないと開館するのは難しいが、ただマーケティングをもとにした若手社会人層に代表される潜在利用者の掘り起こしは、多くの地方図書館に必要なことである。

## ３－２利用者に開かれた図書館を目指して

小布施町立図書館（まちとしょテラソ）では、貸出登録者の半数以上が町外の人達だが、頻繁に訪れるのは地元の町民で、本を借りる以外に、学習や待ち合わせ場所としての利用も多い。午前中は高齢者中心で、午後から学校を終えた小学生が増え、夕方からは本は借りずに受験勉強目的の高校生や仕事を終えた社会人が訪れる。

そうした様々な世代の人が集まる小布施町立図書館は、従来の静かに本を読む場所としてのイメージを払拭して、館内でＢＧＭに軽音楽を流すとともに、普通に会話することも自由に出来て、飲み物もキャップ付きのペットボトルなら持ち込み可にし、さらに受付横のカフェコーナーでは、飲食も出来るようにしている。既存の図書館の多くは、子供の集まるスペースを区切ったりしているが、小布施町立図書館は来館者がコミュニケーションを通して学ぶことの出来る場を当初から考え、仕切りをなくしてオープンなワンフロアに全てを収めている。そのため町議会の議員も、報告会を行うのに隣の町役場の会議室を借りるのではなく、図書館のロビーのスペースを使って行うこともある。開館当初は一部の来館者から、「騒がしい」という苦情もあったが、今ではそうした苦情もなくなった。

都城市立図書館でも小布施町立図書館同様、会話も飲み物もＯＫ、飲食も「おべんとうコーナー」で出来て、また携帯電話での通話も迷惑にならないよう場所を選んでＯＫにしている。中学・高校の期末試験が近づくと、館内に５００席ほどある席のほとんどが教科書等を持ち込みで勉強する中高生で埋まってしまい、本を読みに訪れる人の席が足りなくなることもあるが、こうした中学・高校生の学習での長時間利用もいっさい制限していない。

一方、札幌市図書・情報館は札幌市の都心部に立地しており、広さは都城市立図書館の5分の1以下だが、年間来館者は同様に１００万人を超えており、また「課題解決型図書館」というコンセプトに特化しているため、教科書等を持ち込んでの利用は認めておらず、一部の自由席を除く座席はネット、あるいは館内の座席予約端末で最大90分間（空席時は再申し込み可）事前予約する仕組みとなっている。ただし1階エリアはカフェもあって飲食自由、2階エリアは飲み物の持ち込みが自由で、また館内で会話するのも自由である。

利用者が図書館を長時間利用したり、グループで利用したりする場合を考えると、会話や飲み物の持ち込みを自由にすることは、今後、多くの図書館が認める方向に向かうのではないだろうか。ちなみに都城市立図書館では、子供連れの利用者の長時間利用を想定し、授乳室も備えている。

### ３－３　基本サービスの拡充

図書館サービスの基本は、利用者が必要な資料を提供することである。山中湖情報創造館では選書について教育委員会から指定管理者（ＮＰＯ法人地域資料デジタル化研究会）に一任されており、利用者が読みたい本を購入出来るようにするため、年に2回、選書ツアーを実施している。これは山中湖情報創造館が参加者の高速バス代を負担して、新宿の紀伊国屋書店まで出かけて選書するもので、夏休みに地元の中学生を対象にした選書ツアーと秋に一般の社会人を対象にした選書ツアーがある。

選書ツアーのようなイベントは、山中湖情報創造館のような比較的小規模な地方図書館でないと難しいが、ただ利用者からリクエストがあった本は、一定の金額と冊数の範囲で購入している図書館は多い。たとえば小布施町立図書館（まちとしょテラソ）の場合、1人年間10冊、1冊の上限３０００円以下の範囲でほぼ購入している。また都城市立図書館では、見計らい本をショーケースに入れて展示しており、利用者が購入して欲しい見計らい本に栞を挟むと、それを選書の際に参考にする仕組みとなっている。

選書を経て図書館に置かれた本の中から利用者が必要とするものを見つけるのに際し、都城市立図書館ではインデックス［さくいん］というユニークな仕組みを導入している。これは図書館全体の蔵書について、ＱＲコードの付いたインデックスワードのスタンプを用意し、それをノートやメモ用紙に押して利用者のスマホや館内に用意されたタブレット端末「大事なものメモリー」で読み取ると、そのキーワードに関連した蔵書に関する情報や書架番号などが表示される。

また利用者が館内をまわって読みたい本を見つけるのに際し、都城市立図書館では書架の前にショーケースとして木箱が置かれており、そこに書架のジャンルに合わせて図書館スタッフが選んだ本が「面だし」して置かれていて、それを見てそのジャンルに関心を持った利用者に書架の本を見てもらう仕組みとなっている。

瀬戸内市民図書館（もみわ広場）でも、利用者が大型書店で読みたい本を見つけるのと同じように図書館の書架を見て歩くことを考え、本の分類は日本十進分類法（ＮＤＣ）で行っているものの、配架はその番号順にせずに利用者が使いやすい配置にしている。そのため独自に差し込み式書架サインのテーマを設定し、そこに違う分類の本を合わせて配置するということを行っている。これは瀬戸内市民図書館だけでなく、所蔵する本を「Work」（仕事に役立つ）、「Life」（暮らしを助ける）、「Art」（芸術に触れる）の３つの領域に絞っている札幌市図書・情報館でも、同様にテーマごとの配架をしている。

他に利用者の利便性を考えた図書館サービスとして、近年では自宅でいつでも利用可能な電子図書館サービスの導入が話題となっているが、ただ規模の小さい地方図書館の場合、複数の館がコンソーシアム方式で契約しないと費用対効果が得られないということもあり、山中湖情報創造館では２０１８年3月末で電子図書館のサービスを終了している。

上記に挙げた以外にも利用者が利用しやすい基本サービスの拡充の方法については、まだ様々な工夫の余地があると思われる。

## 3-4　移動図書館車の運行

都城市立図書館では、中心市街地中核施設「Mallmall（まるまる）」に移転する前の1996年から移動図書館車「くれよん号」を運行しており、現在の車両は2019年から運行を開始した2代目で、約3500冊の本を積んで市内の小学校や公民館をまわり、主に遠方で移動手段が限られていて自ら図書館まで来るのが難しい子供や高齢者に、本の貸出を行っている。

こうした移動図書館は、以前は全国各地で見られたが、近年では自治体の財政難による行政サービスの見直し等もあって、徐々に廃止される傾向にある。そんな中で瀬戸内市では、新図書館整備に向けた検討がなされていた2011年10月、新図書館館長候補者の嶋田学は、新たに移動図書館サービスを開始した。嶋田は1987年に大阪府豊中市で豊中市立図書館の司書になった際、移動図書館車を担当したことをきっかけにその役割に着目し、その後、滋賀県永源寺町（現在、東近江市）の永源寺図書館の開館に取り組んだ際、図書館が出来る前に地域の人達の図書館利用の実績をつくるため移動図書館車を走らせた経験があり、瀬戸内市でも同様の試みを行った。

新図書館が出来る以前は、瀬戸内市内には3つの公民館に付属した図書室しかなく、そこまで本を借りに行くのが難しいのが小さな子供であると考え、当時、19カ所あった保育園、幼稚園に、毎月1

回、絵本を車に積んで訪れ、個々の園児に貸出登録カードを作成してもらい、各自が選んだ本を借りるという図書館体験をしてもらった。そうすることで各園児の自宅では本を通した大人とのコミュニケーションが育まれ、また図書館サービスの広報活動の一環として「図書館だより」を発行し、園児の保護者に本を選んで読むことの大切さを伝えた。これによって園児が小学校に進学する際には、何の問題もなく学校図書館の利用が出来るようになった。

その後、2014年10月から同様に公民館の図書室に行くのが難しい高齢者を対象に、高齢者福祉施設を回る移動図書館サービスを開始し、単に本を貸し出すだけでなく、本を活用した回想法による心理療法等も行ってきた。高齢者向けの移動図書館サービスでは、2名のスタッフで半日かけて2、3カ所の施設を回って、貸出する本の数は100冊余りで、貸出冊数から見ると決して効率の良いものではないが、それを必要とする高齢者にとっては極めて重要な意味を持っており、今後、高齢化の進む多くの地域の図書館で、公共サービスとして継続していくことが求められよう。

## 4. 新たな図書館サービスに向けた課題

### 4-1 図書館による学びと交流の場の提供

近年、多くの地方図書館では、従来の基本サービスに加えて、講演会、セミナー形式の勉強会、ワークショップ、展示会等の各種イベントの企画開催に力を入れ、市民に学びと交流の場を提供している。

瀬戸内市民図書館（もみわ広場）では、イベントに加えて、主に高齢者を対象にeラーニンググループを設置し、そこに置かれた機器で放送大学や無料で学べるオンライン講座「gacco」を視聴可能にしてテキストも揃え、利用者が個々に学べるようにしている。また老朽化した郷土資料館を取り壊して、その機能を組み込んだ図書館として建設したいきさつから、考古学資料から民俗資料まで様々な郷土資料を所持しており、それをどこか特定の部屋にまとめて見せるのではなく、館内各所に分散して常設展示し、本を探す人が館内をまわるなかで自然と目にするようにしている。そして目にした郷土資料に関心を持ったら、それについて図書館の本で調べて学んでもらうことを狙っている。

そして瀬戸内市民図書館では、個々の市民に学びの場を提供するとともに、各種のイベントを通して地域の人を繋ぐ交流の場の提供を目指しており、初代館長の嶋田は、「様々な地域課題をテーマに図書館が企画するイベントが、単発のもので終わるのではなく、地域の住民の継続した地域づくり活動につながるよう行政とも連携してコーディネートしていくことは、これからの地方図書館の新たな役割になるのではないか」と語る。[5]

図書館が学びと交流の場を通して、地域の市民やＮＰＯ／ＮＧＯによる地域づくり活動を支援し、また市民と自治体をつなぐハブとして機能することは、これからの地方図書館の新たな役割として期待される。

## 4－2 市民の創作・表現活動の支援

従来、図書館は利用者の学びの場としての役割を担ってきたが、近年では利用者が学んだことをどう創作や表現活動を通してアウトプットしていくのかについての支援も、図書館の新たな役割として期待されるようになってきた。今日、ファブラボと呼ばれる3Dプリンタ、レーザーカッター等の工作用機材や設備を備え、市民が自由に「ものづくり」が出来る場を、各地に展開しようとする取り組みが日本でも拡がっているが、地方図書館においてもこうしたファブラボのような場を館内に設けて、市民の創作・表現活動、さらには市民メディア活動を支援しようとするところも出てきた。

市民の創作・表現活動を支援する機能を備えた都城市立図書館

都城市立図書館では、館内にプレススタジオを設け、レーザーカッターやブックマシーンを置いているが、こちらは今のところ市民に貸出をしておらず、図書館スタッフが地域の情報を発信するための自主企画で、地域を取材して小冊子やパネル等のオリジナルの資料を制作する際に利用している。図書館スタッフが制作した各種資料は、プレススタジオ前の展示台に並べて公開するとともに、小冊子については貸出を行い、また資料を制作する中で蓄積された文章、写真、音声、映像等の素材については、データベース化して公開している。ある意味で図書館スタッフによる市民メディア活動の拠点となっているプレススタジオだが、ただ一般の市民がプレススタジオを利用出来るのは、図書館スタッフと協働で行う企画を持ち込んで、それを一緒に行う場合に限られる。

都城市立図書館にはもう1つファッションラボというシルクスクリーンプリント等でテキスタイルの制作を行うことの出来る工房があり、こちらは主に10代の若者を対象にしたワークショップを通して彼らの創作・表現活動の支援を行っている。

また瀬戸内市民図書館では、地域の郷土芸能である糸操り人形劇の公演が行えるよう、館内に舞台設備を備えたシアタースペースがあり、地元のいくつかのアマチュアの人形劇団が定期的に公演を行っている。

こうした地域の特性を踏まえた市民の創作・表現活動の支援は、今後、多くの地方図書館がぜひ積極的に取り組んで欲しい。

### 4-3 ビジネス支援

市民の暮らしや仕事を助ける「課題解決型図書館」としてスタートした札幌市図書・情報館は、札幌市の中心市街地で働く若手社会人のビジネス支援を図書館サービスの主な目的としている。そのため新聞コーナーでは、様々な業界の業界紙を揃えて置き、また書架も業界等のテーマごとに設定されている。

ビジネス支援において重要なのがレファレンスサービスで、リサーチカウンターには月に500件程の相談があり、主に「Work」と「Life」に関するものが中心となっている。ただ図書館の司書は、図書館資料についての相談対応は出来るが、個々のビジネスに関するコンサルティング的なことは出来ないので、希望があればその日、図書館に来ている士業を始めとする様々な専門職の人を紹介して、図書館内で無料相談が受けられるようにしている。そして必要なら2回目以降は、相談対応する専門職の人の事務所で有料相談となる。札幌市図書・情報館にはクライアントとなる可能性を持った相談者との最初のマッチングを求めて、様々な専門職の人が出入りしている。

札幌市図書・情報館は、「課題解決型図書館」というコンセプトのもとにビジネス支援を行っているが、正確には図書館が行うのは相談者が求める情報（図書館資料）の提供と併せて、その課題を明確にするお手伝いをすることで、課題が明確になった後は必要に応じて地元の専門家に引き継いでいる。

また札幌市図書・情報館には、グループで打ち合わせをしながら調べものが出来るグループ席、プロジェクターが使えるミーティングルームがあり、コワーキングスペース的な利用も可能である。1階のカフェのあるエリアでは、図書館主催で年に数十回の館長や司書が企画するビジネス関連を中心としたイベントが無料開催されている。

こうした図書館によるビジネス支援は、まだ県庁所在地を始めとするある程度の規模の地方都市の図書館で行われているだけだが、今後、フリーランス人口の増加が見込まれる中、多くの地方都市でニーズが高まっていくだろう。

### 4-4 公共図書館と連携した私設図書館の取り組み

図書館を拠点に地域を活性化する試みとしてユニークなのが、小布施町の「まちじゅう図書館」である。これは本を通して人が出会って交流出来るマイクロライブラリーのような小さな私設図書館を町中に展開しようとする取り組みで、小布施町立図書館（まちとしょテラソ）設計者の古谷誠章が発案したものである。当初の案では小布施町の方で町中の各所に本棚を設置し、そこにICタグで管理した本を置いてどこでも本を借りたり返したりすることが出来るといった、町全体を図書館にする構想だったが、予算面で断念することになった。

代わりに2012年にスタートしたのが、現在の個人宅、各種店舗やカフェ、銀行や郵便局の一角に本棚を設置し、オーナーが所有する本を置いて、来訪者がその場で自由に本を手に取って読んだり、本を媒介して人と交流したりする仕組みである。もともと小布施町では、「おぶせオープンガーデン」という個人が自宅の庭を開放して、来訪者がそこで出会った人と交流する仕組みが文化として地域に根付いているといった土壌があり、その延長で「まちじゅう図書館」には当初、私設図書館10館が参加してスタートし、現在、15館に増えている。小布施町では、年に1回、「まちじゅう図書館」のオーナー同士が情報交換するオーナー会を開催し、またその活動の広報を行うものの、金銭的な補助等は行わずに個々の私設図書館の運営は全てオーナーの裁量に委ねられている。

こうした私設図書館活動は、一般社団法人まちライブラリーが全国各地で展開しているが、小布施町のように自治体や公共図書館が呼び掛けて地域に多くの私設図書館が存在するケースはあまり例がなく、「まちじゅう図書館」の取り組みは、私設図書館を活用した地域活性化の貴重なモデルとなっている。[6]

## 4-5 地域情報のデジタル化

山名湖情報創造館では、指定管理者のNPO法人地域資料デジタル化研究会のもとで、所蔵する富士山関連の資料について、単に所蔵資料のタイトルの検索が出来るだけでなく、各資料の中身についてネットでキーワード検索が出来るよう、独自にタグ付けする形でデータベース化に取り組んでいる。

また小布施町立図書館（まちとしょテラソ）、瀬戸内市民図書館（もみわ広場）では開館後、それぞれ独自に地域のデジタルアーカイブ構築に取り組んだ。残念ながら小布施町については、初代館長の花井裕一郎の専門性に負うところが大きく、退任後に後を引き継ぐ人がいないためストップしているが、瀬戸内市の方は、「せとうちデジタルフォトマップ」、「せとうち・ふるさとアーカイブ」の構築を今日も続けている。

「せとうちデジタルフォトマップ」は、瀬戸内市の広報の職員が撮りためた古い写真約2000点と、あと市民が撮った瀬戸内市の写真をデジタルデータで投稿してもらい、これらをネットのプラットフォームで、クリエイティブ・コモンズ表示（CC BY）で2次利用が出来るよう提供するもので、公共図書館によるデジタルアーカイブとして商業利用を認めた全国初のケースとなった。またGoogleマップとリンクして地図情報がついているため、観光客にも役立つものとなっている。

「せとうち・ふるさとアーカイブ」は、学芸員でもある2代目館長の村上岳が中心となって、これまでデジタル化した地域の文化財関連の写真約1万点のメタデータをExcelで管理していたものを、ネットのプラットフォームに登録したものである。

ただこうした地域の記録と記憶を将来に伝えるデジタルアーカイブの構築は、地域の図書館が単独で行うのには資金面でもマンパワーの面でも限界があり、地域の市民グループとの協業の仕組みが必要になろう。

## 5．地域づくりの拠点としての役割を担うために

これまで見てきたように地域づくりの拠点として顕著な役割を担っている地方図書館は、貸出登録者数を見てもその利用者が近隣の自治体にまで広がっており、多くの人に利用されているが、こうした図書館ではこれまであまり図書館を利用しない層（子育て前の若手社会人）や、図書館に本を借りずにただ勉強しに来る層（中学・高校生）も含めて、人が集まって滞留するのに居心地の良い空間を育

んでいる。そして利用者が読みたい本と出合うための様々な仕組みを提供しており、また公共交通手段が限られていて自ら図書館に出向くのが難しい子供達や高齢者のために、移動図書館車を運航しているところもある。

こうした地方図書館が利用者に提供するサービスとして、従来の図書館資料の提供に加えて、近年では講演会や展示会等のイベントを通した個々の市民の学びと地域の市民を繋ぐ交流の場を提供しており、こうした取り組みを通して地域の市民やNPO／NGOによる地域づくり活動を支援し、また市民と自治体をつなぐハブとしての機能を担っていくことが期待される。そして市民に学びの場を提供するだけでなく、その創作・表現活動やビジネス面での支援も、地方図書館の新たな役割となってきている。

他にも地方図書館の取り組みとして、地域の本を通して人が出会える私設図書館（マイクロライブラリー）との連携や、地域情報のデジタル化（地域のデジタルアーカイブの構築）も、今後、必要になるだろう。

そして上記のような新しい図書館サービスを提供して地域を活性化している地方図書館の多くは、新しい発想で図書館を運営するため、安易に地元の行政や教育関係者を館長に起用するのではなく、そうした人材が地元で確保出来ない場合には、地域づくりのビジョンのもとでその中核施設として図書館を魅力化することの出来るキーパーソンのいるNPOや企業を指定管理者として運営を委ねるか、そうした人材を館長として全国公募で迎えている点も留意する必要がある。

また図書館運営に市民の声を反映していくために、札幌市図書・情報館のように調査を通して市民の潜在ニーズの徹底した掘り起こしを行うことや、瀬戸内市民図書館（もみわ広場）のように図書館と一体となって協働で地域活性化に取り組む図書館友の会のような市民組織を持つことは重要である。

この章で取り上げた地方図書館の先進的な取り組みの事例をモデルに、今後、多くの地方図書館が、新たな図書館サービスを通して地域づくりの拠点としての役割を担って欲しい。

注

1　各図書館の延床面積、２０１９年度の蔵書冊数、個人貸出登録者数、個人貸出数は、日本図書館協会図書館調査事業委員会日本の図書館調査委員会編『日本の図書館 統計と名簿 ２０２０』、２０２１年、日本図書館協会の数値による。

2　日本図書館協会では、指定管理者制度の導入等について全国的な状況を把握するため、２０１９年６月に都道府県立図書館に郵送調査を行った。

3　瀬戸内市が新図書館の館長を建設前に公募した理由に関して、武久顕也「私が瀬戸内市立図書館を公設公営にした理由」『出版ニュース』、２０１５年４月11日号、４〜９頁で市長自らその詳細について語っている。

4　瀬戸内市民図書館では、市民協働により図書館計画策定から開館後の運営まで行っており、その詳細については嶋田学「図書館と『ものがたり』」『現代思想』、２０１８年12月号（第46巻第18号）、29〜38頁に詳しい。

5　嶋田学『図書館・まち育て・デモクラシー 瀬戸内市民図書館で考えたこと』青弓社、２０１９年の中で、嶋田は瀬戸内市民図書館での経験をもとに、こうした図書館によるコーディネートを通したソーシャルキャピタルの形成について述べている。

6　「まちじゅう図書館」については、三輪茂「小さい町だから出来る〜町民と図書館のいい関係〜」『舞たうん』、第１４０号、12〜13頁に詳しい。

# 第9章　様々な地方図書館の取り組み
## 過疎地の図書館から県立図書館まで

第9章では、過疎地の図書館から県立図書館まで様々な地方図書館の取り組みの中で、第8章で充分に触れることの出来なかった点について、個別の事例をもとに紹介したい。

最初に今日の過疎地の図書館として取り上げるのは、鹿児島県の種子島にある西之表市立図書館である。西之表市立図書館は離島の図書館として、他の多くの地域では既に姿を消した移動図書館車が、島内各地に住む市民に読書機会を提供する上で大きな役割を担っている。

次に地方都市の図書館として、岐阜県岐阜市の岐阜市立図書館を取り上げる。近年、地方都市の図書館では、従来の貸出やレファレンス等の図書館サービスに加えて、地域の市民にとっての居場所（サードプレイス）としての役割を担うことが期待されるようになってきたが、こうした新たに求められるようになったサードプレイスとしての役割について、岐阜市立図書館では、「街のリビングとしての機能」、「子どもたちを育む空間」、「市民とつくる図書館」、「人と街をつなぐ機能」を目指して先進的な取り組みを行っている。

そして最後に県立図書館として、鳥取県の鳥取県立図書館を取り上げる。近年、全国各地の図書館が、地域活性化に向けたビジネス支援に力を入れているが、その先駆けとなったのは、2004年からビジネス支援事業を開始し、2006年に第1回の「Library of the Year」の大賞を受賞した鳥取県立図書館である。鳥取県の人口は全国最小だが、鳥取県立図書館の資料費は、都道府県立の図書館の中で4番目の規模を誇っている。この鳥取県立図書館のビジネス支援を中心とした図書館改革の取り組みについて、スタートした当時のいきさつと、その後の展開について紹介したい。

## 1. 地域の読書環境を守る過疎地の図書館

### 1-1 種子島の西之表市立図書館

鹿児島県の県庁所在地の鹿児島市から南方115キロ（フェリーで3時間半余り）のところに位置する種子島は、面積約440k㎡、人口2万9000人余りの南北に細長い島で、北から西之表市、中種町、南種町の1市2町がある。島の玄関口として北部に位置する人口1万5000人余りの西之表市には、市の図書館として西之表市立図書館がある。

中心市街地の市役所のすぐ南の小高い丘の上に建つ西之表市立図書館は、3階建ての建物の1階に児童クラブや子育て支援センターが入居し、2階と3階を図書館として利用している。2階部分は一般の書架、児童室、絵本室、視聴覚ライブラリーで、3階部分は学習室、郷土資料室、そして辞書等の禁帯出資料が置かれている。

西之表市立図書館の蔵書は5万3000冊余りで、この内、4万冊余りが開架式で利用することが出来る。図書館の利用状況は過去10年余りの間、年間利用者数が1万数千人、貸出冊数が3万冊でほぼ毎年推移している。市民が本を借りるのには利用登録が必要で、利用登録している市民は6000人余りである。

西之表市立図書館司書の鈴木桂によると、「図書館の利用者層は、平日の午前中からお昼にかけての時間帯は高齢者や幼児連れの母親が多く、夕方の時間帯、そして平日でも学校が春・夏・冬の休みの期間中は、昼間から小学生の利用が多いのが特徴で、また中高生も受験勉強等で3階の学習室は利用するが、2階で本を借りることは少なく、同様に働き盛りの男性の利用も少ない」という。

図書館の職員は、西之表市教育委員会社会教育課の課長が館長を務め、社会教育課社会教育係の係長と2人が、兼任職員となっている。そして臨時職員の司書が2名、パートの職員が1名である。基本、図書館スタッフは常時2名体制で、司書がレファレンスや郷土資料関係の仕事を担当し、パートの職員が乳幼児へのブックスタートや読み聞かせを担当している。

西之表市教育委員会社会教育課社会教育係の西山泰秀係長によると、「毎年の図書館予算は、市の教育費の約1%に相当する800万円程で、この中から職員の人件費も出しているため、年間の図書館資料購入費は100万円程」という。そのため図書館側で積極的に市民の生涯学習に必要な図書を選書して購入するのではなく、利用する市民からリクエストがあった図書の購入が中心となっている。また「こうした予算の関係もあって、郷土資料室の温湿度管理が充分出来ないため、貴重な古書資料については博物館の方で管理している」（西山）という。

西之表市立図書館では年2回、図書館協議会を開催しているが、そこには地元の有識者の委員以外にも、小中学校図書館の司書、保育士や幼稚園教諭、西之表市まちづくり公社や地域おこし協力隊員といったメンバーに随時参加してもらい、図書館の課題について話し合っている。

特に大きな課題となっているのが子どもの読書活動推進に向けた取り組みで、現在、最初の乳幼児健診の際のブックスタートで絵本をプレゼントすることや、各小学校と連携した児童の社会科見学の受け入れ等に力を入れている。

## 1－2　移動図書館車が活躍

西之表市には現在、12の小学校の校区がある。この内、2つの校区で小学校がそれぞれ廃校、休校になっているので、小学校の数は10校である。各小学校には学校図書館があるが、そこに置かれた本は主に児童の学習に関連するものが中心で数も少なく、そのため複数の小学校をまとめて担当する学校司書を通して、学校図書館にない本の貸し出しを行っている。そして毎月、各校区の学校図書館にリクエストのあった本をブックコンテナで届けるのが、西之表市立図書館の所有する移動図書館車「あおぞら2号」である。

西之表市立図書館の前に停まった移動図書館車「あおぞら2号」

かつて全国各地の自治体にあった移動図書館車は、現在では市町村立図書館やその分館が整備される中で多くが姿を消したが、西之表市では１９８２年から移動図書館車が各校区をまわり、学校図書館に本を届けるだけでなく、その校区に住んでいる市民に本の貸し出しを行っている。

西之表市立図書館では現在、移動図書館車に２８００冊余りの蔵書を積み、月に３回、それぞれ市内の異なる校区の公民館や社会福祉施設をまわっている。また夏休みには図書館職員も同乗して各校区の児童クラブを訪問し、読み聞かせ等も行っている。移動図書館車に積む本は、毎回50冊余り入れ替えているが、特に読みたい本のある市民は事前にリクエストすれば、別途、次回の巡回の際にその本を届けてくれる。

なお移動図書館車で本を借りるのにも利用登録が必要で、住民票が西之表市にあることが登録の条件となるが、移住してきたばかりで住民票を移していない人でも、移動図書館車のリサイクル・コーナーに置かれた除籍等によって不要になった本については、返却不要で自由に持ち帰ることが出来る。

西之表市立図書館ではこうした移動図書館車を通して、年間数百人の市民が2000冊余りの本を借りている。

少子高齢化と人口減少の進む種子島では、現在、リサイクル本を扱う新古書店はなくなり、また書店の数も廃業で減っている。そうした中、移動図書館車による巡回は、地域の読書環境を守る上で重要な役割を担っている。

## 2．サードプレイスとして地方図書館

### 2-1 ぎふメディアコスモスにオープンした岐阜市立図書館

岐阜県岐阜市にある岐阜市立図書館は、2015年3月に旧本館が閉館し、同年7月に新たに誕生した複合文化施設「みんなの森 ぎふメディアコスモス」の2階にオープンした。新たにオープンした岐阜市立図書館は初代館長を公募し、岩手県葛巻町のNPO法人岩手子ども環境研究所の理事長だった吉成信夫が就任して5年間務めた。2020年度から吉成は「ぎふメディアコスモス」総合プロデューサーとなり、「知の拠点」である図書館を中核施設に、「絆の拠点」である市民活動交流センター、多文化交流プラザ、「文化の拠点」であるホール、展示ギャラリー、オープンテラスが集まった「ぎふメディアコスモス」全体を、地域の市民とどう繋ぐのかということに取り組んでいる。

吉成が岐阜市立図書館に赴任したのは2015年4月で、その時には建築家の伊東豊雄の設計した

壁のない広場のような図書館の建物は既に完成しており、それを運営管理する上で吉成は、防音機能がない空間で従来の図書館サービスを踏襲したのでは上手くいかないと感じた。

そしてオープン前に吉成が考えたのが、岐阜市立図書館を滞在型図書館として運営管理するための理念となる、「子どもの声は未来の声」という言葉である。本を通じて子どもたちの豊かな未来へとつながる道を応援すべく、館内で子どもが少しざわざわしてもそれを微笑ましく見守るという考え方を持った図書館であることを前面に打ち出し、従来のオーソドックスな図書館サービスを求める利用者は、同じ市内にある岐阜県図書館の方に行ってもらい、県と市の図書館で棲み分けることを目指した。もちろんまったく放任ではなく、小さな子どもの父母には公共の場所でのマナーを教える場所であることについて注意を促し、みんなでお互い様の気持ちを持ち寄る場所にしていくことを目指した。

このような理念のもとに新たにオープンした岐阜市立図書館は、かつての旧本館時代は年間来館者が15万人程だったのが、開館して1年間で123万人の来館者を迎えることとなった。そして旧本館時代は貸出利用者の7割が40代以上だったのが、新たにオープンした後はそれが5割程度まで下がり、若い世代の利用者が増えた。

吉成は、「図書館スタッフが図書館サービスを通してつながる来館者の総和がその図書館の関係人口で、どれだけそうした来館者と豊かな関係性を築けるのかが、みんなの森であるぎふメディアコスモスの図書館事業の成功につながる」ということを図書館スタッフに伝え、そうした関係人口の拡大に取り組んで来た。[1]

## 2-2 岐阜市立図書館の特徴

岐阜市立図書館では、本の貸出やレファレンスといった従来のサービス以外に、欧米の図書館のように、本や情報を通して他者との偶然の出会いや新たなコミュニケーションが生まれる街中のリビングルームのような場を目指しており、吉成はこれを「図書館は屋根の付いた公園である」と表現している。

リビングルームに最も近い機能を持ったスペースとして、0歳から2歳の子ども連れの親子が靴を脱いで寝っ転がって絵本に触れることの出来る「親子のグローブ」が設けられた。これはかつて吉成が、岩手県立児童館「いわて子どもの森」の初代館長だった際に、同様の絵本が読めるスペースを設けた経験をもとに考えた。子ども向けの読み聞かせは、「おはなしのへや」のような専門スペース以外に、こちらの場所やあるいはもう少し上の子どもを対象にした「児童のグローブ」でも行っている。読み聞かせの際に絵本を入れて運ぶ「わんこカート」と「にゃんこカート」が小さな子どもに大人気で、これを目当てに読み聞かせに来る子どももいて、岐阜市立図書館では、市内の小学校を巡回訪問する際のアウトリーチサービスの道具としても活用している。

そして小学校高学年から中学生の子どもたちにとって家庭、学校以外の居場所（サードプレイス）になることを目指し、子どもたちが家庭や学校ではなかなか身に付けるのが難しい「ユーモアと創造力

市民にとって地域の居場所を目指すぎふメディアコスモスの館内

をもとに自分で考え自分で伝えるチカラ」を身に付けるため、図書館という社会教育の場で「子ども司書養成講座」を行っている。さらにその卒業生を対象にメディア情報リテラシーを育むため、「ぎふメディアコスモス」を拠点にコミュニティFM局「FMわっち」の番組を制作する市民ラジオ局「てにておラジオ」の協力を得て、「子どもラジオ」の取り組みを行っている。

　これはかつて吉成が理事長だったNPO法人岩手子ども環境研究所が運営する「森と風のがっこう」で「くるみラジオ」[2]というインターネットラジオに関り、その後、初代館長を務めた岩手県一戸町の岩手県立児童館「いわて子どもの森」でミニFM局による「いわて子ども自由ラジオ」の放送を行っていた経験をもとに企画したものである。「子どもラジオ」にはこれまで100名以上の小中学生が参加し、市長をゲストに招いて子どもたちが話をうかがう番組も制作している。

　こうした「子ども司書」や「子どもラジオ」以外でもう一つ子どもたちのサードプレイスとして重要な機能を担っているのが、中高生と司書を繋ぐ「心の叫びを聴け！　YA交流掲示板」である。これはかつての「生協の白石さん」のように、司書が図書館利用者の中高生からの質問に掲示板で回答するというもので、恋愛・進学・友達関係等に関する様々な質問に、司書がユーモアを交えて回答する掲示板は大変な人気となった。[3]

また一般の市民にとっての居場所（サードプレイス）として、市民が自ら創る図書館を目指し、オープンに際して市民が本棚をつくる企画として「みんなのライブラリー　おいてみま書架」のコーナーを設け、市民にお勧めの本を紹介する取り組みを行った。そして「市民が本と出会い、勧めあう場所」を目指し、本を媒介に自己語りや他者と対話する場としての市民が自発的に企画する読書会や本の交換会といった活動をサポートしてきた。また地元で地域づくり活動に取り組むＮＰＯ法人ＯＲＧＡＮと協働で、「おとなの夜学」という岐阜の郷土文化について学ぶ講座を継続して行い、それを映像で記録してアーカイブして視聴出来るようにし、またブックレットにして販売している。

そして図書館の来館者と周辺地域を緩やかに繋ぐため、これまで子どもたちが本を読んで感じたことを他者と共有するために作った移動式のモバイル共読本棚を図書館の外のマルシェにも持ち出したり、来館者から寄せられた街の飲食店を始めとする様々な情報をもとに、「みんなのたからものＭＡＰ」を作成し、周辺地域を巡る情報ツールとして展示したりしている。また後で詳しく紹介するまちライブラリーという地域の寺や様々な店を運営する市民が自発的に立ち上げた私設のマイクロ・ライブラリーを、図書館の方で紹介して誘導することも行っている。

あと岐阜駅から「ぎふメディアコスモス」に向かう途中に柳ケ瀬商店街があるが、岐阜市立図書館では中心市街地の活性化のため、柳ケ瀬エリアの再開発に際してまちなか交流拠点に本棚を配置したり、柳ケ瀬エリアの活性化を考える「やながせリノベーションスクール」で、柳ケ瀬エリアと「ぎふメディアコスモス」を繋げるコンテンツの開発と展開を通して、柳ケ瀬の文化・歴史をアップデートして未来につなげる取り組みに協力したりしている。

他にも図書館ではビジネス支援に力を入れており、岐阜県よろず支援拠点のコーディネーターに司書が同席して、ビジネス支援の相談を定期的に行っている。[4] ちなみに「ぎふメディアコスモス」の前の「みんなの広場 カオカオ広場」は、有料で移動販売を行うことが出来、こちらに移動販売車で店を出す際のアドバイス等も行っている。

## 2-3 シビックプライドの醸成に向けて

岐阜市立図書館では、文化による社会的包摂を目指し、図書館の本のブックカバーフィルムを貼る作業の一部を、地元の就労支援施設に依頼する等、障がい者支援の取り組みを進めていこうとしている。

またこれから重視しているのは、岐阜市立図書館を活用して自発的に様々な市民活動に取り組む担い手を、どのように育んでいくのかという点である。

岐阜市立図書館には現在、旧本館時代から続いている書架整理、資料整理、環境美化、館内案内、読み聞かせ等の図書館運営を手伝う図書館ボランティアと、新たにオープンしてから誕生した「本・

ひと・まち」を繋げる活動を企画・運営するぎふライブラリークラブという2つのボランティア組織があり、さらにメディコスクラブという「ぎふメディアコスモス」全体の賑わいを創出するイベントの企画・運営に取り組むボランティア組織がある。ボランティア組織を分けたのは、何か新しいことを企画するのに比較的高齢者が多い以前からの図書館ボランティアと一緒だと、新たに参加する若い人たちが提案しづらいといったことによる。[5]

こうした新たに誕生したボランティア組織を通して、市民が自発的に企画する読書会や本の交換会等の企画が生まれたが、開館から5年を経て吉成はさらに次のステージに向けて市民のシビックプライドの醸成を目指し、岐阜の郷土の文化や歴史について学んで地域の暮らしの魅力について知ることの出来る本を集めた、シビックプライドライブラリーのコーナーを館内に設けるとともに、2020年10月からシビックプライド連続講座をスタートさせた。さらに今後、図書館以外の機能が集まる「ぎふメディアコスモス」の1階のスペースを、シビックプライドプレイスとして地域文化を可視化する人や情報の集積拠点にしようとしている。すなわち従来の図書館の役割は地域の様々な資料を分類して保存することだったが、それを市民のシビックプライドの醸成に有効活用していこうとするものである。

そしてシビックプライドの醸成に向けて、市民が市民ジャーナリストとなって地域を取材して記事や映像で記録するため、2021年8月から「メディコス編集講座」をスタートさせた。この講座には若い世代の市民が多く参加しており、そこで学んだ編集のスキルを、「ぎふメディアコスモス」を拠点にした様々な地域づくり活動に活かしていくことが期待されている。

## 3．県立図書館によるビジネス支援

### 3－1 図書館改革がスタート

鳥取県立図書館でビジネス支援の取り組みをスタートさせた齋藤明彦が、鳥取県教育委員会総務課長を経て図書館長に就任したのが、当時、官僚出身の改革派知事の代表と言われた片山善博鳥取県知事の1期目の最後の年の2002年4月である。

齋藤自身、図書館長になるまでは図書館ユーザーではなく、必要な本は書店で購入しており、公共図書館についてあまり重要性を感じておらず、また「現行館が開館する前の旧館時代に県の財政課にいて図書館予算の査定を行った経験から、必要に応じて予算の削減はいくらでも出来ると思っていた」という。

そして図書館長になる前年度、鳥取県立図書館は片山知事の指示で、月曜、祝日の休館日をなくして月末の整理日のみ休館とし、また紛失本の除籍問題がマスコミで取り上げられて問題となり、前任の図書館長は鳥取県立公文書館の館長に異動することになった。この双方の問題について教育委員会で総務課長として対応した齋藤が図書館長として来た当時、「休館日がなくなって部署全体のミーティングの時間を確保出来なくなった図書館の職員の多くは、かなりモチベーションが下がっていた」という。

そんな中で図書館長になった齋藤は、「県立図書館には様々な分野の専門的な情報が蓄積されていて、それを選別して提供するシステムがあるが、それが一般にほとんど認識されておらず、この部分を広く伝えて県立図書館が多くの人に役立つことが理解されれば、図書館のイメージが大きく変わる」ことに気づいた。そして職員のモチベーションが上がり、やるべきことをやれば鳥取県立図書館の機能が大幅にアップすると考えた齋藤が最初に取り組んだのは、議会や行政、そして県民に対して図書館の有用性を理解してもらうことだった。

「図書館長になった2002年当時、地方財政の悪化は既に予想されており、単にこれまでと同じことを踏襲している部署は、経済的に行き詰った自治体から人や予算の削減を求められるようになるが、ただ新たな取り組みを展開しようとしている部署からは、簡単に人や予算を削ることは出来ない」（齋藤）

そのため首都圏のような大都市部と異なり、地方ではそこで暮らす人々にとって必要な情報を得るのに図書館の存在は非常に重要で、鳥取県立図書館が率先して法律、医療、その他、ビジネス支援に関わる分野での市場分析データ等、入手するのにかなり購入費がかかる本や資料を揃え、それを県内の市町村の図書館や大学の図書館に提供することで、地域を活性化することに取り組んだ。

また齋藤はかつて教育委員会で高等学校課の課長補佐をしていたこともあり、高等学校課が県内の各高校に司書を配置するのに際し、鳥取県立図書館がその司書を通して高校の先生の授業や進路指導を支援する本や資料、さらには研修の場を提供することと、県立図書館について知って利用する高校生を増やすことを目指した。「進学、あるいは就職といった人生の選択を迫られる高校生の時期に県立図書館を利用することで、彼らが将来、社会に出た際に、図書館を通して仕事に必要な情報を収集することが出来るようになる」と齋藤は考えた。

## 3-2 ビジネス支援に向けた独自の取り組み

鳥取県立図書館では、齋藤の元で図書館改革がスタートしたが、齋藤自身、鳥取県立図書館のみが改革に取り組んでも息切れするので、県内の市町村の図書館や他県の図書館等も巻き込んで、図書館が地域の人々の生活に必要不可欠なものであるというイメージが定着することが重要と考えた。その際に「最も手っ取り早くわかりやすいのが、図書館によるビジネス支援だった」（齋藤）という。

齋藤が鳥取県立図書館に来た当時、首都圏の一部の図書館では、ビジネス支援の取り組みがスタートしていた。ただその内容は図書館がビジネス関係の勉強会を立ち上げて、後は市民の有志に任せるといった内容のもので、「首都圏の図書館と同じことを鳥取県でやっても県民性等の問題もあって成功するとは思えなかった」（齋藤）という。

ちなみに当時、鳥取県では2005年に北条町と合併して北栄町になる前の大栄町で、町長に依頼されて民間から塾講師の人が大栄町立図書館の館長になり、その館長が町民に図書館を利用してもらうため、地元が全国有数のスイカ（大栄スイカ）の産地であったことから、農業関係者向けにスイカに関する様々な専門書を集めたコーナーを設けた。また当時、地元で合併協議会が出来る中、他所の自治体の合併協議会の発行している報告書等を集めて、議員や町の職員に利用してもらう取り組みを行った。この話を聞いた齋藤は、鳥取県立図書館でも地元に密着した独自のビジネス支援の取り組みを考えるため、2002年度に検討委員会を立ち上げた。

ビジネス支援に取り組む鳥取県立図書館の館内の風景

齋藤は県の商工労働部、農林水産部、鳥取商工会議所、鳥取県商工会連合会等、ビジネス支援に直接関わると思われる組織を回って依頼し、それぞれ若手で現場の様々な課題について理解している人を委員に集めた。そして鳥取県立図書館の本と施設を見てもらった上で、ビジネス支援に向けて何が出来るかを司書といっしょに検討した。

この検討委員会で話し合う中、2003年度に商工会議所が鳥取県立図書館の施設を使って電子認証に関する説明会を行うことになった。当日は図書館に普段来ないような人達が集まる中、鳥取県立図書館では電子認証に関する本や資料を揃えて、そのリストを参加者に提供し、図書館の活用についてPRした。それによって新たに図書館のビジネス利用者を獲得することが出来たという。

また鳥取県立図書館では、喫煙場所だった1階のホールを全面禁煙にして、そこにラックを設けて行政の様々な部署が作成した農林商工関係のチラシやパンフレットを置くようにしたところ、予想外に捌けた。そのため県の農林水産部が鳥取県立図書館で新規就農希望者の相談会を行ったところ、想定した以上に人が集まり、鳥取県立図書館では農業関係の本を紹介した。このように鳥取県立図書館では、ビジネス支援に関する情報を発信したい組織とそれを必要とする県民とのマッチングの場を提供し、そこで併せて図書館の本や資料を提供する機能について紹介することからスタートした。

現在、鳥取県立図書館館長の小林隆志は、2003年度に中途採用で鳥取県立図書館に来て、齋藤の下でビジネス支援を担当することになったが、その際に小林は外部のビジネス支援関係のセミナーに参加申し込みをして、そこに勉強に行くだけでなく、セミナーの運営元を鳥取県立図書館の視察に誘い、そして案内する中で齋藤とともに図書館の施設を使ってそうしたセミナーを一緒に行うことを呼びかけた。こうした取り組みを通して2004年度から、鳥取県立図書館を拠点に多くのビジネス支援関係のセミナーや研修会が開催されるようになった。

### 3-3 大学との連携とその効果

齋藤が館長になった2002年度、鳥取大学附属図書館で開催された会合で、鳥取大学附属図書館が限られた資料費の中、その多くがジャーナルや研究室で使う専門書に割かれ、一般の学生が使う参考書や一般教養書の購入に充分な予算がまわらないことを知った。そのため齋藤の方で提案して、鳥取県立図書館と相互協力協定を結び、相互貸借等のサービスがスタートした。鳥取大学の教職員や学生は、大学附属図書館で鳥取県立図書館の本を請求すれば宅急便で届けられ、また大学附属図書館に返却ポストを設けて返却出来るようにした。

他にも鳥取大学では研究成果を県民に伝えるサイエンス・アカデミーという公開講座を毎月２回土曜日に行っていたが、大学の立地が中心市街地から離れているため通うのに不便だったことから、齋藤は鳥取県立図書館での開催場所の提供と来館者へのPRを行うことを提案して、鳥取県立図書館を会場により多くの県民が参加出来るようにした。

こうした取り組みは鳥取県立図書館が一方的に鳥取大学の便宜を図るだけでなく、鳥取大学の教員と連携して様々な事業に取り組んでいる県庁の各部署の職員にとっても、鳥取大学を支援する鳥取県立図書館の取り組みは注目され、そのことが議会にも伝わって、鳥取県立図書館の果たす役割の重要性が広く認知されることにつながる。また鳥取大学に限らず、商工会議所等の外部の団体と協働での取り組みや、あるいはその具体的な成果（ビジネス支援の取り組みを通した起業家の誕生等）は、マスコミで取り上げられて話題となり、それによって鳥取県立図書館の存在は注目され、人や予算の削減対象とならなくなった。

そして齋藤は自身が館長の職を離れた後もビジネス支援の取り組みが継続するよう、司書をビジネス支援に必要な特定の分野での専門性を持ったプロフェッショナルな人材として育てるため、外部での研修や視察に積極的に送りだした。ちなみにプロフェッショナルな人材の要件として齋藤は、「専門的な知識を持つ以上に、特定の分野の専門家と人的ネットワークを持ち、相談に来た人にそうした専門家とのマッチングまで行って、ビジネス支援が出来ることが専門職としての司書に求められる」と語る。

他に齋藤が行った取り組みとして重要だったのは、鳥取県立図書館に異動する前年の教育委員会の総務課長だった時に、学校図書館の司書と鳥取県立図書館の司書を分けて募集せず、両者間で人事異動を行う仕組みにしたことである。「県立図書館が県立高校の図書館を支援するのなら、司書が人事異動を通して高校の現場を知ることが不可欠と考えた」（齋藤）という。

## 3-4 ビジネス支援に向けた様々な工夫

齋藤が鳥取県立図書館の館長に就任してから3年弱のビジネス支援を始めとした図書館改革の取り組みについては上記の通りだが、その後、こうした初期の図書館改革の取り組みが、どのように展開していったのかについても紹介したい。

2021年3月から鳥取県立図書館の館長を務める小林隆志は、2003年度に鳥取県立図書館の司書に採用されたが、もともとは学校の教員だった。

「1989年度に中学校の教員となったが、1997年度から3年間、鳥取県立図書館に異動となって資料相談員を務めた後、また学校現場に戻るが、図書館の仕事に関心を持って教員の仕事を退職し、改めて鳥取県の司書の募集に応募して採用された」（小林）

小林は２００４年にビジネス支援図書館推進協議会が、構想段階からビジネス支援サービスを前面に打ち出した静岡市立御幸町図書館の司書のビジネススキル養成を目的に開催した第1回ビジネス・ライブラリアン講習会に、当時の館長の齋藤の勧めで参加したことをきっかけに、そこで知り合った他の図書館司書との情報交換を通して、鳥取県立図書館のビジネス支援の取り組みについて考えていった。このビジネス・ライブラリアン講習会は、その後、毎年継続して開催されているが、鳥取県立図書館では毎回、司書を派遣している。

小林はこれをきっかけに、日本図書館協会が行う中堅職員ステップアップ研修や日本デジタルアーキビスト資格認定機構のデジタルアーキビスト資格取得講座等、これからの図書館の活動にとって有効と思われる講座は片端から参加した。そして自ら受講して役立つと思った講座には、他の司書に積極的に参加を勧めた。また研修のための出張旅費の予算がある鳥取県立図書館の司書以外に、県内の市町村立図書館の司書も受講出来るよう、様々な講座の鳥取県立図書館での開催に努め、これまで日本図書館協会の中堅職員ステップアップ研修を始め、情報科学技術協会や日本医学図書館協会の講座を誘致した。

他にも小林は図書館関係の講座以外に、起業する人達のマインドについて知るため、米子商工会議所が企画した創業塾にも参加し、起業する人達にとって役立つ資料とはどのようなものか理解を深め、その後は小林や他の司書が、鳥取市や米子市で開催される創業塾に本を持って出かけて行き、その場で貸出や鳥取県立図書館の利用についてレクチャーをするようになった。

こうした取り組みを通して小林が目指しているのは、ビジネス支援に関わっている産業支援機関の関係者に鳥取県立図書館のビジネス支援について理解してもらい、連携して必要とする人に鳥取県立図書館を紹介してもらうことで、県民の利用者を増やしていくことである。

これまで小林は鳥取県立図書館のビジネス支援を通して、鳥取県産業技術センター、鳥取県産業振興機構等を始め、多くの産業支援機関の関係者との間に人脈を築いて来たが、そうした中で直面したのは、小林が築いた人脈は次の世代に引き継げないという問題である。小林がこれまで構築したビジネス支援関係の人脈の多くは、小林と同世代の人達で、小林同様に年を重ねて退職していくため、小林の後に続く鳥取県立図書館の司書は、それぞれ独自にビジネス支援関係の人脈を構築していかないと、将来、どこかで産業支援機関との連携が途切れてしまうことになりかねず、そのため後進の指導に際してこの点を重視している。

ちなみに「レファレンスカウンターで対応する司書が、ビジネス・ライブラリアン講習を受けてビジネス支援の仕組みや起業する人達のマインドについて理解しても、それだけでは個々のケースに応じた資料の紹介等で充分な対応をすることは出来ず、ＯＪＴにより経験値を積むことが重要」と小林は語る。

## 3-5 県立図書館と市町村立図書館の連携

鳥取県立図書館がビジネス支援を始めとした図書館改革を行っていく上で重要なこととして、小林は県内の市町村立図書館との信頼にもとづいた協力関係を築くことが重要と考える。そのため日販図書館サービスが提供している書誌情報を管理するＮＳ－ＭＡＲＣが２０１７年３月で終了した際、鳥取県立図書館ではトーハンＭＡＲＣに切り替えたが、他に希望する県内の市町村立図書館には、鳥取県立図書館が費用負担してトーハンＭＡＲＣを使えるようにした。

データベースについても、市町村立図書館では費用の点で導入が厳しい商圏分析データベースのMieNa、農業や食に関するデータベースのルーラル電子図書館といった特定の専門分野のデータベースから、朝日新聞や読売新聞の記事データベースまで、鳥取県立図書館が費用を負担して全県で利用出来るようにしている。

小林は、「県民が県立図書館に行かなければ利用出来ないようなサービスは望ましくない」と考え、県内全ての市町村立図書館、大学・高校の図書館、県立病院の図書室等で午前11時までに鳥取県立図書館の本を請求すれば、翌日には必ず届くという環境を整えた。

また図書館の行うビジネス支援は、ビジネス面での課題を抱えて図書館を訪れた利用者が、その課題を解決しなければ意味がないため、「単にビジネス支援のコーナーをつくって書店に行けば手に入るようなビジネス関連の本を並べただけでは駄目」と小林は考える。ビジネス面での課題を解決するためには、何十万円もするような最先端の資料や専門書を揃え、レファレンス担当者がその所在を把握して案内出来るかどうかが問われ、「ビジネス支援のレファレンスにどれだけ対応したかよりも、どれだけレファレンスを通して利用者の課題が解決したのかが重要」（小林）という。ちなみに鳥取県立図書館では、こうした何十万もする資料や専門書を館外貸出禁止にせず、利用者が自由に借りられるようにしている。

ただ鳥取県立図書館のビジネス支援がどれだけ有効だったのか、効果測定をするのは難しく、そのため鳥取県立図書館では対外的なPRも兼ねて2013年から、図書館のビジネス支援機能を活用して起業、商品開発、技術開発、経営改善等に成功した事例を募集し、応募のあった事例の中から最優秀賞、優秀賞を決定して表彰する「図書館で夢を実現しました大賞」を行っている。その前に一度、2008年度に国の地域の図書館サービス充実支援事業の予算で、同様に図書館を活用した「夢実現」大賞を企画して全国の事例を募集したが、これをベースに鳥取県立図書館が独自に行う「図書館で夢を実現しました大賞」では、県内の事例を対象にしている。そして受賞者のサクセスストーリーは、漫画にして公開している。

「図書館のビジネス支援が、企業、商品開発等のどの段階でどのように役立ったのか、実際に経験した人のストーリーを、漫画の形にして分かりやすく伝えたことは好評で、最終的にそうした漫画を集めた事例集を本にすることも考えたい」（小林）

なお応募された事例の中には、鳥取県立図書館だけでなく県内の市町村立図書館によるビジネス支援で商品開発が実現した事例もかなりあって、鳥取県立図書館との連携を通して、市町村立図書館のビジネス支援機能もアップしていることがうかがえる。

## 3-6 今後に向けた取り組み

鳥取県立図書館では、商工業、農業以外にも、行政の職員、学校の教員等、様々な職業人のビジネス支援を行っている。特に商工会議所が企画する創業塾に参加するような人達の多くは、相談する専門家が身近におらず、そのため彼らにとって商圏分析や企業情報に関するデータを自ら入手することは不可欠である。そうした人達に鳥取県立図書館では、必要な情報を伝え、また商工会議所の中小企業診断士や日本政策金融公庫の融資担当者等の専門家等に繋ぐ窓口の役割を果たしている。また近年では「金融機関関係者が融資先にコンサルするための情報を取得するため、県立図書館を利用することが増えている」（小林）という。

また鳥取県立図書館は独自に友の会のような組織を持っていないが、鳥取県立図書館が支援する各市町村立図書館の友の会に対して、その勉強会に司書が出かけて行って話をするといった形で協力関係にあり、「図書館の応援団である市民との関係を大切にしていきたい」（小林）という。

そして鳥取県立図書館がこれからの取り組みとして重視しているのがデジタルシフトで、「2022年に県立長野図書館が市町村立図書館と協働で先行して行った、県内の公共図書館のサイトからリンクする電子図書館サイトで、県民が電子書籍を読むことの出来るサービスを、鳥取県でも同様に提供出来る環境を構築することが今後の課題」（小林）となっている。

今後の鳥取県立図書館のビジネス支援や電子書籍サービスの展開について、ぜひ注目していきたい。

## 4．これからの地方図書館に望まれること

この章では、最初に少子高齢化が進む過疎地の図書館で、地域の読書環境を維持するため、移動図書館車による読書環境の維持に向けた取り組みを紹介した。もともと移動図書館車は、戦後、公共図書館の普及が充分でなかった時期に全国に拡がったが、その後、公共図書館の普及により各地で移動図書館車のサービスは終了している。だが種子島のような過疎地では今日、地域の書店が廃業する中、移動図書館車による読書機会の提供は依然として重要な意味を持っている。

次に公共図書館が本のある地域の居場所（サードプレイス）としての役割を担っている、岐阜市立図書館の事例を紹介した。今日、多くの地方図書館では従来の図書館サービスに加えて地域づくりの拠点となる地域の市民にとっての居場所（サードプレイス）を目指しているが、ただ組織の様々な制約があって、岐阜市立図書館のような先進的な取り組みがどこでも自由に出来るわけではない。岐阜市立図書館では市民の読書会を始めとする自立した多様な学びの場が自然発生的に生まれ、図書館側ではそれをサポートすることに徹している。だがアメリカの地方図書館のように自治体から独立した行政委員会である図書館委員会のもとで運営されるのと異なり、ある意味で自治体との繋がりの強い教育委員会が所管する日本の地方図書館では、地域の市民にとっての居場所づくりにおいても、市民の自発的な多様な取り組みが優先させるわけでは必ずしもない。

地域の市民にとっての居場所（サードプレイス）としての公共図書館を目指して、岐阜市立図書館は「屋根の付いた公園」として、本を媒介して子どもを繋ぎ、中高生を繋ぎ、市民を繋ぎ、そして市民と地域を繋ぐ様々な取り組みをこれまで行ってきた。そしてその延長にこれからの方向としてあるのが、市民のシビックプライドの醸成による「ぎふメディアコスモス」を核にした多くの市民の地域づくりへの参画と地域の活性化である。

ただ岐阜市立図書館の極めて先進的な取り組みは、図書館長、そして総合プロデューサーとしてこれまで7年余り運営に関わって来た吉成の属人的な発想によるところが大きく、他の多くの公共図書館で同様の取り組みを行うことは、様々な組織のしがらみもあって簡単ではないだろう。また将来的に多少とも懸念されるのは、吉成の在職中にシビックプライドの醸成による新たな図書館活動と地域づくりの担い手となる市民が充分に育って、吉成が「ぎふメディアコスモス」を離れた後も、行政と協働で「ぎふメディアコスモス」を核にした市民の地域づくりへの参画と地域の活性化が継続するかどうかという点である。

ともかく今後、岐阜市立図書館を始めとする全国各地の多くの公共図書館が、地域の市民にとっての居場所（サードプレイス）として機能していくことを期待したい。

そして最後に市町村立図書館が単独で担うことが難しいビジネス支援について、県内の市町村立図書館と連携して取り組んでいる鳥取県立図書館の事例を紹介した。鳥取県立図書館では、２００２年度にスタートした図書館改革の一環としてのビジネス支援の取り組みが、地元の鳥取大学や商工関係者を巻き込んで今日に至るまで継続し、市町村立図書館のビジネス支援機能は大きく向上している。
この鳥取県立図書館の取り組みは、ぜひ他の県立図書館も参考にして欲しい。

注

1　岐阜市立図書館の特徴的な取り組みの多くは、吉成が赴任してから開館するまでの3カ月間に、図書館スタッフ全員と行ったワークショップでの対話を通して生まれたアイディアをもとに企画された。

2　青森県八戸市のコミュニティFM局「BeFM」で放送を行っていた環境保護団体「PEACELAND」代表の山内雅一が、「森と風のがっこう」、宮城県仙台市のアトリエ「wasanbon」、山形県天童市で太陽電池パネルの販売を手掛ける「ソーラーワールド」等と協力して、4県のメンバーが合同でそれぞれの地を巡りながら番組を制作し、ネットで配信する市民ラジオ活動である。

3　「YA交流掲示板」では何か正しい答えを出すのではなく、投稿者の「心の叫び」を受け止めることを重視している。

4　ビジネス支援の相談以外にも、主にこれから起業する人たちを対象に、起業する際のSNSの活用の仕方やPOPの作成の仕方についてレクチャーしたり、金融機関の人に企業のノウハウについて語ってもらったりする図書館ビジネス支援セミナーを行っている。

5　岐阜市立図書館では、自発的な市民の活動について、図書館サイドとの連携や組織化して役割分担すること等は（関わっている多くの市民にとって自分事ではなく他人事になってしまう可能性があるため）安易に勧めず、機が熟して相談された場合にイコールパートナーとして対応するようにしている。また図書館協議会のメンバーについても、単に意見を述べるだけでなくボランティアで図書館活動に積極的に関わっていこうとする人に依頼し、図書館協議会のメンバーと図書館活動に関わる市民とでコミュニケーションをとっている。

# 第10章　サードプレイスとしての私設図書館

## 本のある地域の居場所

近年、全国各地で街中の小さな書店がなくなっていく中、新たに増えつつあるのが、マイクロ・ライブラリーと呼ばれる小さな私設図書館やブックカフェのような本が読めるスペースである。この章では、そうした本のある地域の居場所について取り上げたい。最初に取り上げる長崎県の五島列島にあるさんごさんは、書店のない過疎地でも私設図書館が成り立つことを証明している。

また街中にある誰もが利用可能な私設図書館の機能として、今日では地域の市民にとっての居場所（サードプレイス）としての役割が期待されている。次に取り上げる市民が自発的に立ち上げる私設図書館として全国にネットワーク展開しているまちライブラリーは、そうした役割を担う存在として注目される。

そして昨今、第7章で紹介した一箱本棚オーナー制度による棚貸し書店（シェア型書店）とも似た存在として、棚貸し図書館（シェア型図書館）が各地に誕生している。今回、そうした一箱本棚オーナー制度による図書館として、静岡県沼津市のみんなの図書館さんかくの事例を取り上げたい。このみんなの図書館さんかくは、まちライブラリーのネットワークにも加盟している。

## 1．五島に誕生した私設図書館

長崎県の五島列島の福江島（五島市）の富江の集落に、2016年8月、さんごさんという私設図書館が誕生した。館長の大島健太によると、「東京在住の鳥巣智行、大来優の夫婦がオーナーで、鳥巣の先祖の出身地である五島の魅力に惹かれて何度も訪問する中、別宅として古民家を購入することになり、それを普段はコミュニティスペースとして地域で活用出来ないかと考えたのが、さんごさんが誕生するきっかけだった」という。大島はたまたま仕事を辞めてフリーだった時、予備校の時からの友人だった大来から、本を媒介して地域の人達や島外からの旅行者が集まって出会う場として私設図書館を立ち上げるというさんごさんのプロジェクトについて話をうかがい、管理人にならないか誘われて引き受けることになった。

現地に滞在してさんごさんの古民家のリノベーションを担当した建築設計事務所スタッフの石飛亮によると、「オーナーから島の魅力を発信する空間にして欲しいと依頼され、五島に来て情報を集め、島の溶岩やさんご等の建築に使える素材を活用した設計を行うとともに、ブログでさんごさんプロジェクトの情報発信を行った」という。こうしたブログでの情報発信もあって、開館した当初はメ

五島の古民家をリノベーションした私設図書館のさんごさん

ディアの取材を含めて島外から様々な人がさんごさんを訪れた。また地元の人達にもいろいろな形で利用してもらうため、当初は地元の商店街の協力を得て、月に2、3回、クリスマスリースを制作するワークショップやそば打ちのイベント等を開催した。

ただ、さんごさんのプロジェクトはクラウドファンディングで200万円以上集めたものの、その多くをオーナーが五島の魅力を伝えるための返礼品で寄付した人に還元したため、初期費用のかなりの部分はオーナーの自己負担で、また館長の大島の家賃、光熱費、車の維持費もオーナーが負担するものの、給与の支払いはない。そのため大島は、空いた時間にオンラインで出来る仕事以外に、開館から1年後の2008年8月にさんごさんにコーヒースタンドを併設して開業し、そこでコーヒーの販売を開始した。

さんごさんは私設図書館だが、そこに収蔵されているのは寄贈者が人生でベストの3冊として選んだ本である。これはむやみに本の寄贈を募ると、寄贈者のいらなくなった本でスペースが埋まってしまうため、ベストの3冊で寄贈を募ることにした。本の寄贈は島内よりも島外からの方が多く、「プロジェクトのメンバーの知り合いを中心に、五島に縁のある人がネットで知って送って来るケースとか」（大島）である。また島内では、「地元の富江よりも人口が集まる福江に住んでいる人からの寄贈が多い」（大島）という。ただ本の貸し出しを行っていないため、オープンしている昼間の時間帯に本を読むためにさんごさんを利用する地元の人は少なく、むしろ地元の子供達が宿題をやるために集まった際に、時々、本を手にするといった利用が中心となっている。

「ただ富江の子供達が本の背表紙を眺めているだけでも、本のある環境を日常的に体感し、成長した何年か後にでもさんごさんで見た本のことをふと思い出して、読んでみようという気になれば、意味があるのではないか」と大島は語る。

## 2．各地に展開する私設図書館のネットワーク

### 2－1 全国に広がるまちライブラリー

五島のさんごさんは、個人がコミュニティスペースとして立ち上げた私設図書館だが、こうした地域の人々が集って交流する私設図書館を全国各地に広げる運動として誕生したのが、まちライブラリーである。

まちライブラリーは、一般財団法人森記念財団の礒井純充が２０１１年に提唱した本を通して人と出会う私設図書館を全国各地に広げて行こうとする図書館活動で、２００８年に大阪で礒井が自らの

蔵書をもとに立ち上げた「ＩＳまちライブラリー」を、２０１１年10月にリニューアルオープンしたのが第1号である。

礒井はもともと森ビルで、社会人教育機関「アーク都市塾」、産学連携・会員制図書館「六本木アカデミーヒルズ」の立ち上げに携わっており、そうした中で地域の人が集って交流したり学んだりすることの出来る図書館を街中につくることに関心を持ったが、森ビルの事業はあくまで自社ビルに付加価値を付けることが目的だったため、代わりに個人で実験的に取り組んだのが「ＩＳライブラリー」だった。そして早稲田大学教授の友成真一を始めとする人たちと、まち塾＠まちライブラリー実行委員会を結成して、学び合う機会と学び合う場を提供するまちライブラリーについて検討し、そこに集まったメンバーの中から、最初に20カ所余りのまちライブラリーが誕生した。こうした小さな繋がりから始まり、その後、今日に至るまでの間に、全国各地に１０００カ所以上のまちライブラリーのネットワークへと成長した。

個々のまちライブラリーの運営母体として、一般社団法人まちライブラリーが運営委託されているところが全国に10数カ所あり、50名程のスタッフで運営しているが、それ以外は個人が立ち上げたものからＮＰＯや企業が立ち上げたものまである。礒井は当初、新たにまちライブラリーを立ち上げたいという人を個人でサポートしていたが、２０１３年4月に大阪府立大学が地域連携に向けた社会実験として、大阪市内のサテライトキャンパスに「まちライブラリー＠大阪府立大学」を設置することになり、その運営委託先として一般社団法人まちライブラリーを立ち上げることになった。その後はこちらのスタッフが、まちライブラリー全体の広報と併せて、新たに参加したまちライブラリーの集客に向けて個別にサイトで紹介したり、本の管理等の運営について必要なアドバイスを行ったりしている。また2013年8月には一般社団法人まちライブラリーが中心となり、全国各地の小さな図書館活動をしている人たちが集まるマイクロ・ライブラリーサミットを開催した。

一般社団法人まちライブラリーが運営委託されているところ以外に、公共図書館の一角に誕生したまちライブラリー、小学校の学級文庫として子供達が持ち寄った本をもとに誕生したまちライブラリー、サービス付き高齢者向け住宅の中に誕生したまちライブラリー、「巣箱」と呼ばれる家の前に置かれた箱に本が並んだまちライブラリー、さらには早稲田大学の学生がカバンに本を詰めて大学に持っていって行う移動式のまちライブラリーまで、様々な形のものが存在する。各まちライブラリーの運営の仕方は全てオーナーに任されており、オーナーも小学生から80代まで幅広い層に及んでいる。

まちライブラリーの規模も様々で、第1号となった「ISまちライブラリー」の蔵書数が約8000冊、比較的規模の大きい大阪の「まちライブラリー@もりのみやキューズモール」が約1万5000冊の蔵書を抱えているが、一方で個人が運営する小規模なところは、数十冊規模のものもある。

まちライブラリーでは、本は人と人を繋ぐ媒介物という位置づけである。多くのまちライブラリーは、図書館が行っているようなレファレンス等のサービスを行っておらず、オーナーを始めとするスタッフは、本のある場所を提供する世話人という位置づけで、司書の資格を持っている人も少ない。ただまちライブラリーでは、オンライン蔵書管理システムを提供するリブライズと共同で開発した「コミュニティ型図書館システム」を、「まちライブラリー＠もりのみやキューズモール」を始めとする比較的規模の大きいところでは使って、会員登録や貸出の管理等をしている。「巣箱」を始めとした個人が運営する小規模なまちライブラリーでは、本を借りる人が置いてあるノートに自分で記入する形式のところもある。

もう1つまちライブラリーのユニークな特徴として、「みんなの感想カード」の仕組みがある。これは本を借りて読んだ人が、本に添付されている「みんなの感想カード」にその本の感想を書いて、次に読む人に繋いでシェアするというものである。

まちライブラリーの運営は、基本、各オーナーに任されているが、オーナー同士が運営に関する情報交換をする場として、全国から何百人もが集まるマイクロ・ライブラリーサミットがあり、一部のオーナーはそこで登壇して自らの取り組みについて報告している。また発祥の地である関西のようにまちライブラリーが多いところでは、ブックフェスタのような本のイベントの際に、集まって情報交換をしている。

まちライブラリーの広報活動として、サイトで取り組みを紹介する以外に、２０１７年4月から『まちライブ』という情報誌を年に2回程発行して販売しており、こちらで毎回、多くのまちライブラリーの活動が紹介されている。

## 2-2 ショッピングセンターにあるまちライブラリー

今回、こうした多くのまちライブラリーの中から、2015年4月に大阪市中央区森ノ宮に誕生した「まちライブラリー@もりのみやキューズモール」について見ていきたい。

一般社団法人まちライブラリー事務局の小野千佐子によると、東急不動産が日本生命球場跡地に商業施設として「もりのみやキューズモールBASE」を建設することになった際、施設の中にまちライブラリーを入れたいという話があり、2014年7月から2015年3月にかけて、まちライブラリーのスタッフと地元の市民が集まって企画・運営内容についてアイディアを出し合うサポーター会議を6回開催し、詳細を決定したという。森ノ宮の周辺は、かつてあった工場が移転した後に高層マンションが建っていわゆるニューファミリー層が移り住むようになり、そうした層に訴求力のある「本を通して人と繋がることの出来る場」の誘致は、商業施設を運営する東急不動産としても集客面で望ましいものだった。

「まちライブラリー@もりのみやキューズモール」の運営は、東急不動産側で必要な経費を全て負担する形で、一般社団法人まちライブラリーが委託されて行っている。内部はライブラリー以外に、カフェ提供スペース、子供や保護者が靴を脱いで上がってくつろげるキッズスペース、そして県域ラジオ局の「FM COCOLO」のサテライトブースが併設されており（現在、放送は休止中）、本を読みながらの飲食も可能である。

大阪のショッピングセンターの中にあるまちライブラリー@もりのみやキューズモール

「まちライブラリー@もりのみやキューズモール」は、個人が自らの蔵書をもとに開館したものではないため、最初は蔵書0冊で、市民が多くの人に読んで欲しい本を持ち寄って寄贈する「植本祭」からスタートした。現在はほぼキャパ一杯で、「新たにまちライブラリーが出来た時に、一部の本をそちらに寄贈して循環させ、古い本を処分することなく、常に市民からの新たな本の受入が出来るようにしている」(小野)という。本の棚の配置も通常の図書館のように日本十進分類法に沿って並べるのではなく、キーワードを設定してそれをもとにざっくりと分け、小説のみ出版年順に並べて、あとは来館者が探す中で偶然の未知の本との出会いを楽しんでもらう形となっている。

「まちライブラリー@もりのみやキューズモール」では、毎月1回、地元の市民が参加するサポーター会議を開催しており、そこで出た市民の声を館の運営に反映させ、また市民から読書会やブックトーク等の本を通してコミュニケーションするためのイベントやワークショップの企画提案がされた際は、それを実現出来るように日程調整してスタッフがサポートしている。

「まちライブラリー@もりのみやキューズモール」は商業施設内にあって、平日は夜8時、休日は夜7時までオープンしているため、多くの人が買い物ついでに立ち寄りやすく、来館者数では同規模の公共図書館を上回っている。ただ来館者の多くは公共図書館を利用しないわけではなく、何か目的を持って調べものをする時は、レファレンス機能の充実した公共図書館を利用するといった形で使い分けしている。

### 2-3 個人が運営するまちライブラリー

「まちライブラリー@もりのみやキューズモール」は一般社団法人まちライブラリーが運営委託されているものだが、それとは別に個人が運営するまちライブラリーの事例についても見ていきたい。

かつて大阪府交野市、そして和歌山県和歌山市で、まちライブラリーとして「わたしの図書館ミルキーウェイ」の館長をしていた石田通夫によると、最初に私設図書館を立ち上げたのは、まちライブラリーの仕組みが生まれる前の2003年8月だった。それまで本好きで個人で多くの蔵書を所持していた石田は、「ちょうど50歳になった際に、本を活用して地域と繋がる活動をしようと決意し、最初は大阪の自宅を土曜日、日曜日に開放して私設図書館をスタートした」という。

ただ徐々に友人や近所の知り合いから寄贈された本が増えて自宅での開催が難しくなり、自宅近くに別の場所を借りて、そこで平日の夜も含めて開催することにした。そしてまちライブラリーが誕生したことを知り、まちライブラリーに参加する。そしてその後、仕事の関係で和歌山市に赴任することになり、そこで市の職員と話した際に、市の方で中心市街地活性化のため、シャッター通りとなっている商店街の一角に若い人達が集まるまちなか交流スペース「みんなの学校」を開設することを聞き、たまたま地下のスペースが空いていたため、そこでまちライブラリーを開館することにした。石田自身は当時、会社勤務していたため、まちライブラリーの運営は「みんなの学校」のスタッフに委ね、自らは時々、本の補充や整理に行った。

だが2019年3月に「みんなの学校」が閉鎖されることになり、石田は「わたしの図書館ミルキーウェイ」を閉館して、蔵書を「まちライブラリー@もりのみやキューズモール」や「まちライブラリー@大阪府立大学」に寄贈することになった。

こうした16年程の私設図書館の活動を通して石田は、「まちライブラリーを維持管理するためには、本に対する想いと、本を通して地域コミュニティの人と繋がりたい、あるいは人と人を繋げたいという想いが必要で、それがないと続かない」と語る。

残念ながら和歌山市側の事情で「わたしの図書館ミルキーウェイ」は閉館したが、本を通して地域の人を繋ぐ場であるまちライブラリーの運営に関心を持って、新たに参加するオーナーが多数いて、まちライブラリーの全体の数は毎年増加している。

## 3．商店街の空き店舗を活用した棚貸し図書館

静岡県焼津市の駅前通り商店街に2020年3月にオープンしたみんなの図書館さんかくは、一箱本棚オーナー制度による棚貸し図書館（シェア型図書館）である。現在、こうした一箱本棚オーナー制度による私設図書館のネットワークであるみんとしょネットワークには、みんなの図書館さんかくをはじめとした50近いまちの図書館が参加している。

みんなの図書館さんかくの館長を務める一般社団法人トリナス代表理事の土肥潤也は、学生だった2015年に持続的に若者が地域で活躍出来る環境づくりを目指して仲間と一緒にNPO法人わかものまちを設立し、そこで様々な若者のまちづくり支援活動に取り組んだ。その一環として静岡福祉大学の焼津駅前サテライトキャンパスで、若者の交流拠点の運営に携わることで地域の商店街との関係が出来、そうした中で地域課題の解決に必要なコミュニティスペースづくり等のまちづくりコーディネートに取り組むトリナス、及びトリナスが運営するみんなの図書館さんかくの立ち上げが構想された。

2019年夏に商店街の空き店舗で利用可能な物件が見つかり、棚貸し書店の仕組みを参考に一箱本棚オーナー制度で運営する図書館を考え、またまちライブラリーという民間図書館（マイクロ・ライブラリー）活動を行っている礒井純充に話を聞いて準備を進め、半年余りでオープンにこぎつけた。そのためみんなの図書館さんかくは、まちライブラリーにも登録されている。なお一箱本棚オーナー制度による書店でなく図書館を目指したのは、「本を販売する場よりも、本の貸し借りを行う場の方が、コミュニティづくりにつながる」（土肥）と考えたことによる。

焼津市の駅前通り商店街にあるみんなの図書館さんかく

現在、トリナスには常勤スタッフはおらず、土肥も含めてスタッフ全員が兼業で関わっている。みんなの図書館さんかくの運営は、毎月の棚代が2000円で100以上の棚を貸しているため、図書館事業で250万円程の売上があり、赤字にならずに家賃等の運営経費をまかなえている。

みんなの図書館さんかくでは、400名程の利用者が会員登録しており、毎月300名程が訪れて本を借りている。本は1人5冊まで借りることが出来る。会員管理は、リブライズ合同会社と一般社団法人まちライブラリーが共同開発したコミュニティ型図書館システムを利用して行っている。利用者は会員登録に際して300円かかるが、これはリブライズの本を管理するためのシールの費用等とほぼ相殺されている。館内にはコーヒースタンドがあるが、これはやりたい人に店番を兼ねてやってもらっており、金銭的なやり取りはなく、運営経費はほとんど全て棚主からの棚代のみで賄っている。開館時間も特に決まっておらず、店番をやってもらえる人がいる曜日や時間帯に、無理せずに開館している。

棚主は、「6対4で女性の比率が高く、年齢層は様々だが子育ての終わった50代が中心で、何か特定のジャンルに関心を持った人が比較的多いのではないか」（土肥）という。また利用者は、「午前中は近所に住む高齢者が中心で、午後になると子供を連れた母親が訪れ、夕方以降は仕事を終えた社会人の人が立ち寄る」（土肥）という。みんなの図書館さんかくでは棚主が様々なイベントを行っているが、昼間の時間帯にイベントを行うと本を借りに来る人が利用しづらくなるため、イベントは利用者の少ない夜の時間帯に限定して、やりたい棚主が企画出来るようにしている。

このみんなの図書館さんかくが焼津市で開館して話題になったことで、同じ静岡県内の沼津市の沼津信用金庫からトリナスに相談があり、沼津信用金庫が旧駅北支店の建物を利用して立ち上げたシェアワークプレイス「ぬましんCOMPASS」内に、トリナスが総合プロデュースする形で2021年4月にみんなの図書館さんかく沼津がオープンした。他にもみんなの図書館さんかくをモデルに、一箱本棚オーナー制度を活用した私設図書館を立ち上げようとする取り組みが全国各地に生まれているが、トリナスでは自立分散的にそうした図書館が生まれることを応援するため、年に数回、「まちのちいさな図書館のつくり方講座」を開催している。

これからのみんとしょネットワークの拡がりに注目していきたい。

## 4．本のある地域の居場所を求めて

この章では、五島のさんごさんのような個人が立ち上げた本のある地域の居場所としての私設図書館、そうしたマイクロ・ライブラリー、そして一箱本棚オーナー制度による棚貸し図書館（シェア型図書館）であるみんなの図書館さんかくとみんとしょネットワークについて紹介した。

第9章で触れたように、今日、全国各地に市民に開かれた場を提唱した大型の公共図書館が誕生しているが、かつて不動産ビジネスの現場にいたまちライブラリー提唱者の礒井は、「今後、少子高齢化が進む中で大型の公共図書館とその仕組みを多くの自治体が継続して維持することが出来るのかどうかという問題があり、将来的にその機能を著しく低下させることになるなら、むしろ自治体は遥かにコストがかからないまちライブラリーのような社会インフラを支援するとともに、逆に多くの公共図書館ではまちライブラリーでは難しい様々な地域資料のアーカイブのようなことに、もっと予算をかけるべきではないか」と考える。[1]

これまで全国各地に1000カ所以上誕生したまちライブラリーの内、これまでその10数パーセントが活動を終了しているが、礒井はサードプレイスとして個々のまちライブラリーが継続するための重要なポイントとして、「まちライブラリーは地域社会への参画の1つの方法だが、そこでは課題解決とかを目指すよりも、ある意味で遊びの道具として運営の面白さを楽しむことが長続きして重要」と指摘する。これは個人が運営するまちライブラリーに限らず、企業が運営するまちライブラリーも同様で、そのため一般社団法人まちライブラリーでは、参加を希望する企業に対して、マーケティング等の具体的な成果を追求するものではなく、社会貢献の一環として地域に末永く関わるために参加を希望するものに限って登録を認めている。

まちライブラリーを始めとするマイクロ・ライブラリーは、今後とも自発的な市民の手により全国各地に拡がっていくが、個人による運営が中心のそうした私設図書館が担うことの出来る役割は限られており、地域の記録と記憶のアーカイブとシビックプライドの醸成に向けたその活用という点では、第9章で紹介した岐阜市立図書館のような先進的な取り組みを行う公共図書館にかなりの部分を委ねることになろう。

全国各地の多くの公共図書館と私設図書館が、それぞれ異なる方向から必要に応じて協力し、地域の市民にとっての居場所（サードプレイス）となっていくことを期待したい。

注

1　自治体が立ち上げたまちライブラリーとしては、2019年9月に開館した東大阪市文化創造館で、公共施設のコンサートホールの中にコミュニティスペースとして「まちライブラリー＠東大阪市文化創造館」が作られたケース等あるが、まだその数は少ない。

# 第11章　地域の記録の保存のために
## 公文書館、視聴覚センター・ライブラリーの役割

図書館が一般に刊行された複製物としての文章資料を収集して保存し、閲覧や貸出によって利用者に情報提供するのに対し、公文書館は行政の非現用文書や地域の記録資料の中から、歴史資料として将来に残して伝えるものを選んで保存し、閲覧を通して利用者に情報提供する施設である。2009年7月に「公文書管理法」が制定（2011年4月に施行）され、地方自治体に対しても公文書の適正な管理について努力義務が課されるようになってから、全国各地の自治体で公文書管理条例を制定して、歴史的史料としての公文書を保存する公文書館を設置する動きが出てきた。現在、多くの都道府県では公文書館を設置しているが、市町村で公文書館を設置しているところは全体の2％程にとどまる。

そうした中、熊本県天草諸島にある旧本渡市（現天草市）では、「公文書管理法」が成立する以前の2002年というかなり初期の時期に、公文書館として本渡市立天草アーカイブズ（現在は天草市立天

草アーカイブズ）が設立された。最初に基礎的地方公共団体の公文書館として、天草市の天草アーカイブズについて見ていきたい。

また広域的地方公共団体の公文書館として、沖縄県では１９９１年12月に沖縄県公文書館設置検討委員会が設置されて、公文書館設置に向けた準備が始まり、１９９５年８月に沖縄県公文書館が開館した。次に開館して四半世紀余り経った沖縄県公文書館について見ていきたい。

そして公文書館以外に地域の記録を保存する取り組みとして、今日、全国各地で様々な地域アーカイブが構築されている。こうした地域アーカイブは、１９９６年にデジタルアーカイブ推進協議会が設立されて以降、アーカイブ構築に必要なデジタル技術の発展と連動して、２０００（ゼロ）年代には各地に普及していった。初期の頃は、公立の視聴覚センター・ライブラリーが、教育利用を目的とした地域の映像教材を制作してそれをアーカイブ化するケースや、地域の情報や魅力を広く発信して地域活性化を目指して地域の文化資産をデジタル化してアーカイブを構築するといった取り組みが多かった。

こうした初期の頃にスタートした地域アーカイブ構築の取り組みが現在どうなっているのか、札幌市視聴覚センターと上田市マルチメディア情報センターの事例を通して見ていきたい。

また戦後、学校教育、社会教育の現場での視聴覚教育の促進に向けて、全国各地の多くの自治体で視聴覚センター・ライブラリーが誕生したが、今日、デジタルデバイスとネット環境の普及にともなって利用が減少し、自治体の財政難もあってこうした視聴覚教育施設が廃止されるケースも増えている。

そうした中、愛知県岡崎市の岡崎市視聴覚ライブラリーでは、存続に向けて自ら映像で地域の記録を残すだけでなく、映像を活用して地域の記録を残すことの可能な人材の育成にも力を入れており、その取り組みについても見ていきたい。

## 1．離島で誕生した公文書館

### 1－1 全ての公文書の廃棄権限を持つ公文書館

図書館は、一般に刊行された複製物としての図書を保存し、閲覧や貸し出しによって利用者に情報提供する施設であるのに対し、公文書館（アーカイブズ）は、行政の公文書や地域の記録史料の中から、将来に残して伝えるものを選んで保存し、閲覧を通して利用者に情報提供する施設である。

天草市総務部総務課天草アーカイブズ管理係の橋本竜輝主任によると、「旧本渡市（現天草市）で天草アーカイブズが開館したのは2002年だが、そのきっかけとなったのは2000年に開かれた市政を目指して翌年からの情報公開条例施行に向けた公文書の整理がなされ、その際に業務で必要なくなったものを廃棄しようとしていたところ、同年8月に民間の史料調査ボランテイア団体である天草史料調査会から、当時の市長に歴史的公文書の保存の提言があり、そこから一転して公文書と天草全体の地域史料を併せて保存する天草アーカイブズの構想が生まれた」という。そして2001年10月に本渡市公文書館設置審議会が設置されて同年12月に審議会より答申があり、翌2002年2月に本渡市立天草アーカイブズ条例が議会で可決され、同年4月に本渡市立天草アーカイブズは開館した。その後、2006年3月に本渡市と周辺の1市8町とが合併して天草市が誕生したことで、天草市立天草アーカイブズに改称された。

天草アーカイブズのある天草市役所五和支所

天草アーカイブズは当初、本渡市教育委員会文化課に所属していたが、合併によって天草市が誕生した際に、総務部総務課の所属となった。「全国的に見ると自治体史の編纂事業をきっかけに、そこで収集した資料を保存するため公文書館が誕生したところでは、教育委員会の所管になることが多いが、天草市では市の情報公開と併せて運用を考えた場合、総務の所管にした方がよいという判断に至った」（橋本）という。

天草市では各部署で作成される公文書は、それぞれ1年から最大30年の保存期間が設定され、その期間を満了した公文書は部署の職員が勝手に廃棄することが出来ず、全て天草アーカイブズに移管される。すなわち公文書館が全ての公文書の廃棄の権限を持つというのが、大きな特徴である。

2006年の自治体合併の際には、旧自治体から移管された公文書が段ボール箱1万4000箱余りに達し、その後も毎年、段ボール1000箱余りの公文書が移管されている。これを整理して目録を作成した後、評価選別して将来に残して伝えるものを保存し、それ以外のものを廃棄する作業を、橋本を含む数名の職員で行っている。

「公文書の評価選別は、スタッフが個人で行うと個々の意識の差によりぶれが生じるため、3名程のチームで行い、また特定の地域や部署の公文章をそのチームで全て目を通すことで、全体の中で個々の公文章を保存するか廃棄するかの判断をする」（橋本）という。この評価選別作業は、網の目となる基準を変えて2段階に分けて行われ、第一段階で全体の25%程が残り、第二段階で永久に保存が決定するのは全体の10%以下となる。

ただそれでも天草市の電子文章管理が進むまでは、毎年、膨大な量のファイリングされた紙の公文書が届くため、2007年に天草アーカイブズの本館を旧五和町の議会棟だった建物に移し、またそこだけでなく廃校になった学校の校舎に館外書庫を分散させる形で、公文章の保存を行っている。

こうして保存された公文章は、国や県の資料と異なり基礎自治体の場合、個々の市民の権利や利害に関わる個人情報が含まれているものも少なくないため、一部は個人情報保護の観点等から閲覧制限がかかるものの、それ以外は全て公開される。また移管される前の公文書については、情報公開条例の対象となり、公開請求を受けて非公開情報に該当しないものは全て公開されている。

あとは「公文書を保存し有効に活用していくためには、それを作成する市の各現場の職員が、どれだけ将来の活用を意識して作成・管理するのかが重要となり、そのため毎年の公文書の移管の際に、各部署の担当職員と改善に向けて話し合っている」（橋本）という。

### 1－2 地域紙を含む地域史料を保存

天草アーカイブズは、天草市の公文書に加えて、天草全体の地域史料を保存している。天草市に限らないのは、現在の天草の2市1町の行政区と過去の行政区が異なることや、過去に天草五橋の架橋や天草空港の建設等、自治体の枠を超えて天草全体で取り組んだ事業が多数あることによる。

保存している地域史料は、古いものでは古文書、比較的新しいものでは郷土史家等から寄贈された収集資料やその研究資料、合併前の旧自治体や自治会も含む天草の様々な団体による刊行物、天草にゆかりのある天草出身者に関する資料などがある。またかつて天草で発行されていた「天草新聞」、「みくに新聞」、「天草民報」、「天草毎日新聞」といった地域紙も保存しており、天草アーカイブズではそれをマイクロフィルム化し、記事見出し目録を作成して検索出来るようにするとともに、さらに利用しやすいようスキャンしてデジタル化してそれを冊子にしている。

他にも天草アーカイブズでは、市民から提供された写真やフィルム映像といった資料をデジタル化（現物は返却）して保存しているが、ただ写真については自治体職員が広報用に撮ったものが、保存している写真全体の7割を占めている。

そして天草アーカイブズでは、2008年に発展的に解消した天草史料調査会のメンバーを中心とした研究者、学生、そして地元の市民が参加する天草アーカイブズ地域史料調査協力員の制度があり、合併前に旧自治体のあった各地区を担当するこうした地域史料調査協力員からの情報や、天草市の博物館である歴史民俗資料館からの情報、天草アーカイブズの広報・普及活動として行う展示会等に来られた市民からの情報をもとに、市民が所有する地域史料とその所蔵者の確認を行い、必要に応じて調査や展示への協力を求めている。

「地域史料の多くはそれを所有する市民の自宅に所蔵されているが、地震や台風等の大規模災害が起きた際に迅速に対応出来るよう、地域史料の所有者と日ごろから連絡をとっておくことが重要」（橋本）という。なお自宅に残る地域史料の処置に困っている市民には、天草アーカイブズへの相談や提供を呼び掛けている。

それから展示会は、会場を借りて天草アーカイブズ所蔵の行政資料、地域史料、そして写真や映像資料を使って行う企画展をはじめ、市内各地区の文化祭等のイベントでの出張展示等を行っている。また他にも毎年夏に全国の地域史料調査協力員が集まって行う夏季史料調査事業に合わせて、その史料調査現場と普段入れない書庫の見学会を市民向けに開催したり、あるいは所蔵資料について専門家の講師を招いて講座を行ったりしている。

## 1－3 天草アーカイブズのこれからの課題

天草アーカイブズでは、閲覧、複写、レファレンス（問い合わせ）の件数が、それぞれ年間で数十件ある。また市の職員の内部利用も年間で数十件あるが、その多くは市民等からの問い合わせに対応するためのものである。

天草アーカイブズ管理係の松野恭子主査によると、「天草アーカイブズの個々の利用状況は、メディア関係者による報道での利用、市民による学校の同窓会の記念誌制作等での利用、研究者や学生による調査研究での利用といったものが中心だが、今後は若い世代に地域アーカイブズの意味を知ってもらうべく、学校教育の中で利用される仕組みをつくっていきたい」という。「具体的には手始めに教材化しやすい地域の地図をリストにして、それを地元の各地区の小中学校に提供しているが、今後、学校と連携してさらに授業の中で扱いやすい資料はないか研究したい」（松野）ということだ。

天草アーカイブズの抱えている課題として、まず「古文書は問題ないが、特に戦後の資料の多くは劣化しやすい酸性紙に記録されたものなので、これを現在、クリーニングして中性紙の保存容器に入れる等の対応をしているが、どう将来に向けて保存していくのかが課題」（松野）という。

また天草アーカイブズには、中核となる3名の市の職員と事務補助の10数名の嘱託スタッフが勤務しているが、市の職員はもともとこの分野の専門職で採用されたわけではなく、異動を伴う一般職のため、「公文書館の仕事が特定の個人に依存せずシステマチックに動く仕組みをどう目指していくかということと、あと職員の専門性を高める研修が重要」（橋本）になる。

そしてこれから最も大きな課題となるのは、天草アーカイブズの所蔵資料を、どのようにデジタルアーカイブの形に構築して一般に公開していくのかということである。

地域史料については、年代、形態が様々で、それをどのように整理して目録を作成するのかについてこれまで取り組んできたが、今後は館内で紙媒体によって公開されているその目録を、どのようにウェブ上で公開するのかについて、既に検討が進められている。現在、熊本県内には他に同様の公文書館がなく、県内の博物館についてはデジタルアーカイブの形で展示を公開しているところもあるが、博物館のモノ資料と公文書館の紙媒体や写真とではウェブ上での公開の仕方も異なるため、「今後、国立公文書館が出している『公文書館等におけるデジタルアーカイブ・システムの標準仕様書』をもとに、デジタルアーカイブ構築に取り組んでいきたい」（橋本）という。

## 2．沖縄の歴史的公文書を保存する公文書館

### 2-1　自治体公文書館で最も利用されている沖縄県公文書館

沖縄県公文書館は、県庁所在地の那覇市の東側に隣接する南風原町にある。開館時は沖縄県から出向した職員で運営していたが、翌1996年度から業務の一部を沖縄県文化振興会に委託し、2007年度からは沖縄県文化振興会が指定管理者として運営を行っている。

沖縄県文化振興会は公益財団法人として理事会、評議員会のもとで運営されており、組織は沖縄県公文書館の運営をする公文書管理課と、沖縄県の文化芸術振興に関わる事業を行う文化芸術推進課とに分かれる。常務理事が沖縄県公文書館の館長を兼ね、公文書管理課長（副館長）以下、70名余りのスタッフが沖縄県公文書館関連の事業に取り組んでいる。指定管理者としての事業は、資料の整理・

閲覧関係を担当する資料公開班、収集選別・保存修復関係と普及広報を担当する保存普及班、施設の管理運営を担当する総務班が行い、それとは別に２０１３年度から沖縄県公文書館が所蔵する琉球政府文書をデジタル化する「琉球政府文書デジタル・アーカイブズ推進事業」（ＲＤＡプロジェクト）を担当する部門がある。

自治体公文書館の中で最も利用者の多い沖縄県公文書館

沖縄県公文書館が扱う資料は、アメリカ施政権下の琉球政府文章、沖縄県の保存期間を満了した歴史的公文書、アメリカで収集した沖縄戦や沖縄統治に関する資料、そして琉球王国時代の歴史資料等も含む様々な沖縄関連資料である。

沖縄県公文書館では、開館当初は年間入館者数が７０００人台だったが、普及広報活動を通して市民の利用が拡大し、コロナの前の２０１８年度には年間入館者数が１万５０００人余り（この内、展示室利用が１万人余り、閲覧室利用が５０００人余り）となっている。公文書管理課保存普及班長の豊見山和美によると、「開館時に特別展、講演会、講座等の記念事業を行い、その後も節目で周年事業を行うとともに、毎月講演会や講座を開催し、また所蔵資料を様々なテーマで紹介する展示も年に２回入れ替えを行い、公文章館というものを多くの人に知ってもらうよう努めた結果、2001年から毎年1万数千人程の人が訪れるようになった」という。

閲覧室での書庫の資料の利用については、県職員による公務での行政利用を別にして、毎年、その年の利用者に利用証を交付しており、近年では毎年800人余りが利用証の交付を受けて閲覧や複写を行っている。

ちなみに東京都公文書館の入館者数が年間2000人余りで、他県の公文書館の利用はさらにそれよりも少ないため、沖縄県公文書館は沖縄の歴史的特殊性ということもあり、全国の自治体が運営する公文書館の中で最も利用されている公文書館となっている。

### 2-2 市民利用拡大に向けた取り組み

沖縄県公文書館には、県の現用文書で保存期間が満了したものは、職員の出勤簿のようなものを除いて全て引き渡され、保存普及班のスタッフがその中から保存するものの評価選別を行い、保存するものについては資料公開班のスタッフが整理して目録を作成して閲覧出来るようにしている。現在、年間で段ボール箱5000箱程の文章が届き、その内の3割程度を残している。

こうして所蔵された資料は、閲覧室で市民が閲覧出来るが、「沖縄県では戦争で行政文章がほとんど焼失したため、戦後、改めて土地調査を行っており、それに関する資料の閲覧に来る人が多い」（豊見山）という。

あともう1つ利用が多いのが、米軍が撮影した沖縄戦の写真資料、そして戦後の琉球列島米国民政府（ＵＳＣＡＲ）や琉球政府が撮影した写真資料で、こちらは県外も含めたメディア関係者の利用以外に、「一般の市民が字誌のような地域の記録をまとめる際の資料として、データの複製を希望するケースが多く、また移動展で自分の親族が写っている写真を見て、そのデータの複製を貰うために来られる市民もいる」（豊見山）という。中には家譜資料を探しに来る市民もいるが、沖縄県公文書館にはほとんどないので、そうした資料を所蔵している那覇市歴史博物館を紹介するといった形で、レファレンスへの対応を行っている。

「開館した初期の頃と比べて資料の閲覧に来る市民が増えているのは、沖縄県関係の新たな資料の公開によるところが大きい」（豊見山）

一方、展示等の普及広報事業については、保存普及班の普及広報部門のスタッフが担当しており、周年事業については2年前から、それ以外の事業については、前年の12月頃に企画している。講座は公文書管理講座、公文書活用講座、資料保存講座を開講しており、特に公文書管理講座は主に県内の各自治体の自治体史編纂等に携わる職員を対象に、いわゆる歴史資料とは異なる自治体の非現用文書の管理について、公文書館の取り組みを中心に知ってもらうために開催しているが、「自治体の職員以外に、一般の市民の参加者も多い」（豊見山）という。

所蔵資料を活用した展示会や上映会については、２０１８年に明治改元１５０年を意識して企画した「むかし沖縄　戦前資料のあれこれ」の展示会、２０１９年に50年前の知花弾薬庫の毒ガス漏出事故を意識して企画した「オペレーション・レッド・ハット——毒ガス移送」の上映会等、「歴史の節目を意識した話題性のあるものを企画し、メディアにも露出するようにしている」（豊見山）という。そして写真や地図や絵図等のビジュアル資料を極力活用し、多くの市民が来館して見てもらうように努めている。

他にも沖縄県公文書館では、館外普及行事として移動展を行っており、これまで県庁所在地の那覇市から離れた沖縄本島北部や離島で行ってきた。「開催した地域の人達からの反応は良く、デジタルアーカイブの構築と併せて、所蔵する資料の情報をあまねく県内の多くの市民に伝えるため、これからも県内各地での移動展には力を入れていきたい」（豊見山）という。

ただ移動展も含めて沖縄県公文書館の利用者の多くが40代以上の中高年層のため、若年層にも公文書館について知ってもらう取り組みとして、小中高校生の職場体験の受け入れや、大学のゼミの訪問の受け入れも行っている。公文書専門員の津覇美那子によると、「学部の学生だと、卒論研究での公文書館の利用は難易度が高く、どうしても実際の利用は大学院生中心となるため、学部の学生にはともかく公文書館にはどのような所蔵資料があり、どのような役割を担っているのかについて知ってもらうことに重点を置いている」という。

これまで見てきたように、全国の自治体の公文書館の中でも沖縄県公文書館が多くの市民に利用されている背景として、沖縄の歴史的特殊性以外にこうした普及広報の取り組みがある。現在、コロナの影響で予定されていた講座が中止となったりしているが、今後のデジタルアーカイブの拡充と併せて、若い世代を始めとする多くの市民に、公文書館の果たしている役割が認知され、利用拡大が進むことを期待したい。

## 3．視聴覚センター・ライブラリーによる地域アーカイブ

### 3－1　教育映像の制作とアーカイブ

札幌市で2000年8月に誕生した市民の生涯学習をサポートする複合公共施設である札幌市生涯学習総合センター（ちえりあ）内にある札幌市視聴覚センターは、2002年から公益財団法人札幌市生涯学習振興財団が運営を委託されている。札幌市生涯学習振興財団によると、運営を委託された2002年から主に学校教育向けの映像教材の自主制作を行っており、2009年に視聴覚センターの利用促進に向けて、学校現場や広く一般の市民にその存在を知ってもらうため、自ら著作権を持っている自主制作映像をデジタルアーカイブの形にして、ネットで視聴出来るようにしたという。

現在、200本余りの自主制作映像が公開されている。札幌市視聴覚センターでは、コロナ前の2018年度に、他所から購入したものも含むDVD等のパッケージでの映像の貸出が1384件（幼稚園・保育園150件、小学校440件、中学校175件、図書館と児童館150件、町内会と老人クラブ182件）で、ネットの映像へのアクセス数が9万4885件だったので、アーカイブした映像は比較的良く見られていると言える。特に社会の映像教材では、札幌市の地域や文化を記録して子供達向けに分かりやすく紹介しており、地域の記録と記憶を伝える貴重な映像も少なくない。

札幌市視聴覚センターでは、映像教材を学校現場の教員、あるいはそのOBに依頼して制作しており、近年では2人の制作担当者で1本の数分程の尺の映像教材をつくる形で、年間3本程の作品を制作している。映像の企画は、制作担当者から学校教育で映像を活用した方が教えるのに適した内容のものを提案してもらい、2人の学校現場の校長、あるいはそのOBが検討委員としてチェックして必要に応じてアドバイスした後、制作担当者の方で取材、編集、そして必要に応じて権利処理を行って映像教材を制作する。完成したものについては、再度、検討委員がチェックして、必要に応じて修正してもらうこともある。

制作費は1本10万円で、撮影、編集等に必要な機材は制作担当者側で全て用意してもらっており、近年ではビデオカメラでなくスマートフォンで撮るケースもある。ただ以前と比べて映像制作の難易度は下がったものの、学校現場での教員の仕事が年々多忙になる中、依頼して引き受けてもらえる教員の数は減っているという。また近年ではネットでＹｏｕＴｕｂｅ等にアップされた様々な映像にアクセス出来るようになる中、全国的にも学校関係者の視聴覚センターへの関心が低下しており、札幌市視聴覚センターが制作してアーカイブした映像へのアクセス数も年々減少傾向にある。

そのため札幌市視聴覚センターでは、各学年にお勧めの映像教材についてチラシを作成し、札幌市内の学校や公共施設に配布したり、教育委員会経由のメールで案内したりして、映像教材の利用拡大に努めている。また学校の教員を対象に、春休みや夏休みにビデオカメラによる撮影や映像編集ソフトの使い方についての講習会も行い、新たな制作担当者の確保にも務めている。

## 3-2 地域の文化資産のアーカイブ

長野県上田市で1995年8月に誕生した地域情報化の拠点施設である上田市マルチメディア情報センターでは、市民が情報リテラシーを育むための研修事業や学校の情報教育の支援以外に、翌1996年から地域の文化資産である写真、記録映像、文化財のデジタル化による保存、蓄積とその利用を進める地域映像デジタルアーカイブ事業をスタートさせた。そして年間200万円程の予算で毎年、新たにCD-ROM、DVD、ウェブ上でのアーカイブコンテンツ等の作品を制作してきた。

上田市マルチメディアセンターの井戸芳之事業所長によると、「初期の頃は上田市内の古民家に眠る写真や映像資料を発掘するため、映像発掘探検隊を組織して、市の広報で昔の写真や映像について市民からの情報提供を呼びかけ、連絡のあった市民の家を訪問し、そこでデジタルアーカイブ構築について趣旨説明して、過去の写真や映像を記録した8ミリフィルムを借りてデジタル化していった」という。そしてデジタル化した映像については、DVDにして元のフィルムと一緒に提供元に渡すとともに、そうした市民が撮った過去の映像とあと地元の信越放送がかつて制作した上田市広報番組「ふれあい上田」を多くの市民に見てもらうため、市内の各地域の公民館や学校等で出前上映会を年に数十回行い、主にその映像が撮られた時代を生きた高齢者を中心に毎年1000人くらいが上映会で地域の古い映像を観てきた。これによって多くの市民がデジタルアーカイブ構築の取り組みについて知るようになり、何か新たに古い写真や映像が見つかれば、市の方に連絡が来るようになった。

地域映像のデジタルアーカイブ化に取り組む上田市マルチメディア情報センター

なお8ミリフィルムの映像については、缶のラベル等に何を撮ったものかわかるよう記載しているものが多いが、写真についてはこれまで市民から提供の申し出のあったものは膨大な枚数になるものの、何を撮ったのかわかるものは少なく、そうした撮影情報が確認出来るもののみデジタル化している。そして市民の撮影した過去の写真については、観光向けの素材と一緒に「上田イメージデータベース」のサイトにアーカイブしており、必要に応じて申請することで2次利用出来るようにしている。

他にも上田市の所蔵する古地図・絵図、古文書、書籍、そしてこれまでの市の広報誌をスキャンしてデジタル化し、こちらは「上田市画像アーカイブズ」のサイトにアーカイブしている。

上田市マルチメディアセンターではデジタルアーカイブを構築するのにあたって、予算と人手が限られる中、市民から提供される膨大な写真の中から、何をどのような基準で選択してデジタル化するのかという課題に最初に直面した。どのような目的でアーカイブを利用するのかによって、貴重な写真が異なって来るため、井戸は郷土史の研究者の人達と相談しながら、最低限、持ち主への聞き取り等で写真が撮られた年代がわかるものをデジタル化するようにした。

また当初、個々の写真をウェブ上でなるべく高精細に見せるため、90年代にはFPXという画像フォーマットを使ったが、その後、サポートがされなくなったため、そのデータを全てFlashに変換したところ、今度はFlashがサポートされなくなるという問題に直面した。こうしたデータ形式の問題と、あとデータをどのような形で保存するのかはこれまで大きな課題となっており、データについてはサーバーにアップするとともに、CD、DVD等のメディアの双方で二重に保存してきた。

あと市民から映像や写真を提供してもらう際の著作権処理について、現在では極力、許諾書を書いてもらっているが、以前は口頭で許諾を得たのみだったため、許諾した人の親族との間で後に問題が発生するリスクを抱えている。昨今の著作権意識の高まりは、市民から提供された素材に関してだけでなく、過去の放送番組のアーカイブ化についても、信越放送が制作して上田市マルチメディアセンターの方で既にアーカイブで配信している市の広報番組「ふれあい上田」を別にすると、著作権処理の問題もあって他の局から新たな番組の提供が受けられない状態となっている。

そしてこうしたデジタルアーカイブ構築に関する課題だけでなく、構築したデジタルアーカイブの利用促進も大きな課題となっている。「小中学校での教材映像としての活用に向けて、上田市では小学校3・4年生が『わたしたちの上田市』という副読本で地域学習を行っており、それに関連する映像を学校側に紹介しているが、一部の熱心な先生を除くとあまり映像の活用が広まっていない」（井戸）という。ただ一般の市民向けには、主に出前上映会を通して多くの人が地域の記録と記憶を伝えるデジタルアーカイブの存在について知り、必要に応じて活用されるようになっている。

ちなみに市民から提供された過去の写真や映像のアーカイブについては、地域に眠っていた素材もかなり出尽くしており、また社団法人映像文化製作者連盟の協力のもとに過去の様々な地域の記録映像をデジタル化して所蔵しているものについては、著作権の関係でサイトにアーカイブして公開することが出来ないため、今後は既存の写真や映像をウェブ上で地図に落とし込んで見せる仕組みを構築したり、あるいは上田市公文書館と役割分担して古文書等をアーカイブ化したりする取り組みが中心となる見通しである。

## 4．視聴覚センター・ライブラリーの今日的役割

### 4－1　250本以上の自主教材制作の歴史

愛知県岡崎市は、県のほぼ中央の西三河地域に位置する人口38万人余りの中核市である。この岡崎市で1954年に市内の小中学校の先生達の有志が中心となって任意団体の岡崎市小中学校視聴覚教育協会が発足し、美川中学校に岡崎市視聴覚ライブラリーが併設された。そして1973年に岡崎市視聴覚ライブラリー条例が制定され、岡崎市視聴覚ライブラリーは教育委員会の中の一部署となり、岡崎市教育委員会社会教育課視聴覚ライブラリー所長補佐兼学校指導課指導管理係指導主事の近藤雄

一によると、「この時から学校教育だけでなく社会教育も対象になった」という。

その後、岡崎市では1990年にCATV局のミクスネットワークが開局し、1998年からこちらのコミュニティチャンネルで、岡崎市視聴覚ライブラリーの持つ映像を教育番組の枠で放送している。

岡崎市視聴覚ライブラリーでは、1962年から8ミリ映画での自主教材制作がスタートし、1974年からビデオによる自主教材制作がスタートして、これまで250本以上の作品を制作してきた。その内、約4割が全国自作視聴覚コンクールに入選し、文部（科学）大臣賞を受賞した作品も20作品以上あり、制作した作品のクオリティは高い。

岡崎市教育委員会事務局視聴覚ライブラリー主査の鳥居貴浩によると、「2010年度までは岡崎市の小中学校の教員で組織された岡崎市現職研修委員会の学習情報部、社会科部、理科部、英語部がプロジェクトチームとして自主教材制作委員会を組織し、岡崎市視聴覚ライブラリーと連携して業務で制作してきたが、2011年度からは自主研修サークルとしてのおかざき映像教材研究会での制作活動に移行したことで、制作本数もかつては年に10本以上あったのが、現在では他に予算の関係もあって数本になっている」という。

現在、「自主教材の制作予算は60万円程で、作品1本につき10万円で、他に事務費がかかっている」（近藤）という。2022年度は1本の作品の制作に携わる教員が8名で、他にも経験値を積んだアドバイザーの教頭や校長がおり、全体で40名以上の教員が関わっている。「毎年、継続して自主教材を制作しているため、映像制作のノウハウは経験者から新しいメンバーへ継承され、また岡崎市は歴史のある街なので、学校教育だけでなく社会教育にも使えるような地元の歴史をテーマに取り上げた作品が、これまで数多く制作された」（鳥居）という。

２０１１年度以降は、岡崎市視聴覚ライブラリーが毎年4月に岡崎市現職研修委員会の学習情報部の部長の先生に、おかざき映像教材研究会でその年の自主教材制作をするメンバーの募集を依頼し、学習情報部の主任の先生達から各学校に呼び掛けて、そこで集まって来た未経験者も含むメンバーでいくつかの制作チームを立ち上げ、個々のチームは岡崎市視聴覚ライブラリーと相談しながら、6月の全体会までにテーマを固める。そして夏休み期間中の7、8月に取材と撮影を行い、9月末までに仮編集を終えて、アドバイザーの先生達に見せて批評してもらう。それを踏まえて編集したものを11月末の検討会で再チェックし、そして修正して年明けの1月頭に完成させる。作品の尺は、「授業の中での利用を考え、10～15分くらいのものになる」（鳥居）という。

## 4－2 地域の映像の作り手の育成に向けた取り組み

岡崎市視聴覚ライブラリーでは、市内の学校や登録団体に自主教材も含めた視聴覚教材の貸出を行っているが、２００２年度に２４２８点の貸出を行っていたのが、コロナ前の２０１８年度には６２7点まで減少し、さらにその後はコロナの影響で、２０２１年度には２７９点になっている。「自作教材については現在、ＤＶＤ等のパッケージにして各学校に直接配布しているため、その分の貸出需要は減っているが、それでも近年ではＮＨＫが短い尺の映像教材を多数ネットにアップしていることの影響も大きい」（鳥居）という。他にも岡崎市視聴覚ライブラリーでは、ＣＡＴＶのコミュニティチャンネル以外にも、岡崎市教育ポータルサイト「ＯＫリンク」で自作教材を学校内で利用出来るようにしており、生徒は配布されたタブレット端末で視聴可能だが、自宅で視聴することは出来ない。「将来的にはデジタルアーカイブの形で、ＣＡＴＶで放送している番組同様に、市内の誰でも自由に視聴出来る仕組みにすることが望ましい」（近藤）という。

また岡崎市視聴覚ライブラリーでは、２００３年度から視聴覚教育の一環として学校教育や社会教育の場での映像制作の普及に向けて、ふるさと岡崎メディアコンクールをスタートするとともに、小中学生を対象にしたビデオ教室や一般の社会人を対象にした映像編集のサポート等を行っている。市内の小中学校や公共施設でポスターやパンフレットを通して募集し、また市の広報誌でも広く告知することで、地元の小中高校の生徒や映像サークルに所属する社会人から応募があり、作品数は初回の24作品から、２０２２年度の第20回には２９７作品にまで増えている。そしてメディアコンクールの各部門で優秀賞を受賞した作品は、ＣＡＴＶのコミュニティチャンネルでも放送されている。

このように岡崎市視聴覚ライブラリーでは、従来からの視聴覚教材の貸出が減少する中、映像の作り手の裾野拡大へとその役割を拡げている。「岡崎市視聴覚ライブラリーが単に視聴覚教材を貸し出すだけの存在なら、図書館と統合してしまってもかまわないが、それ以外に多くの現場の先生達と一緒に自主教材制作を行い、またそのノウハウを映像の作り手の裾野拡大に向けて活用していくこと

映像の作り手の裾野拡大に取り組む岡崎市視聴覚ライブラリーが入居する岡崎市役所西庁舎南棟

が、岡崎市視聴覚ライブラリーの新たな役割となってきている」（近藤）という。

　このように自ら映像を活用して地域からの情報発信と地域の記録を残し、また地域で映像制作可能な人材を育てることの出来る岡崎市視聴覚ライブラリーの果たす役割は貴重で、他の地域の視聴覚センターや視聴覚ライブラリーがこれから生き残っていくための方向性を考える上でも参考になろう。そして岡崎市視聴覚ライブラリーにとっては、今後、デジタルアーカイブの形での岡崎市の歴史を映像で記録した作品の一般公開と、その社会教育の分野での活用が大きな課題となろう。

## 5．デジタルアーカイブ構築と市民の利用拡大に向けて

　文化情報資源を収集、蓄積、提供する公共施設として図書館、博物館とともに公文書館があるが、この章で見て来たように今日、多くの都道府県では公文書館が設置されているものの、市町村で公文書館を設置している自治体は数少ない。そんな中で熊本県天草市では、旧本渡市の本渡市立天草アー

カイブズが、2市8町による合併を経た後も天草アーカイブズとして存続し、公文章に加えて天草全体の地域史料を保存するという重要な役割を担っている。ただ今後、学校での教育利用も含めて地域の市民に利用される仕組みをつくるためには、所蔵資料をデジタルアーカイブ化して公開していくことが不可欠である。このデジタルアーカイブ構築をどのように進めていくのかは、天草アーカイブズに限らず市町村公文書館にとって大きな課題となっている。

一方、戦後のアメリカ施政権下で独自の歴史をたどった沖縄県の沖縄県公文書館では、早くから琉球政府文書をデジタル化する「琉球政府文書デジタル・アーカイブズ推進事業」（RDAプロジェクト）が進められている。ただ都道府県公文書館の中で最も利用者数の多い沖縄県公文書館でも、利用者の数は年間1万数千人程で、若い世代を中心により多くの市民に利用してもらうための展示会や上映会、講座等の普及広報の取り組みの強化が求められている。

また公文書館以外に主に映像や写真で地域の記録を保存する取り組みを行っているのが、視聴覚センター・ライブラリーで、この章で紹介した札幌市視聴覚センター、上田市マルチメディア情報センターのように、教育利用目的で自主制作した地域の記録映像や地域の文化資産をデジタル化してアーカイブを構築する取り組みを行っているところは各地にある。

ただ今日、ネットと映像視聴可能なデバイスの普及により、こうした施設の学校教育、社会教育での利用は減っており、財政難から施設の運営を終了する自治体も増えている。そんな中で岡崎市視聴覚ライブラリーでは地域で映像制作出来る人材を育てることに力を入れており、今後、視聴覚センター・ライブラリーが存続するためには、地域からの情報発信と地域の記録と記憶を保存するデジタルアーカイブ構築と併せて、こうした地域の映像の作り手の育成を学校教育、社会教育の現場と連携して行っていくことが重要だろう。

## あとがきにかえて――地方メディアはこれからどの方向に向かうのか

日本の各地方で地域の様々な情報を必要とする市民に伝えるローカルジャーナリズムの機能を持ち、また関係人口の拡大に必要な地域の魅力づくりや防災面でも重要な役割を担う地方紙（地域紙を含む）、タウン情報誌・フリーペーパーの多くが、新たなウェブメディアの台頭、高齢化と人口減少にともなう地方の衰退によってその存続を危ぶまれる中、生き残りに向けて様々な取り組みを行おうとしている。

今日、高齢化と人口減少、経済の縮小が進む地方では、ローカルジャーナリズムの担い手である地方紙は部数を減らして宅配網の維持が困難になりつつあり、またタウン情報誌・フリーペーパーは、地方紙以上に厳しい状態に置かれ、ここ数年でかなりの数が休刊している。こうした状況が続くと、今後5～10年先には、地方紙、タウン情報誌・フリーペーパーが存在しないエリアが、日本各地に拡がっていくことになろう。

ただ地方の人々が必要とするパブリックな情報を伝えるだけでなく、ローカルジャーナリズムの機能を持った地方紙がなくなると、そうした役割を果たすメディアが他にほとんど存在しないため、その地域で暮らす市民の生活環境、さらには地方自治への市民参加に対して及ぼす負の影響は大きい。

またタウン情報誌・フリーペーパーがなくなると、（生活情報に関してはウェブで代替出来ても）その地方の文化を伝える上で重要な役割を担うメディアが失われることになる。さらにその地方と大都市圏の文化環境の格差拡大をもたらし、今後、地方が交流人口・関係人口を創出拡大する上で重要な意味を持つ、地方で暮らす人々の情報発信の支援や地方を盛り上げてシビックプライドの醸成を支えるといったことが困難になり、地方の衰退が加速化することとなる。そして近い将来に発生することが予想される東南海地震のような大規模災害に際し、情報のハブとなる地元のメディアが充分に機能しない地域では、被災した人に必要な情報を伝える災害対応でのマイナス面は極めて大きい。

これまで日本全国ほとんどの地方に存在した地方紙、タウン情報誌・フリーペーパーが、地方の衰退とネットメディアの普及によって苦境を迎える中、近年では自らの生き残りに向けて全国各地で先駆的な取り組みを行おうとする地方紙、タウン情報誌・フリーペーパーも出て来た。

今後の存続に必要なビジネスモデル変革の道筋として、地方紙はデジタル化への対応と併せて、日本独自の地域に密着した販売店網を活用した多角化による新規事業展開が、またタウン情報誌・フリーペーパーは、クライアント（自治体、地域の事業者等）の事業コンテンツの課題解決のコンサルティングによる新規事業展開がおそらく必要になろう。

今日、欧米諸国を始めとする多くの国では日本以上に急速な新聞の衰退が進んでいるが、日本の新聞が他国の新聞と大きく異なるのは、独自の宅配網による大勢の定期購読者を抱える形のビジネスモデルを構築している点である。

日本で地方紙が将来的に生き残ってローカルジャーナリズムの担い手としての役割を維持していくためには、単に紙面をデジタル化して、データベースマーケティングによるレコメンド型のコンテンツやサービスの提供を行うといった、全国紙の日本経済新聞が先行して取り組んでいるデジタル事業への転換の手法だけだと、高齢化と人口減少、経済の縮小が進むローカルな市場での移行は困難である。それに加えて販売店のネットワークというリソースを活用した新たな地域の情報・物流拠点を整備し、マネタイズ化が可能なコミュニティビジネスを立ち上げていくことが必須である。

既に静岡新聞を始め一部の先駆的な取り組みを目指す地方紙では、地元経済界や市民有志と協働でオープンイノベーションの手法により、地域に密着した販売網を活用したコミュニティビジネスの展開を始めとする様々な新規事業開発を手掛けようとしている。これは日本の地方紙独自のもので、このような生き残りをかけた一部の地方紙のビジネスモデルの大転換までも想定した取り組みを、ぜひ他の地方紙も追随して欲しい。

またタウン情報誌・フリーペーパーについては、クライアント（自治体、地域の事業者等）の課題を踏まえた記事広告の制作にとどまらず、近年では自治体の広報誌や地域の事業者のサイトの委託制作、イベントの企画、広報宣伝に関するコンサルティングを通した事業拡大に取り組むところが出て来ており、こうした取り組みを通したタウン情報誌・フリーペーパーの形を変えた生き残りの方向が考えられる。

地方紙、タウン情報誌・フリーペーパーの廃刊が不可逆的に進む欧米諸国と異なり、今もなお地方紙、タウン情報誌・プリーペーパーが地方で一定の影響力を持っている日本では、存続に向けた新たなビジネスモデルを見出す可能性はまだ残っている。

この本では、生き残りに向けた取り組みの有効性といった核心部分について、残念ながら明確な解を得るには至らなかったが、少なくとも生き残りのために解決が必要な課題の整理と将来に向けて可能な戦略の方向については、下記の通り整理した。

【地方紙がデジタル化（ネットへの移行）によるビジネスモデルの転換の過渡期を乗り切るために必要な取り組み】

①電子版、ニュースサイトの二層化、新たなバーティカルメディアの立ち上げ等によるサブスクリプション方式での有料コンテンツ配信と、自社サイトでの購読者に限らない無料の会員組織の構築による将来のデータベースマーケティングによる新たなビジネスモデル構築に向けた取り組みとマネタイズの仕組みの構築

②大手ポータルサイトやコンテンツ共有プラットフォームを活用したニュース記事提供による収益確保と自社サイトへの誘導

③NIE、市民参加（市民記者の活用）、ファクトチェック、オンデマンド調査報道、ソリューションジャーナリズムによる読者との関係強化

④地方のニュースを全国に伝える従来のローカルジャーナリズムの範囲を超えた情報発信に向

けた取り組み

⑤自社のブランドやリソース（2次利用可能なコンテンツ等）を活かし、イベントや宅配網を活用した物販等を含む新規事業（コミュニティビジネスの展開）による多角経営

【タウン情報誌・フリーペーパーが生き残るために必要な取り組み】

①賞味期限の長い「読み物」を提供するタウン情報誌、フリーペーパー、地域情報サイトの間で相互の棲み分けと連携（クロスメディア展開）により、トータルで収益を確保する仕組みの構築

②自社のブランドやリソースを活かして、従来の住民向け広報以外に（交流人口・関係人口拡大に向けた）シティプロモーションを目指す自治体メディアの受託制作

③地域の事業者の課題解決のためのタウン情報誌・フリーペーパーの持つ地域情報の活用とコンサルティング

④公共図書館の創作・表現活動支援によるリトルプレス発行に取り組む市民との連携

著者は、コミュニティFM、CATVを中心とした放送系地域メディアの調査研究に長年取り組んでおり、過去にその成果をまとめた共著『令和のローカルメディア　防災・関係人口拡大に向けた

課題』（あけび書房、2021年）を刊行している。

この著書の中で詳しく紹介しているが、放送系地域メディアでは、コミュニティFM局の大半が2000（ゼロ）年代に入って地域の事業者の広告費が放送からネットに流れてCM収入が減少する中、単にネットラジオによるデジタル対応を進めるだけでなく、ボランティアスタッフによる放送への市民参加、リスナーの会員組織化と地域の小売店と提携した会員向け各種サービスの提供等、地域に密着した様々な取り組みを生き残りのため展開する局が増えている。また地方の大手MSOの傘下にない独立系CATV局では、ネットのOTTサービスの普及によって多チャンネルサービスの契約が減少する中、単にネットのプロバイダ事業やIP電話のようなインフラビジネスに力を入れるだけでなく、コンテンツの外販や他局との広域連携とともに、営業スタッフによる主に地域の高齢者を対象にした生活サポートサービス等を提供し、生き残りをかけて経営の多角化による事業展開を目指す局も出てきた。

こうしたコミュニティFM、CATVのような地方の放送系地域メディアの存在は、地域の活性化、魅力化につながり、今後、地方が関係人口を拡大し、移住・定住者を獲得する上でも重要で、また将来的に想定される大規模災害時の対応にも必要なことである。ただ放送系地域メディアの多くは、（事件・事故報道、調査報道等を中心とした）ローカルジャーナリズムの機能を持っておらず、そうした役割を地方で担ってきた大手全国紙の地方支局、県域の地上波ローカル放送局も、経営状況が厳しさを増す中、県庁所在地以外のエリア内での様々な地域の課題に関するニュースを充分にカバーするのは、マンパワー等の面で困難になりつつある。

そのような中、ローカルジャーナリズムの機能を持った地方紙が各地方で存続することは極めて重要であり、新聞に先行して経営の多角化による地域に密着した事業展開を模索している放送系地域メディアの経験を参考にしつつ、地方紙は自らのブランドやリソースを活かした生き残りのための道筋を見出して欲しい。アメリカを始めとする欧米諸国では、地方紙は公的支援以外に存続に向けた有効なビジネスモデルを見出せない状況だが、日本においては地域に密着した販売店のネットワークという独自のリソースがあり、これを活用した欧米諸国とは異なるローカルジャーナリズム存続に向けた地方紙の再生の道筋は充分に考えられる。

また著者は、コミュニティアーカイブの調査研究にも取り組んでおり、その成果をまとめた編著『地域でつくる・地域をつくる メディアとアーカイブ』（大月書店、２０２２年）を刊行している。

このコミュニティアーカイブの調査研究に携わる中、各時代の地域の人々の生活や文化に関する記録をアーカイブして市民が利用出来る形で後世に伝えることは、経営規模の小さい放送系地域メディアにとってかなりの困難を伴うが、公共図書館でのバックナンバーの保存によって既に一定の範囲でそれが可能なタウン情報誌は、地域の記録と記憶の継承という点で重要な存在である。こうした点からもタウン情報誌は、将来的にウェブへの移行により形態を変えても、地域で存続することが望まれる。

以上、地方紙、タウン情報誌・フリーペーパーが生き残りに向けて従来の紙媒体中心のビジネスモデルから抜け出すための道筋として、自社のブランドやリソースを活かした事業展開の方向について整理した。

この本では他にも地方出版、地方書店（古書店を含む）、地方図書館（公共図書館、私設図書館）、公文書館、視聴覚センター・ライブラリー等について取り上げている。

この内、地方出版については、タウン情報誌・フリーペーパーと比べて出版事業の性格や経営規模の面で経営の多角化は困難だが、ただ各地でユニークな出版活動に取り組んでいる地方出版社は少なからずあり、個々の地方出版社が自ら持つ過去の資産の活用や電子書籍化の取り組み等、様々な工夫を凝らして出版活動を継続して欲しい。公文書館については、地域の記録の保存と地域の記憶の継承に向けた市民による活用の促進を目指して、地域情報のデジタル化（アーカイブ構築）と普及広報に注力して欲しい。視聴覚センター・ライブラリーは、ネットと映像視聴可能なデバイスの普及によって、従来の学校教育、社会教育における視聴覚教育という点では既に歴史的役割を終えているが、これまで地域映像のアーカイブに取り組んできた視聴覚センター・ライブラリーもあり、そうした施設では地域で映像の作り手を育てる役割を新たに担うことで、ぜひ存続して欲しい。

そして地方書店と地方図書館についてだが、日本の出版市場（特に紙の本）は新聞以上に急速に縮小しており、またネットによる出版流通の再編も重なって、全国各地で地域の書店が姿を消し、無書店自治体が増えている。地域の書店がなくなることは、自治体の財政難による学校図書館や公共図書館の蔵書やサービスの質低下とともに、地域の読書環境の悪化をもたらし、子供たちの世代が読書機会を失うことにつながる。

地域の読書環境を維持する上で書店の存在は重要で、地方紙の生き残りに向けて販売店の多角経営について述べたが、過疎地を中心に地域の書店も同様に本と連動したコミュニティビジネス展開をすることが将来の方向として考えられる。また従来型の地方書店の存続が難しくなった地方都市では、ブックカフェ、棚貸書店等の新たな業態による店舗展開が期待される。ただ近年では、従来の地方書店に代わるこうした新たな業態の書店や古書店は、若い世代の店主による店舗が新たに各地に誕生しており、少なくとも地方紙の廃刊によって広大なニュース砂漠が生まれるような状態ではないことは幸いである。

あと地方図書館についてはある意味で二極化が進み、先進的な取り組みをしている図書館では、図書館長を公募し、図書館運営への市民参加の仕組みをつくり、若年層の利用拡大に向けた開かれた図書館のあり方について考え、新たな図書館サービス（学びと交流の場の提供、市民の創作・表現活動の支援、ビジネス支援等）を導入しているところも少なくない。このような地域で必要とされる複合的な機能を持った新しい公共の場としての地方図書館の果たす役割について、多くの自治体が持続可能な地域づくりにとって必要なものであることを理解し、今後、各地にこうした地方図書館が誕生することが望まれる。

なお公共図書館以外に、本のある地域の居場所（サードプレイス）としてまちライブラリーのような私設図書館が、今日全国各地に拡がっている。こうした私設図書館と公共図書館、さらには地域の書店とが連携し、地域の読書環境が維持されるとともに、図書館の場を活用した市民による地域からの情報発信を始めとした様々な活動が生まれ、シビックプライドの醸成につながっていくことをぜひ期待したい。

最後にこの本は取材で貴重なお話をうかがわせていただいた多くの地方紙、地方出版、地方書店、地方図書館等の地方メディア関係者の協力のもとに成り立っている。あらためて感謝の気持ちをお伝えしたい。そしてこの本が地方メディアの現場での個々の取り組みに携わっている多くの方に、少しでも参考になれば幸いである。

また辛抱強く本書の原稿を待って編集していただいた風媒社の劉永昇編集長には、深くお礼申し上げたい。

２０２３年11月10日

松本　恭幸

【著者紹介】
松本　恭幸（まつもと　やすゆき）
早稲田大学大学院経済学研究科修士課程修了
現在、摂南大学現代社会学部准教授
主な著書に、『市民メディアの挑戦』（リベルタ出版）、『コミュニティメディアの新展開 東日本大震災で果たした役割をめぐって』（学文社）、『令和のローカルメディア 防災・関係人口拡大に向けた課題』（共著、あけび書房）、『地域でつくる・地域をつくる メディアとアーカイブ』（編著、大月書店）、『市民が育む持続可能な地域づくり 地域メディアの役割と文化拠点としてのミュージアム』（編著、同時代社）がある。

**地方メディアの挑戦**
これから地方紙、地方出版・書店、地方図書館はどう変わるのか

2023年12月24日　第1刷発行　　（定価はカバーに表示してあります）

著　者　　松本　恭幸

発行者　　山口　章

発行所　名古屋市中区大須1-16-29
振替 00880-5-5616 電話 052-218-7808　風媒社
http://www.fubaisha.com/

＊印刷・製本／モリモト印刷　　乱丁本・落丁本はお取り替えいたします。
ISBN978-4-8331-1154-6